ジェームズ・アレンの

心を新たにする365日の言葉

James Allen's
Book of Meditations
for Every Day
in the Year

ジェームズ・アレン

坂本貢一 [訳]

サンマーク出版

序　文

　私たちは“思い”によって天に昇り、“思い”によって地に落ちます。“思い”によって前に進むこともあれば、“思い”によって立ち往生することもあります。

　すべての運命が“思い”の精密な力によって形づくられます。“思い”の“主人”として生きる人間は、自分の願望を常に正しく指揮し、“愛”と“思いやり”に満ちた思いを意欲的に紡ぎながら、“真理”の輝かしい光のなかで、自分に可能な最高の結果を形づくります。

　“瞑想”の道を知らない人間は、真の自由と悟りには到達できません。しかしあなたは、その“神聖な思い”の道を間もなく知ることになります。静かな不動の心を用いて、無常のなかに“不変”を、変化を続ける物事のなかに“永遠の真実”を、あなたは見出すでしょう。あなたは完璧な“法則”を目のあたりにします。

　身勝手な思いが巡らされなくなると、“混沌”のなかから“秩序”が浮かび上がってきます。“愛”がすべてを統治しています。愛は力です。激しい感情を抑えられなくて苦悩している人たちがいたら、彼らへの深い思いやりを示すことです。彼らの痛みを、過ぎ去ったあなたの長い悲しみによって知ることです。

　あなたには完璧な心の平和が訪れるでしょう。そしてそれゆえに、あなたは世界を癒やすことになります。あなたの心の平和が周囲に拡散し、それが人々の心を、彼らが無意識のうちに生きたいと願っている“気高い人生”へと、着実に導くことになるからです。

　さて、私は自分の住処に戻ることにします。あなたはあなたの仕事に向かってください。

ジェームズ・アレン

編集者はしがき

ジェームズ・アレンはまさしく"瞑想の伝道師"と呼ばれてしかるべきかもしれません。不和と慌ただしさ、宗教間の嘖み合い、政治的・社会的激論、形式張った儀式や儀礼などが蔓延する時代に、彼は"瞑想"のメッセージを携えてやってきました。

彼が行ったことは、口から出る言葉が引き起こす騒音と不和のなかから抜け出して、心の内側にある平和な"静寂の道"に入るよう、人々に呼びかけることでした。

その道では、この世界にやってくるすべての人間を照らす光が常に輝いていて、その光は、彼らの疲れ切った目を、"外側"の不和と慌ただしさから"内側"の平和と静けさに向けさせてくれます。

この本を構成する講話の大半は、アレンが、家の南側にある小高い丘から降りてきた直後に、随時書き記したものです。彼は毎朝その丘に登って行き、世の中がまだ寝静まっているあいだに、神と2人きりで貴重な時間を過ごしていました。

その他の講話は、彼が著したいくつかの書物のなかから抽出されたものですが、私たちはそれらを、彼の指示通りに、また、彼の霊的な導きにも従いながら（私たちはそう信じています）、それぞれの場所に配置しました。

本書は、自分に可能な最高の人生を送りたいと願う人々に、確かな"拠り所"を提供するもので、これを読むすべての人々にとって、また、これらの講話に毎日、順にひとつずつ、1年にわたって深く思いを巡らし続ける読者にとっては、なおさら、大きな恵みとなりうるものだと、私たちは信じています。

　本書のいちばんの強みは、「このなかで語られていることは、あの"善良な男"が"理想の人生"を実現する過程で蓄積した"経験的知識"の集大成である」という事実のなかに横たわっています。

　美しいハーフトーンの写真（P6）は他界する僅か6週間前に撮られたもので、今回が初公開となります。

　この場を借りて、パトナムズ・サンズ（ロンドン／ニューヨーク）とWm・ライダー＆サン（ロンドン）の両社に心からの感謝を伝えたく思います。彼らが出版してくれた本のなかからいくつかの講話を抜粋することになったのですが、そのことを彼らは心から喜んでくれました。

　　イングランド、イルフラクーム、"ブリンガロー"にて
　　　　　　　　　　　　　　　リリー・L・アレン

もくじ

ジェームズ・アレンについて

James Allen

　2003年4月に日本で刊行された『「原因」と「結果」の法則』（原題『As a Man Thinketh』小社刊）は、発売直後から現在に至るまで、ビジネス書や自己啓発書部門のベスト＆ロングセラーとして読み継がれ、ジェームズ・アレンブームの火付け役となりました。しかし、著者のアレン自身は、未だ日本では謎の人物であり、その素性は、ほとんど知られていません。以下、調べられる範囲ですが、あらためてご紹介しておきたいと思います。

アレンの生い立ち

　ジェームズ・アレンは1864年11月28日、イギリス中部の都市レスターで生まれました。アレンが15歳のとき、イギリスでの仕事がうまくいかなかった父親（靴下編み機の職人）は、全財産を持って単身渡米したものの、ニューヨークに着いた2日後に死亡。死因の詳細は不明ですが、殺人事件に巻き込まれた可能性が高いと指摘されています。

　父親の突然の死によって、アレンは学校を退学せざるをえなくなり、母親と2人の弟を養うために父親と同じ靴下編み機の職人の道を歩みます。

知識の源泉

学校には通わず、仕事も長時間労働の環境でしたが、アレン自身は独学で勉強を続け、忙しい毎日のなかで時間を見つけては、ウィリアム・シェイクスピアの作品や、アメリカの哲学者ラルフ・ワルド・エマソンなどの思想書を愛読しました。

そして24歳のとき、イギリス最高の仏教学者エドウィン・アーノルドが仏陀の生涯を記した『The Light of Asia』と出会い、本書がきっかけとなって精神的な目覚めを得ます。

「この本の最後の言葉を読み終えるまで、席から立ち上がれなかった。そして読後に立ち上がったとき、まるで違う人間になっていた」このような感想をアレンは書き残しています。

アレンの両親はキリスト教の教えに則った規則正しい生活を重んじる「メソジスト」でしたが、彼はそれらの宗教観にはなじまず、世界の多くの宗教からインスピレーションを得ることで「"Perfect Peace"（完全なる平和）」の道を歩くことを選びます。

ちなみにアレンが10歳のときに味わった神秘体験を妻のリリーが「私の先生」と題して文章化しています。[※1]

アレンの家族と仕事

アレンの妻となるリリー・ルイーザ・オーラムは幼少期をイギリスとアイルランドで過ごし、ロンドンの教会にて「シスター・リリー」の愛称で働いていました。そして1895年、アレン30歳、リリー26歳のときに2人は結婚。翌年には一人娘のノラも誕生します。当時、一家はイギリス南西部の都市バースに住み、敬虔な菜食主義の生活を送っていたようです。その後、アレン自身は、企業の個人秘書として働きながら作家の道に進みました。

作家の時代へ

アレンは1901年、37歳で初の著作『From Poverty to Power』を書き上げ、翌1902年には、彼の代表作となる『As a Man Thinketh』を発表。アレンは原稿の仕上がりに不満を持っていましたが、妻リリーの勧めから出版を決心したという逸話も残っています。アレンは1912年1月に他界するまでに19冊の本を出版しました。

また1902年には『The Light of Reason』（後年『The Epoch』に改名）というタイトルの雑誌も発行します。毎号アレンの社説や地元の人気作家の原稿が掲載され、1905年には「ブラザーフッド」と呼ばれる購読者グループも組織。定期的な会合も開き、その模様は誌面にも報告されていました。現在でいうコミュニティ化やオフ会と言えるでしょう。アレン夫妻も読者の集まりには積極的に参加し、話をしたり、朗読を披露したりしたようです。

晩年の暮らし方

本格的に執筆活動を始めた頃、アレン一家はイギリス南西部にある海辺のリゾート地イルフラクームに移り住みました。毎朝の瞑想を日課としながら午前中は執筆活動に勤しみ、午後は畑仕事や運動をして過ごしました。そして夜は、自宅に訪れた人に自分が学んだ思想や哲学の話を聞かせていました。

1912年1月上旬、アレンは急に体調を崩し、同月の24日に47歳の生涯を終えました。アレンの死後はリリー夫人が雑誌の発行やアレンの作品の普及に努めました。リリー夫人は1952年、84歳で亡くなりました。

[ジェームズ・アレンの主な著作]

・『From Poverty to Power』(1901)

・『Path to Prosperity and The Way of Peace』(1901)

・『As a Man Thinketh』(1902)

・『All These Things Added』(1903)

・『Through the Gate of Good』(1903)

・『Byways of Blessedness』(1904)

・『Out from the Heart』(1904)

・『Poems of Peace』(1907)

・『The Life Triumphant』(1908)

・『Morning and Evening Thoughts』(1909)

・『The Mastery of Destiny』(1909)

・『Above Life's Turmoil』(1910)

・『From Passion to Peace』(1910)

・『Eight Pillars of Prosperity』(1911)

・『Man: King of Mind, Body and Circumstance』(1911)

・『Light on Life's Difficulties』(1912)

・『James Allen's Book of Meditations for Every Day in the Year』
(1913) ※本書

[参考資料]

◎ THE James Allen LIBRARY

http://www.jamesallenlibrary.com/

◎ ※1

http://www.jamesallenlibrary.com/authors/james-allen/light-of-
reason/1918/september/my-teacher-james-allen

ブックデザイン　轡田昭彦＋坪井朋子

イ ラ ス ト　谷山彩子

校　　　　正　株式会社ぷれす

編　　　　集　鈴木七沖（なないち）

"感情の荒波" から
"心の平和" へと至る道は、
心を変え始めることで
開かれます。

　人々の多くは、誰かに不愉快なことをされると、すぐに腹を立て、仕返しを考えるか、その人物の誤りを正そうとします。

　しかし賢い人たちは、そのようなときでも決して感情的になることはなく、その人物の誤りではなく、自分の誤りを正そうとします。

　周囲の状況を完璧なものに変えたいならば、まずは自分自身を完璧な人間に変えなくてはならないということを、よく知っているからです。

　この "心をつくり替える作業" は、感情的になる傾向を抑制するだけでは終わりません。それは単なる始まりに過ぎず、この作業が終了するのは、身勝手で無益な思いや願望が、心のなかから完全に排除されたときです。持続する完璧な "心の平和" は、そのときにもたらされます。

　そして、その理想の人生を目指すためには "向上心" が不可欠です。"向上心" の翼に乗り、人間は地から天へ、無知から知識へ、下方の闇から上方の光へと舞い上がります。

　この翼を持たないかぎり、人間はいつまでも、低俗で理性を欠いた、無知で退屈な "地を這う生き物" のままで居続けなくてはなりません。

向上心を持つことは天国に憧れることです。

"心の平和"を得るには、
　どうしたらいいのでしょう?
"真理"はどうやったら
　知ることができるのでしょう?

　まずは、優先すべきことを優先することです。遊ぶ前に働き、楽しむ前に義務を果たし、自分よりもまず周囲の人たちのことを考える。これは素晴らしいルールであり、これに従えば人間は決して道を踏み外すことがありません。

　正しいスタートを切ることは、勝利への道の半ばまで、一気に歩を進めることです。一方、誤ったスタートを切ることは、勝利から遠ざかることです。

　短距離走者は悪いスタートを切ると、勝利が危うくなります。商人は誤ったスタートを切ると、評判を落としかねません。そして"真理"の追求者たちは、誤ったスタートを切ると"正義"の冠をいつになっても被れません。

　清らかな思い、不動の正直さ、身勝手さが排除された気高い意図と目標、そして不滅の良心とともに始めること。これが、"真理"を追求する人たちにとっての正しいスタートです。

　これが、彼らがまず何よりも優先すべきことです。優先すべきことを優先することで、以後のあらゆる物事が、秩序正しく滑らかに展開することになります。日を追うごとに、人生がより単純で、より美しく、より豊かで、より"平和"なものになってくるはずです。

やがて彼らの心は平和で満たされ、
失われていた"天性"をしっかりと取り戻すことになるでしょう。

"心の平和"を得たいのなら、まずは動物的な性癖を手放すことです。

自身の動物的な性癖に心地よさを感じている人たちは、"向上心"を持てません。その状態に満足しているからです。

しかし、その満足が苦悩に変わるときが、いつしか訪れます。すると彼らは、悲しみのなか、より気高い生き方について考えるようになります。

低俗な喜びを奪われると、人間は天上の喜びを目指し始めます。気高さの追求が始まるのは、不純な喜びが苦悩に変わったときです。"後悔"の死の灰のなかから、まさに不死鳥のように"向上心"が舞い上がってきます。そしてその力強い翼に乗り、人間は"天国"にまで至ることができます。

"向上心"の持ち主たちは、すでに完璧な"心の平和"へと続く道に足を踏み入れています。その道の上から離れないかぎり、あるいはそれを逆戻りしないかぎり、次第に深まっていく"心の平和"を実感しながら、彼らはその目的地に間違いなく到達するでしょう。

"天国"のビジョンとともに心を浄化し続けることです。そうすればあなたも、必ずそこに入ることができます。

心に明確に描くことのできるものは、やがて現実になります。

人生は、自らの思いと行いによって、
自らがつくるものです。

　あなたは、あなた自身が心から願う成功を、あなた自身が心から願う規模で達成します。あなたがなりたいと切望する人間が、あなたがなることの可能な人間です。

　その目標に心をしっかりと固定することです。それによって、その目標は達成を運命づけられることになります。人間は、あらゆる低俗なことを行うこともできれば、あらゆる気高いことも行うことができます。

　低俗な生き方をしてきたために苦しんでいる人たちへの、私からのメッセージです。

「あなたがたは、そのような生き方ができたということは、気高い生き方も同じようにできるということです。気高さの方角に心を向け続けることが、そのために必要な唯一無二の作業です」

　不純な思いがなければ、不純な行いは出現しません。清らかな思いがなければ、清らかな行いは出現しません。そして人間は、他人の思いは巡らせません。人間はそれぞれが、他の誰のものでもない、自分自身の思いによって、清らかな人生、あるいは不純な人生を送っているのです。

　"向上心"の持ち主たちは、自分の目の前から天国の高みへと延びていく道を眺め続けていて、すでに"心の平和"を味わい始めています。

あらゆる"罪"と"悪"から自由になっている人生が、
彼らの目的地です。

理想の人生を生きたいのなら、
そこに向かうことを
自ら選択しなくてはなりません。

　"天国"への門は永遠に開かれていて、あなたがそこに入るのを妨害できるのは、あなた自身のみです。人間は、"地獄"の誘惑に魅せられ、その虜（とりこ）になり、"罪"と悲しみに身を任せ続けているとき、自分が"天国"に入るのを自ら妨害しています。

　この世界では、"罪"すなわち"過ち"と苦悩に満ちた人生はとても一般的です。あまりにも多くの人たちが"過ち"と苦悩に浸り切っています。

　でも、それよりもはるかに自由で、清らかで、気高くて、神聖な人生が存在します。それは、あらゆる"過ち"と"悪"から解放された人生であり、知恵と幸せ、優しさと心の平和、気高さと安らかさに満ちた人生です。

　あなたはその人生を選択し、そこを目指して今すぐにでも歩き始めることができます。その人生に到達した人間は、いかなる変化にも動ずることがなく、周囲でどんな不和が発生し、周囲の人たちがどんなに動揺していても、常に冷静で穏やかです。

すべての選択が原因であり、その結果が運命です。

清らかな人生を愛する人間は、
自身の心を日常的につくり替えています。

　屈強の事業家が、立ちはだかってくるどんな困難にも屈することなく、それを克服する術（すべ）をどうにかして探し出すように、不動の"向上心"の持ち主たちも、彼らを"罪"に引き込もうとするどんな誘惑にも屈することがありません。そして彼らは、瞑想（めいそう）を通じて、自分の心の強化に取り組みます。というのも、誘惑は臆病者であるために、弱くて無防備なところを狙って、忍び寄ってくるからです。

　何らかの誘惑に晒（さら）されたときには、その誘惑の性質と意味を徹底的に調べる必要があります。その正体を知らなければ、それに打ち勝つことは不可能であるからです。

　誘惑に打ち勝つには、まず何よりも、その発生源は常に、自分自身の心のなかにある何らかの悪い思い、誤った思いである、ということを知っていなくてはなりません。

　そして、内省と瞑想を通じて、それがどんな悪い思い、誤った思いなのかを突き止め、その思いを"真理"と調和した"正しい思い"で置き換えます。このようにして心のなかから"悪いもの"を追い払うたびに、人間は自分の心を強化していきます。

　"真理"を理解することは、本来の自分自身を知ることでもあります。

　"真理"に思いを巡らす瞑想を日常化することです。

身勝手な思いは、
露わになったら即座に追放しましょう。

　上方に向かうすべての一歩が、何かを背後に、すなわち下方に、残していきます。高いところにあるものを手に入れるためには、低いところにあるものを犠牲にしなくてはなりません。

　より善い人生を送れるようになるためには、悪い習慣を犠牲にしなくてはなりません。"真理"に関する知識を得るためには、それに関する無知を選択している意識を放棄しなくてはなりません。きらびやかな宝石を手に入れるためには、莫大な額のお金を支払わなくてはなりません。

　すべての動物、すべての地を這う生き物が、神からの何らかの贈り物、すなわち"天性"を所持しています。しかし人類は、横柄にも、物質的進歩の過程でその大切な贈り物を犠牲にしてきました。何らかのより素晴らしい贈り物、あるいはより大きな力を手に入れようとして、それを差し出してきました。身勝手な思いにしがみつくことで、人類はこのうえなく善いものを失ってきたのです。

　人類が今、生け贄として差し出すべきものは、身勝手な自己です。その謙虚な犠牲の背後には、羽の生えた天使がいて、人間を知識と知恵の高地へと導くべく身構えています。

　人間はまた、成功の高みに達したならば、そこから転落しないよう充分に注意する必要もあります。どんなに些細なことにも注意を払い、"罪"のなかに足を踏み入れることのないよう、強い心で自分自身を戒めなくてはなりません。

完璧な人生を思い描き、そこを目指して力強く進むことです。

この世界に存在する不和は、
どのような形のものであれ、
それに関わっている
個人たちの身勝手さを
唯一の源としています。

　私たちが人生のなかで体験していることのすべてが、私たちの心のなかに根を張っていて、そこから活力をもらっています。

　私たちが今、苦悩を体験していようと、幸せを体験していようと、その原因と活力の供給源は、周囲の人たちや外側の状況のなかにではなく、私たち自身の心のなかに存在しているのです。

　だというのに、人々の多くは、幸せの原因が自分にあるということは認めても、苦悩の原因が自分にあるということは認めたがりません。彼らは、自分の過ちや欠点を直視するのが怖いのです。

　自分の過ちや欠点を知ることに耐えられず、それらを無視しようとしている人間は、"真理"への道を歩む資格のない人間です。そのような人間は、誘惑に立ち向かって打ち勝つための準備ができていないからです。

　自分の誤りや欠点と果敢に対峙（たいじ）できるようにならないかぎり、身勝手な思いの放棄という険しい高地を登って行くことは誰にもできません。

人間はみな、他人の身勝手さではなく、
自分自身の身勝手さゆえに、不和や苦悩を体験するのです。

あなたが遭遇する最も厳しい状況は、あなたが最も体験する必要のある状況です。

　失敗をしても落ち込む必要はありません。あなたが犯すどんな失敗のなかにも、あなたにとって特別に有意義な、特別に価値のある知恵が存在していて、それをあなたは獲得できるのです。あなたの失敗ほど確実かつ速やかに、その知恵へとあなたを導くことは、どんな教師にもできないことです。

　あなたが犯すあらゆる失敗、あなたが体験するあらゆる挫折のなかに、あなたに見つけ出されるのを待っている貴重な教訓が存在しています。

　最悪に思えるような状況のなかでも、謙虚な姿勢でその"善いもの"を見つけ出せるようになったときから、あなたは周囲のどんな状況よりも高く上昇し、自分のあらゆる失敗を、自分をやがて最高の成功へと運んでくれる"翼を持つ馬"として利用し始めます。

　愚かな人間は、自分の失敗を他人のせいにして、他人を責めます。しかし"真理"を愛する人間は、常に自分のみを責めます。自分の失敗の責任は、すべて自分にあるということを知っているからです。

あらゆる逆境が、
それを体験する人間を、より大きな、
より持続的な成功へと導くために
出現してきます。

人間が心の奥で
何よりも望んでいることは、
“天国”に入ることです。

　新しいものが現れるためには、古いものが消え去らなくてはなりません。古い小屋は、新しい邸宅がその場所に建つためには、取り壊されねばなりません。古い誤りは、真実が露わになるためには、取り除かれねばなりません。古い心は、新しい人間が生まれるためには、破棄されねばなりません。

　荒々しさ、不純さ、忍耐の欠如、妬み、傲慢さなどが蔓延る古い心が消滅すると、優しさ、清らかさ、忍耐、善意、謙虚さなどが心に満ちてきて、新しい人間を誕生させます。

　罪と悲しみに満ちた古い人生を捨て去ることは、正義と喜びに満ちた人生を招き入れることです。そしてそれは、古くて醜かったもののすべてが消えたあとに、美しいものだけが残ることです。

　これを成し遂げた人間の心のなかに“天国”は姿を現します。そこは心の永遠の故郷であり、あらゆる持続的な恵みの源でもあり貯蔵所でもあります。

清らかな人生は、このうえなく美しく、
このうえなく素晴らしい人生です。

あなたの外側にあるもののすべてが、
あなたの内側の表れです。

　人生を改善しようとして外側で行われてきた多くの試みが、悲しむべき失敗に終わっています。そしてその原因は明らかです。それらを試みてきた人たちは、外側における一連の作業を行うのみで、それ以上のことは行わなかったからです。

　それらの作業は、人生の改善に向けた、単なる最初の一歩に過ぎません。しかし彼らは、そのことに気づいていませんでした。

　人生の真の改善は内側から、心のなかから、なされなくてはなりません。

　特定の食べ物や飲み物を諦めたり、外側における特定の習慣を破棄したりすることは、好ましいことであり、必要なことです。

　でもそれらは、単なる始まりに過ぎません。人生を善いものに変えるためには、それだけではまったくもって不充分なのです。

　心を是正して清め、"真理"に関する理解を深めること。これがなければ人生の完璧な改善は不可能です。"生まれ変わった心"こそが何にもまして必要とされるものなのです。

あなたが内側でどんな人間であるかが、
何よりも重要なことです。
外側にあるものはみな、それが様々な形で
表現されたものに他ならないからです。

日々決意を新たにし、誘惑に遭遇しても、
正しい道から絶対に離れないようにすることです。

すでに冬至が過ぎ、毎日少しずつ日が伸びています。太陽が毎日少しずつ高く昇り、その光が少しずつ長く居残るようになっています。

同じように、私たちも毎日、自分の人格を少しずつ強化することができます。私たちも毎日、心を"真理"の光に向けて少しずつ大きく開き、その"正義の太陽"が心のなかで少しずつ高く昇っていく様子を見ることができます。

太陽の光は総量も強度も増すことはありません。でも今や、地球の北半分はそれに少しずつ近づき、そうすることで確実により多くの光を受け取りつつあります。

"真理"も常に存在していて、その光もそれ自体は増えることも強くなることもありません。しかし私たちは、それに近づくたびに、その輝きと恩恵をますます多く受け取ることになります。

工芸家が優れた作品を生み出せるようになるためには、必要な技能を毎日熱心に実践する必要があります。あなたもまた、"真理"と調和した"善い思い"と"善い行い"を毎日熱心に実践することによって自分に、可能な最高の人生へと近づいていきます。

あなたは、"真理"と調和した思いと行いを
実践し続けることによってのみ、
"真理"とひとつになることができます。

賢い人間は自身の思いを
熱心に浄化し続けます。

　すべての1日が時間のなかで新しく生まれ、人間に新しい始まり、新しい可能性、新しい達成を提供してきます。

　いくつもの時代が様々な軌道を持つ幾多の星々を目撃してきましたが、それらのどの時代も、今日のこの日を目撃したことはありませんでした。今日のこの日は、新しい生き方、新しい秩序、新しい社会、新しい時代の到来を告げる、新しく出現した新しい現実であるからです。

　今日のこの日は、新しい希望、新しい好機をすべての人間に提供しようとしています。今日のこの日のなかで、あなたは新しい人間になることができます。今日のこの日は、あなたにとって新しい誕生日となりうる1日です。今日を境に、過ちと悲しみの過去とは決別し、新しい理想に鼓舞されて輝く、強い意志と明確な目的を持つ、新しい人間として生き始められるのです。

　心身を清潔に保つことです。不純な願望を捨て去ることです。身勝手な思いを追放し、清らかで気高い人生を送ることです。

常に正直であることです。
優しく、穏やかであることです。
心をきれいにすることです。

心のなかの
"悪"を減らして
"善"を増やす努力を
続けることです。

　あらゆる種類の勝利が"準備"の季節のあとに訪れます。そ
れは突然、気紛れに姿を現してきたりは決してしません。花や
山と同じようにです。いかなる勝利も、成長行程の最終到達点
であり、一連の原因と結果の集大成に他ならないのです。

　祈りや魔法の言葉が物質的成功を生み出すことなどありえな
いことは、誰もが知っています。それは、正しく方向づけられ
たいくつもの努力の秩序立った積み重ねによって達成されます。

　いかなる精神的勝利も、大きな誘惑に直面するまでは何も始
まらないと考えている人間には、達成できません。あらゆる精
神的勝利が、瞑想の静かな時間のなかで、一連の小さな試練を
克服した結果として、達成されます。大きな誘惑との直面は、
長い準備によって確かなものとなった"誘惑克服能力"にとっ
ての、一世一代の晴れ舞台です。

"善いこと""正しいこと"を行い続けることです。
不滅の"法則"の理解と活用に努めることです。

終わりを知らない喜びが、
あなたの"帰還"を待っています。

　雨が天から降り注ぎ、畑の土壌に穀物や果物を実らせるための準備をさせるように、心に降り注ぐ悲しみの雨は、心に貴重な知恵を受け取るための準備をさせます。その知恵は心を成熟させ、喜ばせます。

　天の雲が、地上に涼しさと肥沃さをもたらすために、そこを暗くするように、悲しみの雲は、心に影を投げかけることで、それに、より気高いものを求め始めるよう促します。

　悲しみの時間は"畏敬"の時間です。それは、内側にある悲しみの原因に目をやるよう、そしてそれを取り除くよう促してきます。知恵はその多くが、悲しみを通じて学ばれます。

　悲しみには終わりがない、などとは考えないことです。それはいつしか雲のように消え去ります。

　身勝手な思いが立ち去ると、悲しみも立ち去ります。

優しく幸せに生きることで、
生来の威厳を取り戻すことです。

　たとえそれが善い思い、善い行い、あるいは善い
仕事であれ、"善いもの"と関わり続けること以上
の幸せは存在しません。なぜならば、"善いもの"
のすべてが天上の喜びで満たされているからです。
　"善いもの"がこぞって居住している心のなかには、
"悪いもの"が入り込む余地はありません。入り口
が"善いもの"で守られている心は、厳重な警戒態
勢にある砦が敵の侵入を徹底的に阻むように、あ
らゆる不幸せの侵入を阻みます。
　不幸せが入り込めるのは、守られていない扉から
のみです。また、たとえそのようなことが起こった
としても、居住者が"悪いもの"に囚われていない
かぎり、不幸せによる力の行使は限定的です。
　悪い思いを抱くことなく、悪い行いをすることな
く、不純な仕事、問題のある仕事に就くことなく、
常に"善"の実践に努め、あらゆる状況のなかで
"善"を見出すこと。これが究極の幸せ、すなわち
至福を得るための極意です。

真の幸せとは、
永続する喜びに満ち溢れた心の状態であり、
それを手に入れる権利は
あらゆる人間に与えられています。

あらゆる物事が
"原因と結果の法則"に従い、
秩序正しく必然的に出現します。

　結果を気にする必要はありません。未来を不安に思う必要もありません。しかし、自分自身の欠点や弱点は気にする必要があります。それらの"悪いもの"をひとつひとつ取り除いていく必要もあります。というのも、善い未来が悪い現在に起因することも、悪い未来が善い現在に起因することもないからです。

　あなたは、あなたの行いの管理人です。しかし、あなたの行いが引き起こす"結果"の管理人ではありません。今日の行いが、明日の幸せか悲しみを連れてきます。よって、自分が今日、何を考え、何を行うかが、あなたにとっては最大の関心事であってしかるべきです。未来を不安に思うことも、未来に期待することも、意味のないことです。

　善い行いばかりをし続けている人間は、未来への不安も期待も抱くことがありません。自分がもはや悪い結果からは完全に解き放たれているということが、わかっているからです。

この"大法則"がすべてを統治しています。
それは永遠に統治し続けます。
"正義"と"愛"と"善"がその代理人たちです。

正直で思いやりのある言葉のみを話すことです。

外側では激しい嵐が吹き荒れるかもしれません。しかしその嵐も、私たちが内側で平和を保っていさえすれば、私たちには影響を及ぼせません。

暖炉の側（そば）にいれば猛烈な嵐に襲われても安心していられるように、“真理”を実感している不動の心は、不和や混乱が外側でどんなに激しく渦巻いていようと、平和な状態を保ち続けます。

人々からの激しい敵意や社会不安も、私たちがそれらに巻き込まれないかぎり、私たちを苦しめることも不安にさせることもできません。

外側の混乱は、私たちがそれに動ずることなく、内側で平和を保ち続けていると、私たちのその平和を、より深い、より不動なものにさえしてくれます。

そしてそれは、私たちが“心の平和の力”をより明確に周囲に示せるようになることであり、ひいては、私たちが周囲の人たちの心を、よりいっそう“真理の光”へと引き寄せられるようになることでもあります。

悪いことをした記憶がない人たち（忘れたい過ちを持たない人たち）は、幸いです。彼らの清らかな心のなかでは、他人を嫌ったり憎んだりする思いが咲き乱れることはおろか、根を張ることさえありません。

他人の悪口を言う人間には、
完璧な“心の平和”へと続く道は見つけられません。

心の浄化は
たやすいことでは
ありません。
その行程は必然的に
痛みを伴います。

　嵐が静まると、すべてがまた穏やかになります。復活した静けさのなかで、万物が胸を撫で下ろしているかのようです。静かな安らぎがすべてを包み込み、無生物たちでさえ、その復活した静寂を楽しんでいるかのようです。

　理性を失った感情が爆発することでそれ自身のエネルギーを使い果たすと、静かな思索の時間が訪れます。そのなかで心は冷静さを取り戻し、後悔を感じながら、それ自身と周囲の状況をより正確に見られるようになります。

　この静かな時間を、自分自身に関するより正しい知識を得ることと、他人に対するより親切な評価を行うことに利用することは、とても賢いことです。静かな時間は、心を疲れから回復させてくれる時間でもあります。

　持続する喜びは身勝手さを持たない心にやってきて、そこを満たし、その穏やかな心に留（とど）まりながら、清らかな思いとともに、そこの平和を守り続けます。

あなたのあらゆる思い、言葉、行いを、
清らかさと優しさで満たすことです。

悲しみの闇は、
人間を"真理"のすぐ側まで
連れて行きます。

　涙が流れ、心が痛んだときには、世界の悲しみに目をや
ることです。悲しみが襲いかかってきたときには、それは
誰にでも襲いかかってくるものなのだということを思い出
すことです。

　悲しみから逃れられる人間は１人もいません。これは疑
いようのない真実であり、宗教が生まれた理由がここにあ
ります。

　あなたの痛みはあなただけのもので、不公正にもたらさ
れたものだ、などとは考えないことです。それは、世界の
大きな痛みの単なる一欠片に過ぎません。悲しみは、すべ
ての人間の共通体験なのです。

　しかもあなたは、自分の悲しみを利用することができま
す。それに、"法則"へのより深い信頼（これが真の信仰
です）と、あらゆる人間と動物に対する、より大きな思い
やり、より優しい心遣いへと、自分を静かに導かせること
です。すぐにあなたは、より大きな愛と、より深い心の平
和のなかへと移動している自分に気づくはずです。

　そしてこれを忘れないことです。

　あなたの悲しみの真の源は、常にあなたの内側にありま
す。そしてそれを取り除くたびに、あなたは確実に"真
理"へと近づいていきます。

悲しみの先には、常に喜びと心の平和が待っています。

悲しみのない人生は
悲しみを通じて達成されます。

　光が闇に取って代わり、静けさが嵐のあとにやってくるように、喜びが悲しみに取って代わり、心の平和が痛みのあとにやってきます。

　悲しみを知ることで得られる、より深い知恵は、悲しみに先行した浅はかな興奮よりも清らかで持続的な喜びを運んできます。

　不純な心の浅はかな喜びと、清らかな心の至高の喜びとのあいだには、悲しみの暗い谷間が走っています。それは地上のあらゆる巡礼者たちが渡ろうとする谷間で、それを渡り切ると、天国の喜び、持続的な歓喜が、彼らのものになります。

　地上から天国へのその巡礼の旅を成し遂げた人たちは、悲しみの黒いベールを自分たちの顔から取り払い、"真理"の輝かしい光を目のあたりにすることになった人たちです。

"善"と"正義"と"愛"の実践を続ける人たちは、
いつしか"幻想の広い海原"を渡り切り、
"消えることのない喜び"が待つ
"悲しみのない海岸"にたどり着きます。

外側で起こる
"悪いこと"はみな、
内側で起こっている
"悪いこと"の結果です。

　幸せと不幸せ、喜びと悲しみ、成功と挫折、勝利と敗北。人生内のあらゆる領域（私生活、仕事、宗教、社会）において、これらの相反した状況のどちらを私たちが体験することになるかは、私たちの"人格"が決めることです。

　私たちの人生内で発生するあらゆる状況の究極的な原因は、すべて私たちの精神構造のなかに横たわっているのです。

　人格は原因と結果の双方です。それは思いと行いの実行者であるとともに、その結果の受け取り手でもあり、受け取ったあらゆる結果を自身のなかに取り込みます。天国も地獄も煉獄（れんごく）も、そのなかにあります。

　堕落した不浄な人格は、どこに住んでいようとも、幸せと美しさが欠如した人生を体験することになります。その一方で、気高く清らかな人格は、幸せで美しい人生を送ることになります。

　善い人格をつくることは、善い人生をつくることです。

身勝手な思いと理性を欠いた感情を放棄し、
正しい思いと行いで自分の心をつくり替えること。
これに勝る知恵はありません。

正しい道の上を、
あらゆる困難を克服して前に進み続ければ、
誰もが "真理" に到達できます。

　厳しい状況に直面したときには、そのときに感じる困惑を、
「より深く思いを巡らし、より積極的に行動するように」と語
りかけてきている "天の声" として捉えることです。いかなる
困難も、「お前には克服する能力がない」などとは言ってきま
せん。いかなる問題も、「お前には解けない」などと言って凄
んできたりはしないのです。

　あなたの試練は、あなたの強さを試すテストです。試練が大
きければ大きいほど、そのテストは難しいものとなり、それを
克服することで得られる喜びは、より大きな、より誇らしいも
のになります。

　あなたの混乱の迷路がどんなに複雑であっても、そこから抜
け出る道は必ず存在しています。もしあなたが、強い意志とと
もにその道の発見に努めたならば、その意志が、あなたの持つ
様々な力を最大限に発揮させてくれるはずです。それはさらに、
あなたが潜在的に持つあらゆる能力を引き出すことまでしてく
れるでしょう。

　自分を屈服させようとしたものを屈服させたとき、あなたは、
増大した自分の強さを実感して歓喜することになるはずです。

正しい思いと行いの実践を通じて "真理" を理解し、
それとひとつになったときから、あなたは無敵になります。
"真理" は混乱させられることも、
打倒されることもないからです。

"真理"の光と祝福を求めて外側に目をやっても、
また後ろに目をやっても無駄なことです。
あなたが目をやるべきは内側なのですから。

　私たちは一連の努力によって前に進みます。
私たちは、自分が決めた方角へ向かうための
努力を続けることによって、自分の強さを次
第に蓄積します。努力は、特に繰り返される
ことで、力の素晴らしい供給源になります。
スポーツ選手たちが、自分たちの走力や持久
力を極限まで強化しようとして練習を繰り返
しているのは、彼らがまさにこの法則に従っ
ているからです。

　努力の繰り返しが学術分野で行われた場合、
非凡な能力や飛び抜けた才能がその果実です。
もしもそれが精神分野でなされたとしたら、
新しく獲得される知恵や崇高な人格が、その
果実です。

　新しい困難が、より大きな努力や、より長
期にわたる奮闘を強いてきたとしても、私た
ちは嘆くべきではありません。出来事や状況
は、心がそれらを"悪いこと"として捉えた
ときにだけ"悪いこと"になります。それら
に対処する努力を有益なものとして捉えてい
る人間にとって、それらは紛れもなく"善い
こと"なのです。

あなたは、最小の義務のなかでも、
また、内側における身勝手さとの戦いのなかでさえ、
"真理"を見出すことになるでしょう。

怒りや苛立ちから
自由にならないかぎり、
幸せはどこに行っても
見つけられません。

　思わぬ困難に直面したときに、それに向かって怒りや苛立ちなどをぶつけても、その状況はまったく改善しません。怒りや苛立ちには、状況を悪化させる効果しかないからです。

　不動の静かな心を育成することの重要性がここにあります。苦悩の種となりうるどんな問題も、その大小にかかわらず、苛立ちや混乱を拒絶する"静かな心"に立ち向かわれると、すぐに解決し、消滅することになります。

　あなたの個人的な目標、願望、計画、あるいは娯楽の前にさえ、妨害や障害物は立ちはだかってきます。ただしそれは、あなたにとって紛れもなく"善いこと"です。というのも、そのような状況に、あなたが穏やかさと賢さをもって対処し始めると、あなたの心の内側に隠れていた、持続する真の幸せが姿を現してくることになるからです。

怒りや苛立ちが追い払われると、強くて静かで平和な心に特有の、持続的な幸せが発見され、実感されることになります。

最大の幸運は、
このうえなく清らかで気高い思いを
巡らし続けている人たちに、
もたらされます。

　幸せは、物質的な所有物や特定の外部状況のなかに
ではなく、それに相応しい心の姿勢のなかに住み着き
ます。このことを知り、それを実感したとき、私たち
は確実に、より賢くなっています。
　「もう少しお金があれば、最高に幸せになれるのに」
といった類いの愚痴は、あなたも何度となく聞いたこ
とがあるでしょう。
　もう少しお金があれば、もう少し遊ぶ時間があれば、
あの男のような才能があれば、彼みたいに好機に恵ま
れてさえいれば、もっといい友達がいたら、もっと環
境に恵まれていたら……この種の"ああだったら"
"こうだったら"は挙げ始めたらきりがありません。
　しかしそれらは幻想です。この種の無益な願いのな
かに横たわっているのは、不満と惨めさのみです。
　幸せは、もしも内側で実感されていなかったとした
ら、外側では決して見出すことができません。賢い心
は、遭遇するどんな状況のなかでも幸せを見出すこと
ができます。

あなたの人生は一連の結果で構成されています。
そして、それらの原因は思いのなかにあります。
あなた自身の思いのなかにです。

優しくて幸せな人間は、
経験と知恵の成熟した果実です。

　自然界には、思いを巡らすに値する忍耐の実例が、いくつも存在しています。ある彗星は、それ自身の軌道を1周するのに1000年を費やすかもしれません。海は何十億年もの時間をかけて、陸地を少しずつ浸食してきました。人類の完全な進化には数百万年が費やされるかもしれません。

　それに引き換え、人間の多くは、1時間、あるいはせいぜい1日程度で過ぎ去ってしまう些細な問題に直面したときでさえ、すぐに忍耐を崩し、焦ったり、不安がったり、大騒ぎをしたり、不満をぶつけたり、落胆したり、滑稽な虚勢を張ったりするなどして、取り乱してしまいがちです。自然が見せている無限の忍耐と比べると、恥ずべきことでさえあります。

　忍耐は、このうえない業績、このうえない能力、このうえない心の平和への道を開きます。これがなければ、人生はその力の多くを失い、その喜びの大部分が破壊されてしまうでしょう。

　整理された忍耐強い努力によって、成功は形づくられていきます。

刻一刻とやってきては過ぎていく時間を
有益な活動で満たす人間は、
名誉と知恵のなかで歳を重ねつつ、
繁栄を続けていきます。

いかなる清らかな思いも、
いかなる愛に満ちた行いも、
受け取るに相応しい幸せな結果を
引き寄せることに、
失敗することがありません。

　もしも今日が、寒くて、どんよりと曇っていたとしたら、
それは憂鬱の原因になるのでしょうか？　麗らかな春の日
が、もうすぐやってくることを、私たちは知らないのでし
ょうか？

　すでに鳥たちは歌い始めています。その震え響く囀りが、
新しい"春の愛"の訪れが間近であることを告げています。

　それはまた、"夏の恵み深さ"も必ず訪れてくると告げ
ています。こちらはまだ、どんよりと曇る今日の子宮のな
かで眠っていますが、やがて間違いなく生まれてきて、す
くすくと成長します。いかなる努力も無駄にはなりません。

　あなたの"向上心が舞い上がる春"は、すぐ近くまで来
ています。あなたの"思いやりに満ちた行いの夏"も、そ
のすぐあとにやってきます。

　身勝手な思いがあなたの心から立ち去ると、代わりに
"真理"がその場所に入り込んで住み着き、あなたの心の
白い衣を、きれいに洗い清めてくれるでしょう。

心のなかを愛で満たして今日の仕事に向かうことです。
そうすればあなたは、
浮き浮きと陽気にその仕事を進められます。

これから述べることに
じっくりと思いを巡らし、
内容の理解に努めてください。
これは理論ではありません。
紛れもない事実です。

　あなたの人生内で発生する "悪いこと" は、そのすべてが、実はあなたにとって "善いこと" なのです。あなたが体験する苦悩や悲しみ、不運のすべてが、完全かつ完璧な "法則" に従って、あなたのところにやってきます。そして、それらがやってくるのは、あなたがそれらを体験するに相応しいからばかりではなく、あなたがそれらを必要としているからでもあるのです。まずはそれらに耐え、続いて、それらがやってきた理由を理解することによって、あなたはより強い、より賢い、より気高い人間へと確実に成長することができるのです。

　これを充分に理解したときから、あなたは自分の人生の "主人" として、あらゆる "悪いこと" を "善いこと" に変え、自分の環境を自ら形づくり、自分の運命の織物を好きなように織ることができるようになります。

経験の学校の従順な生徒になり、
最高の自分自身となるための方法を、
謙虚さと忍耐を持って学び始めることです。

思いを"天国"に集中して行う瞑想は、極上の祈りです。

　あなたが普段最も頻繁に集中して考えているのは、どんなことなのでしょうか？　独りだけの静かな時間に、あなたの心が最も自然に顔を向けるものは何なのでしょう？

　この質問への答えを聞けば、あなたがどこに向かって旅をしているのかを言い当てることができます。あなたは、苦悩と心の平和のどちらかに向かって──野獣のような人格と神のような人格のどちらかに向かって──旅をしています。

　最も集中して考えられているものと同質のものが具現化する、という絶対的な法則があります。よって、あなたの瞑想のテーマは"低いところにあるもの"ではなく"高いところにあるもの"にするべきです。そうすれば、瞑想を行うたびに、あなたは天に向かって上昇することになります。

　身勝手な要素が混ざり込んでいない、純粋に清らかなテーマを選択し、それに深く思いを巡らすことです。それによってあなたの心はより浄化され、"真理"へと確実に近づきます。別の選択をすることで心の染みが増え、絶望とともにより深い苦悩のなかに引き込まれることは、避けたいものです。

瞑想は、自分自身に関する理解と
心の成長を促進するための、このうえない道具です。

「より多くの知恵、より清らかな人生、
　より深い心の平和、
"真理"に関する
　より深い理解などを求めて
　祈り続けているのに、
　それらが遠い存在であり続けている」

　という状況に、もしもあなたが置かれていたとしたら、それは、あなたの普段の思いと行いの内容が、あなたが祈り求めているものと一致していないからです。
　しかし、そのような身勝手を、強い決意でやめたならば──自分が手に入れるに値しないものを求めて祈るのを、やめたならば──祈り求めている清らかな人生とは相容れないものへの執着を、心のなかから追い払ったならば──自分が他人に与えていない愛と思いやりを、自分には与えてくれるよう祈るのをやめたならば──そして、"法則"に基づいて考え、行動し始めたならば──状況は一変します。あなたが祈り求めているものは、すぐにでも、あなたのものになるでしょう。

瞑想を日常化し、
"真理"をその中心テーマにすることです。

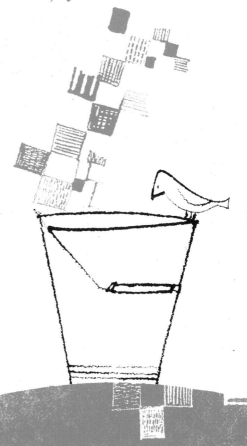

2月

苦悩や悲しみの正体を理解することです。

　苦悩や悲しみから逃れる道はないのでしょうか？　"悪いこと"
との関わりを断ち切る方法はないのでしょうか？　永続的な幸せ
と心の平和の獲得は、愚かな夢に過ぎないのでしょうか？

　いや、そんなことはありません。これについて話すことは私に
とって大きな喜びです。

　"悪いこと"を絶滅に追い込める確かな方法があります。あらゆ
る悪い状況、悪い環境を追放し、二度と戻らないようにする方法
があるのです。

　それはとりもなおさず、決して壊されず、決して終わることの
ない心の平和と至福を、常に実感するための方法でもあります。

　そしてその幸せな実感へと続く道は、"悪いこと"とは何かを
正しく理解することから始まります。"悪いこと"を否定したり
無視したりするだけでは不充分です。それは理解されなくてはな
らないのです。

人々の多くは、"悪いこと"には常に
教訓が含まれているということを知らないために、
あるいは、その教訓から学ぶ意欲がないために、
"悪いこと"のなかにいつまでも留まり続けています。

自分自身を客観的に
じっくりと観察することです。

"悪いこと"をじっくりと観察すると、その正体は、無限の力を持つものでも、人生の不可欠な一部などでもなく、人間体験の過ぎ去っていく一局面に過ぎないこと、しかも、意欲的に学ぼうとする人間の教師になりうるものであることがわかってきます。

あなたに降りかかってくる"悪いこと"はすべて、あなたの外側にある避け難い現実などではなく、あなたが心のなかで行っている"悪いこと"が具現化したものに他ならないのです。

心の中身を忍耐強く調査し、観察することで、あなたは、"悪いこと"の起源へと徐々に導かれていきます。そして、その起源を突き止めたあとであなたが行うべきことは、それを心から完全に取り除くことです。

この宇宙には、"真理"に関する無知の結果でない"悪いこと"は何ひとつ存在しません。しかもそれは、それが携えている教訓から、私たちが学ぶべきことを学び、それを実践すると、より高いレベルの知恵を獲得した私たちを残して、跡形もなく消え去っていきます。

あらゆる心が、
それ自身の内側にあるものを引き寄せます。
そこにないものは
何ひとつやってくることがありません。

あなたは
どんな人間なのでしょう。
それがあなたの人生です。

　あなた自身の思い、願望、向上心が、あなたの
人生をつくり上げています。あなたの人生内にあ
るすべてのものが──あなたにとって美しいもの
も、喜ばしいものも、至福を感じさせてくれるも
のも、醜いものも、悲しいことも、苦悩をもたら
すものも──あなた自身の内側にあるものの表れ
です。

　あなたは自分の思いによって、自分の人生をこ
のうえなく素晴らしいものにすることもできれば、
台無しにすることもできます。あなたが思いの力
によって、自分の内側をより善いものに変えると、
あるいは、より悪いものに変えても、あなたの外
側の人生は、内側のその変化に正確に準じて、様
相を変化させることになるからです。

　永遠不滅の"原因と結果の法則"は、あなたが
心の内側に何を住まわせようと、それを外側の世
界で具現化させることに、決して失敗することが
ないのです。

あらゆる心が、
複雑に絡み合った様々な思いの集合体です。
肉体は、心がその中身を具現化するための
媒体に過ぎません。

最高に"善いもの"を
追求し始めると、
その最高に賢い目標の達成を、
あらゆるものが支援してきます。

　身勝手な思いにしがみついている人間は、自分が自分の
敵になっているうえに、多くの敵に取り囲まれてもいます。

　身勝手な思いを放棄している人間は、自分が自分の救い
主になっているうえに、自分を外敵からいつでも守ってく
れる、多くの友人に取り囲まれています。

　清らかな心の神聖な輝きを目のあたりにすると、あらゆ
る闇が立ち去り、あらゆる雲が霧散します。

　自分自身をしっかりと統治することです。それは人生を
統治することです。身勝手な思いから抜け出ることです。
それは、貧しさ、苦悩、苦境、心の痛み、寂しさなどから
抜け出ることです。

　狭量な身勝手さの擦り切れた衣を脱ぎ捨て、"無限の愛"
の新しい衣を身に纏うことです。あなたはそのとき、外側
の人生に徐々に投影されていくことになる "内なる天国"
の存在を実感することになるでしょう。

あらゆる栄光とあらゆる"善いもの"が、
"法則"に従順な人たちの到来を待ち受けています。

思いの力は、
すべてを統治する"大法則"と調和した方向に導かれると、
極めて建設的かつ安全に仕事をしますが、
誤った方向に導かれると破壊的になり、
人生を崩壊させてしまうことさえあります。

あなたが自分のあらゆる思いを、その"善の法則"への不動の"信頼"に基づいて巡らすようになることは、あなたが"善"と完璧に協調して生き始めることであり、内側で、あらゆる"悪"の解体と破壊を開始することです。

これが「信じるのです。そうすれば、あなたは生きるでしょう」です。

これが"救い"の真の意味でもあります。"永遠なる善"の活力に満ちた光のなかに入り、それとともに生きることによって可能となる、心の闇からの救済、すなわち、内なる悪の追放。"救い"とは、まさにこのことなのです。

思いの静かな"すべてを克服する"力が、万物を出現させてきました。

身勝手な自己との戦いを休みなく続ける人間には、やがて"解放"の深い喜びがもたらされます。

"法則"への強い信頼と
不動の意志があれば、
達成できないことは何ひとつありません。

　いかなる困難も、思いの静かな力の集中攻撃に晒^{さら}されると、
たちどころに白旗を揚げてきます。理にかなったいかなる目標
も、思いの力の知的利用と妥当な方向づけによって、速やかに
達成されることになります。

　あなたは、自分の内なる世界の奥地まで、細心の注意を払い
ながら入っていき、そこに潜んでいる敵たちを打ち負かして初
めて、思いの繊細かつ鋭敏な力の実体を知ることができます。

　その力と外側の物質的現実との密接な関係についても、また、
正しい準備と方向づけがなされたならば、人生の諸状況を調整
したり変化させたりしてしまう、その力の魔法のような能力に
ついてもしかりです。

　あなたが巡らす思いのすべてが、外に出ていく力です。そし
てそれは、その性質と強度に応じて、それを受け入れる準備を
整えている妥当な心のなかに滞在すべく、出かけていくことも
します。そのあと、それは、自身が滞在中の心のなかから、そ
の心のあなたに対する善い反応、あるいは悪い反応として戻っ
てきます。

善い思いを巡らすことです。
その思いは、あなたの外側の人生内で、
善い状況として速やかに具現化することになります。

価値のある物事を達成できるのは、
自分を正しく制御することに
成功している人間のみです。

　人生で遭遇するどんな困難にも打ち勝つ力を獲得するには、
不動性を養う必要があります。あなたは独りで立つことができ
なくてはなりません。

　あらゆる力が不動性と結びついています。山。巨大な岩。嵐
の試練に耐えてきた樫(かし)の大木。これらのすべてが、孤高の威厳
と毅然(きぜん)とした不動性を示すことで、力とは何かを私たちに語っ
ています。一方、集団で移動を繰り返す砂、しなやかな小枝、
揺れ動くアシなどは、私たちに弱さとは何かを語っています。
なぜならば、これらは風に身を任せてよく動き、仲間たちから
引き離されると、まるで役に立たないからです。

　強い力の持ち主たちは、周囲の人たちがこぞって感情に揺さ
ぶられているときでも、まったく動ずることなく、穏やかさを
保つことができます。怒りっぽい人たち、臆病な人たち、軽率
で浅はかな人たちには、仲間が必要です。彼らは仲間の支えが
なければ何事もうまくは行えないからです。

　しかし穏やかな人たち、勇敢な人たち、思慮深く賢い人たち
は、必ずしも仲間を必要とはしません。むしろ彼らは独りでい
ることを好みます。自立して行動することで、彼らの力はます
ます強くなっていきます。

ひとつの的に狙いを定めることです。
理にかなった有益な目標を掲げ、その達成のために
自分自身を惜しむことなく捧(ささ)げることです。

競争の法則に従うことは、
自滅への道をひた走ることです。

　真の繁栄を実現したいのなら、頻繁に語られている「正しいことばかりしていたら、いつになっても成功できない」などという幻想を受け入れたりは絶対にしないことです。"競争"という言葉に、"正義"の至高性に対するあなたの信頼を揺さぶらせたりしてはいけません。

　競争の法則を、どこのどんな著名人が提唱しようと、私は気にしません。不変の"大法則"を知っているからです。この"法則"はいずれ、競争の法則を間違いなく敗走に追い込むことになります。"正義の人"たちの心と人生のなかでは、すでにそうなっています。

　そしてこの"正義の法則"を知っているために、私は、誰によるどんな不誠実さも、揺るぎない安らぎのなかで静観することができます。それがいずれ消え失せることも、どのようにしてそうなるのかも知っているからです。

　"正義"の王道からさまよい出てしまっている人たちは、競争相手に対して常に防御の態勢を取っていなくてはなりません。常に正しさを追求しているかぎり、そのような防御に心を配る必要などまったくないというのにです。

どのような状況においても、
自分が心から正しいと信じることを行うことです。
そして"法則"を信頼しましょう。
この"神聖な力"を信頼し続けたならば、
あなたは常に守られます。

完璧な愛は完璧な力です。

　知恵と愛に溢れた人たちは、いかなる権威も振りかざすことなく、世界に指令を発します。あらゆる物事とあらゆる人々が、"至高なるもの"に服従している彼らに服従してきます。彼らが何かを考えると、それは瞬く間に実現します。彼らが話すと、たとえどんなに単純な発言でも、周囲の人たちが、こぞって耳を傾けてきます。

　彼らは自分たちの思いを、"不滅にして無敵の力"と調和させてきました。そして、もはや彼らには、弱さも不確かさもありません。彼らのあらゆる思いが目的であり、彼らのあらゆる行いが達成です。

　彼らは常に"大法則"とともに移動しています。彼らはその"法則"に完璧に服従しており、身勝手な思いとは完全に無縁になっています。そしてそれゆえに、"神の力"が思いやりとして何の制限もなく流れることのできる経路になっています。言い換えるなら、その力"そのもの"になっています。

完璧な愛は完璧な知恵でもあります。

花が朝の光を受け取るために花びらを開くように、あなたは、〝真理〟の輝かしい光を目のあたりにしたいのなら、自分の心をこれまで以上に大きく開くよう心がけるべきです。

自分のあらゆる欠点を見つけ出し、それらをひとつひとつ取り除いていくことで、人間は〝真理〟の光へと着実に近づいていきます。そしてこれには瞑想（めいそう）が不可欠です。

ただし、その瞑想は、夢見心地になることでもなければ、心のなかを漠然とさまようことでもありません。私が勧める瞑想は、〝むき出しの真実〟以外のものが心に居残ることを一切許さない、静かで、注意深い、断固とした思いの流れです。

あなたは、自分自身の現状を正確に知ることを強く決意して、この瞑想に入ります。

瞑想に入ったら、現時点における自分の願望の数々、思いの数々、および行いの数々を、自分の理想と比較しながら、ひとつひとつ穏やかに、静かに、〝正直〟に吟味していきましょう。

そして、自分が知りたがっている自分に関する真実、すなわち、誤った動機、誤った思い、誤った行いが判明したら、次にあなたは、日常の暮らしのなかで、それらを正しい動機、正しい思い、正しい行いで、ひとつひとつ置き換えていく努力を開始します。

あなたはこれらの作業を続けながら、〝真理〟が現れてくるのを忍耐強く待つことになります。〝真理〟は、心のなかから不純な思いが充分に取り除かれたあとにやってきます。

向上心の翼に乗って上昇することです。
何も恐れず、
果てしない可能性の存在を信じることです。

あらゆる始まりが原因です。
そのあとには
必然的に結果が続きます。

　ひとつの始まりは、後に続くいくつかの結果の内容を常に決定します。ひとつの始まりはまた、ひとつの終わり、達成、すなわち最終結果を予想させます。門は道に通じ、道は旅人が立ち寄るいくつかの町を抜けて、特定の到着地に至ります。ひとつの始まりが、そのいくつかの結果を通過して、ひとつの最終結果に至るわけです。

　善い始まりと悪い始まりがあります。そしてどちらも、それぞれの性質が反映された最終結果に至ります。

　あなたは注意深く思いを巡らすことで、悪い始まりを避けて善い始まりを選択することができます。そしてそれが、悪い結果を回避して、善い結果を楽しむことにつながります。

　至福の人生に狙いを定めている人間が考えうる、そして正しく行うことのできる、最も単純な始まりのひとつは、私たちの誰もが毎日、行っていることです。つまり、その日の生活をスタートさせることです。

結果は常にその原因と同じ性質を帯びています。

賢い人たちは、
日常のどんなに小さな義務も
疎かにしません。

　この宇宙に存在する、あらゆるものが、小さなものからつくられています。そして大きなものの完成は、小さなものの完成を基盤としています。宇宙内のどんなに小さなものでも、それが完璧でないとしたら、宇宙全体もまた完璧ではありません。

　粒子の集合体からひとつの粒子が抜け落ちるだけでも、その集合体は存在しなくなります。塵の一欠片が失われるだけでも、今存在している地球は存在しなくなります。塵の一欠片が完璧であるために、地球も完璧なのです。

　ユキノハナもこの惑星と同じくらい均整が取れています。微生物も人間と変わらないくらい、数学的な釣り合いが取れています。

　石が次々と積み重ねられ、垂直を取るなどの完璧な調整作業が続けられた結果として、壮麗な神殿は威風堂々と立ち上がります。

　人生のなかで小さなものを軽視することは、そのなかで大きなものを得損なうことです。

部分、部分が完璧につくられたなら、
全体は非の打ち所のないものになります。

小さな仕事を無視したり、
手を抜いて行ったりすることは、
弱さと愚かさの表れです。

　偉大な人たちは、あらゆる瞬間を大切にしています。彼らにとっては、日常の暮らしを構成するすべての部分（彼らのあらゆる言葉、挨拶、食事、装い、文通、休憩、仕事、および、報われそうにない努力や、次々と現れてくる小さな義務でさえも）が等しく重要で大切なことです。

　彼らは、自分が行うべきことのすべてを、自分に割り振られた神聖な責務として捉え、人生を祝福された完璧なものとすることを目指して、冷静さと穏やかさを維持しつつも、常に熱心に遂行します。

　彼らは何も軽視しません。何があっても慌てません。"罪"以外のものは何ひとつ回避しません。そして、あらゆる義務を自分への贈り物として快く遂行します。それを先延ばしにして後悔することは、もちろんありません。

　彼らは、目の前の義務に自分自身を惜しみなく捧げ続けることで、あの"子どものような純真さ"と"静かにして強い力"の組み合わせである"偉大さ"を獲得するに至った人たちです。

今の瞬間のなかで力強く、
賢く行動すること以外に、
強さと知恵を育む方法は存在しません。

"小さなもの"を重要視する人間は、
いずれ"大きなもの"の
正当な所有者となります。

　愚かな人たちは、「小さな過ち、小さな悪習、小さな罪など、取るに足らないことだ」と考えます。そして、「目立って不道徳な行為に及ばないかぎり、自分は充分に善良な人間で、神聖でさえある」と自分に言い聞かせます。

　しかし実際には、彼らは善性からも神聖さからも遠く離れた場所にいて、世界はそのような人間として彼らを見ています。周囲の人たちは、彼らを敬ってもいなければ、崇（あが）めても、愛してもいません。世界は彼らを見て見ぬふりをしています。周囲の人たちにとって、彼らは取るに足らない人間であり、彼らの影響力は無きに等しいものになっています。

　このような人たちが行う、世界を善いものに変えようとする努力──人々に悪習を捨て去るよう促す呼びかけ──は、何の説得力もなく、決して実を結びません。

　彼らが自分たちの小さな過ちに関して抱いた"取るに足らないもの"という思いが、彼らの人格全体に染み渡っていて、それが外側に漏出ているからです。

自身の最小の過失を最も深刻な過失と
同等の重さを持つものとして捉える人間は、
いずれ聖者になります。

"法則"は
どんなに些細（ささい）なことも
見過ごしません。

　１年が連続したいくつもの瞬間で構成されているように、人格と人生も、連続して出現するいくつもの思いと行いで構成されています。

　小さな親切と小さな寛容さの積み重ねが、親切で寛容な人格をつくり上げます。

　真に正直な人間は、あらゆる思いと行いが正直です。

　真に気高い人間は、常に気高い思いを巡らし、常に気高く振る舞います。

　あなたは一度に人生全体を生きるわけではありません。あなたは人生のいくつもの部分で生きていて、それらの部分が集まって全体の人生が出現します。

　あなたは自ら選択して、人生のどの部分でも気高く生きようと決意することができます。それが実現すると、人生のなかで卑しい部分はひとつもなくなります。

あらゆる分野の天才が、すべての細部に拘（こだわ）ります。

"真理"は、その特異性ゆえに、
　言葉で教えられることによってではなく、
　それを生きられること、すなわち、
　善と愛と正義の実践を通じてのみ
　完全に理解されます。

　"真理"はこの宇宙における唯一の"永遠に持続する現実"であり、"神"と"人生"に関する不変の真実と、"正義""愛""善"およびその他の普遍的法則群の実体である"大法則"を、その内側に収めています。

　これに加えられうるものも、これから取り除かれうるものも、何ひとつありません。"真理"はいかなるものにも頼っていません。しかしあらゆるものがそれに頼っています。

　"真理"の美しさは、身勝手な自己の目から見ているあいだは知覚できません。

　あなたは虚栄心を満たそうとしているとき、自身の身勝手な価値観で、あらゆるものに色をつけています。理性を欠いているときには、感情の炎から立ち上る煙で心を曇らせています。そしてその曇った心が、あらゆる物事の実像をひどく歪めています。

　傲慢で押しつけがましいときには、持論を、この宇宙内で他の何よりも重要なものだと見なしています。

　"真理"を愛する慎み深い人間は、"持論"と"真実"を区別する術を学んできました。

誰よりも真の"慈善"に勤しむ人間が、
誰よりも"真理"を生きています。

信仰されるべきものはひとつしか存在しません。

"真理"こそがそれです。

　自分が"真理の子"なのか"身勝手な心の子"なのかは、心の中身と普段の振る舞いを静かに観察することで、誰もが容易に知ることができます。

　あなたは、心のなかに住み着いている疑い、恨み、妬み、強欲、自惚れなどを、ただ放置しているのでしょうか？　それとも、それらとの戦いを意欲的に推し進めているのでしょうか？

　もしも前者であるなら、あなたは、自身の身勝手な心に囚われており、どんな宗教のどんなに敬虔な信者だと主張しても、真の意味では不信心者です。もしも後者であるなら、たとえ無神論者だとしても、"真理"の信者の有力候補です。

　あなたは、感情の起伏が激しい、自己中心的で、我が儘な、自分のことを常に最優先しようとしている人間なのでしょうか？　それとも、穏やかで優しくて、自己中心的ではない、周囲の人たちに常に思いやりを寄せている人間なのでしょうか？

　もしも前者であるなら、身勝手な自己があなたの主人になっています。もしも後者であるなら、"真理"があなたの信仰、すなわち強い信頼の対象になっています。

　"真理"を愛していることを示すサインは、決して見間違われることがありません。

誘惑は、
充分に制御されていない願望に言い寄り、
その願望の持ち主を
罪のなかに引き込もうとします。

　誘惑は、向上心を持つ人間を、あらゆる場所で待ち伏せてい
ます。しかしそれも、その人間が神聖な意識の領域に足を踏み
入れるまでのことです。その境界を越えることは、誘惑にはで
きないからです。

　人間が誘惑され始めるのは、向上心を持ち始めたときです。
向上心は、心のなかに潜在している"善"と"悪"のすべてを
浮上させます。それによって、その持ち主が自分自身の現状を
正しく知ることが可能になります。自分に関するこの知識を持
たないかぎり、身勝手な自己の完全な放棄は不可能なことです。

　完璧に野獣のような人間は、誘惑されることがありません。
誘惑されるのは、向上心を持つ人間のみであるからです。

　野獣的な願望を抱き、野獣的な喜びを追求することは、向上
心を持たない人たちにとっては、ごく普通のことです。彼らは
それ以上のものを何も欲しがっていません。現状に満足してい
るのです。

　そのような人たちが堕落へと誘惑されることはありえません。
それ以上落ちようがないのですから。

向上心は人間を
"天国"にさえ連れて行くことができます。

"真理"を追求するには、
まず自分自身の現状を知らなくては
なりません。

　誘惑に屈し続けている人への、私からのメッセージです。

　あなたは、誘惑されている人間であると同時に、誘惑している人間でもあるのです。あなたを罪のなかに引き込もうとする敵はすべて、あなた自身の内側にいます。

　あなたに誤った行いをけしかける"おべっか使い"も、あなたを非難する挑発者も、あなたを怒らせる不道徳者も、あなたの心のなかの"無知の領域"からやってきているのです。そこには不純な願望たちがいて、それらは無知ゆえに不純な状態を維持しています。これらのことを"知った"以上、あなたにはもう、怖いものはないはずです。誘惑に対する完璧な勝利を確信できるはずです。

　誘惑に晒されても、嘆かないことです。逆に、喜ぶのです。そのときあなたは、自分の弱さを受け入れて強い人間になるための、絶好の機会を与えられているのですから。

　自分の弱さを正しく知り、それを謙虚に受け入れた人間は、強さの獲得に努め始めることを一瞬たりとも躊躇しません。

自身の劣っている部分を勇敢に直視できない人間は、
身勝手な自己の放棄という険しい高地には、
いつになっても登っていけません。

"真理"を追い求め続けることです。

　身勝手な自己の放棄とは、外側における贅沢や我が儘をやめることばかりではありません。というよりも、この作業の主体は、心の内側から、あらゆる罪、あらゆる過ち、あらゆる誤りを一掃することにあります。

　贅沢な衣服を諦めたり、余分な富を手放したり、特定の食べ物を控えたり、話し方を穏やかにしたりといったことを行うだけでは、"真理"を理解するにはまったく不充分です。

　しかしながら、虚栄心を放棄し、強欲を捨て、低俗な欲求を慎み、あらゆる憎しみ、非難癖、身勝手さなどを一掃することによって、心を優しさと清らかさで満たす努力を続けたならば、"真理"は徐々にその姿を見せてきます。

身勝手な自己を放棄することこそが"真理"への道です。

感情の奴隷で居続けるのをやめることは、
"運命の神殿"の熟練建築家になることです。

　自分自身の衝動的で身勝手な性癖をチェックし、それを排除する努力を開始するとともに、不滅の"法則"の上に心を固定し、より気高く、より穏やかな意識に頼るようになることで、人間は強さを育み始めます。

　意識内に不動の"法則"を定着させることは、強さの源を得ることであり、強さを育むための、いちばんの秘訣(ひけつ)です。

　飽くなき探求、いくつもの苦悩、いくつもの犠牲のあとで、永遠の"法則"の光が心のなかで輝き始めると、天性の穏やかさと、言葉では表せないほどの喜びが、そこを満たします。

　不滅の"法則"の上に自分自身を固定したときから、人間はさまよい歩くことをやめ、しっかりとした足取りで、穏やかに堂々と自分の人生を歩み始めます。

長く持続するのは、
不滅の"法則"の上に築かれた
成果のみです。

本物の強さと
影響力を持つ人間は、
ごく僅(わず)かです。

　人々の多くにとって、物質的な財産を持つ喜びに浸っているあいだは、「自分は平和の法則、人類愛の法則、愛の法則などを信じていて、それらに従っている」と自分に思い込ませることは、たやすいことです。

　しかし、その喜びが脅かされたとたん、あるいは脅かされたと想像したとたんに、彼らはひどく攻撃的になります。そうすることで、彼らが実際に信じ、従っているのは、平和の法則、人類愛の法則、愛の法則などではなく、言うなれば、不和、身勝手さ、そして憎しみの法則であること、すなわち、実際にはいかなる"法則"にも従っていないことを露呈することになります。

　その一方で、地位も名誉も財産も一気に失ってしまいかねない状況に直面したときでも、はたまた生命の危機に瀕(ひん)したときでさえ、不変の"法則"に忠実に従い続ける人たちは、究極の強さを持つ人たちであり、その口から出るあらゆる言葉が残り続け、後の世界によって讃(たた)えられ、敬われ、崇拝されることになります。

心の完璧な強さを達成する方法は、
内側を"真理"の光で輝かせること以外には存在しません。

あらゆる苦悩と悲しみが心の飢饉であり、
向上心を持つことは、
その飢饉から脱するための
食べ物を追い求め始めることです。

　私たちの本質は、内側にある、目に見えない、精神的実体であり、私たちが外側で行使する力も、私たちの人生も、外側ではなく内側にその起源を発しています。外側の状況は、私たちのエネルギーが通過し、費やされるための経路に過ぎません。

　とはいえ、私たちはそのエネルギーを持続的に必要としており、無駄遣いは許されません。というのに、人々の多くは、外側の不和のなかで戦々恐々として生きています。そうやって自分たちのエネルギーを激しく浪費しながら、苦悩と悲しみの体験を次から次へと刈り取り続けているのです。

　しかしその体験は、やがて耐え難いレベルになると、彼らを内なる避難所——内側の誰もいない静寂の神殿——へと連れ戻します。そこは、彼らが心身のエネルギーを回復させるには最適の場所です。と同時に、そこはまた、彼らの向上心を自然に目覚めさせてくれる場所でもあります。

人間が自分の心と正直に向き合えるのは、
独りだけで過ごす静かな時間のなかにおいてのみです。

"法則"との調和こそが心の強さです。

"愛の法則"に焦点を当て、それを完璧に理解することを目的に、静かに真剣に瞑想することです。

その"法則"の光に、あなたのあらゆる習慣、あらゆる行動、あらゆる発言、あらゆる人的交流、および、あなたが心に住まわせている、あらゆる思いとあらゆる願望を照らし出してもらうことです。

この作業を続けていくうちに、"愛の法則"の全貌が徐々にその姿を現してきます。

その愛は、あなたの短所の数々を徐々に鮮明に際立たせ、あなたを新しい努力へと駆り立ててきます。

一度この不滅の"法則"の威厳に接したならば、あなたはもはや、自分の弱さ、身勝手さ、欠点などのなかでくつろいだりは決してしなくなります。そのときからあなたは、この法則との完璧な調和を目指して、それと調和しない要素を自分のなかから一掃するための努力を続けることになるはずです。

あなたの心の内なる衣から、あらゆる染みが消え去るまで、そのための努力を休まずに続けることです。

人生の困難や誘惑に
立ち向かう強さは、
独りだけの静かな時間のなかで
培われます。

　肉体が力を取り戻すために休養を必要とするように、心もそのエネルギーを再生するために、独りだけの静かな時間を必要とします。

　“独りだけの時間”と“心の健全な機能”は、“休養”と“肉体の健康”同様、切っても切れない関係にあります。独りだけの時間のなかで巡らされる清らかな思い、あるいは、そのなかで行われる瞑想は、肉体にとってのストレッチ同様、心にとって、なくてはならないものです。

　肉体は必要な休養を取れないと正常に動かなくなりますが、心もまた必要な静寂から遠ざかると、正常に動かなくなってしまいます。

　人間は誰しも、精神的実体として、外側の常に変化する世界から定期的に引き下がり、内側の“永遠に変わることのない現実”のなかに入っていかないと、強さと正しさ、そして心の平和を維持することが難しくなります。

　“法則”を理解し、知恵を追い求める人間は、独りになることを重要な日課にしています。

"神の愛"は、
すべての人間の
内側にあります。

　身勝手な自己にしがみつき、"悪いこと"の影に怯（おび）えている人たちは、"神の愛"を、自分たちには手の届かない、どこか遠いところにいる"神"が持っているものだと考えているようです。彼らにとって、この愛は、そもそも自分たちの外側にあるものであり、それゆえに、永遠に外側にあり続けるに違いないものなのです。

　"神の愛"は、確かに、身勝手な自己には永遠に手の届かないところにあります。しかし、心からその自己を追い払った人間にとっては、そのときから、その"果てしない思いやりに満ちた愛""至高の愛""万人を癒やす愛"が、内側における不滅の現実になります。

　そして、この"神の愛"が内側で現実となっているものが、頻繁に話されてはいても、ほとんど理解されていない、あの"キリストの愛"なのです。

　この"愛"は、単に心を罪から救うのみならず、誘惑の力が及ばない高みまで、心を押し上げてくれます。

"神の愛"は悲しみも変化も知りません。

人間は独りで
立てるようにならなくては
なりません。

　自分自身のなかで平和を見つけられない人間は、どこに行けばそれを見つけられるのでしょう？

　独りだけになるのを恐れている人間は、仲間たちのなかでどんな勇気を示せるのでしょう？

　自分の思いとの交流を喜べない人間は、周囲の人たちとの触れ合いのなかで、どうやったら衝突を避けられるのでしょう？

　自分の内側で頼りにできるものを何ひとつ発見していない人間は、どこに行っても、持続的な休息の場所を見つけることができません。外側は変化と崩壊と不安の場所です。内側には、あらゆる確かさと恵みがあります。

　心は本来、それ自身だけで満ち足りることができます。そのなかでは、必要なものが常に豊かに供給されるからです。

　あなたの永遠の住処は内側にあります。

まずは内側で豊かになることです。
自分自身の内側で完璧を目指すことです。

強固な足場の上に、
独りですっくと立つことです。

　独りで立つということは、身勝手な自己による束縛から解放されて、自由になることです。言い換えるなら、霊たちにも死すべきものたちにも、人々にも神々にも、導きを一切求めなくなり、内側にある"真理"の光のみに自分を導かせ始めることです。

　これができないうちは、真の喜びには手が届きません。

　これが正しい自己依存です。自己依存は自惚れと混同されがちですが、両者は全くの別物です。

　自惚れの脆い足場の上に立とうとすることは、すでに転んでいることと同じです。自惚れの強い人間は、誰にとっても、最も頼りたくない人間であるうえに、その人間の幸せは、他の人たちの手に完全に委ねられています。

　真の自己依存者たちとは、自惚れの上にではなく、自身の内側にある"不変の法則""理想""永遠に持続する現実"の上に立っている人たちです。彼らはその強固な足場の上にすっくと立ち、内側の感情の波に流されることも、外側の持論の嵐に吹き飛ばされることも強硬に拒絶しながら、自らを支え続けています。

正しく勝ち取った自由、賢い自己依存から流れ出る心の平和、そして生来の強さに内在する恵みの数々を、存分に楽しめるようになることです。

3月

隠れた泉から
流れ出る水のように、
人生も内側の見えない場所から
流れ出ます。

　心があり、それゆえに人生があります。
　心の内側にあるものが、休みなく外側の
ものになり続けています。外側に漏らされ
ないものは何ひとつありません。隠されて
いるものがあったとしても、それは一時的
なことです。
　あらゆるものが、それぞれの季節の到来
とともに必ず外に出てきます。種から木、
花、そして果実へと至る自然の秩序は、ま
さに普遍的です。
　心のなかの状況が、人生内の状況に先行
しています。思いは行いとして開花し、行
いは人格および運命として実を結びます。
　人生は内側から休みなく流れ出て日の光
に晒されます。心のなかで生まれた思いは、
やがて、言葉、行動、および達成された物
事として、それ自身の姿を外側に現します。

心は常に、
それ自身がつくった衣服を
身に纏っています。

自分を完成させること以上に
気高い仕事は存在しません。
これ以上に高度な科学も存在しません。

　人生はすべてが心から生まれ出るということに気づくことは、至福へと続く道に足を踏み入れることです。

　というのも、そのときあなたは、自分には自分の心に指令を発する力があること、および、その力を行使することで自分の心を、ひいては人生をも、自分の理想的なものにつくり替えることができる、ということにも気づいているからです。

　続いてあなたは、清らかで気高い思いと行いの道を、力強く着実に歩いて行くことを決意し、それを実行に移します。とたんにあなたの人生は、より美しく、より神聖なものに変化します。

　そしてあなたは、遅かれ早かれ、あらゆる"悪"、あらゆる混乱、あらゆる苦悩から解放されることになるでしょう。

　なぜならば、自身の心の入り口を細心の注意を払って守り続けている人間にとって、自由と悟り、そして心の平和を達成しないことは、不可能なことであるからです。

穏やかで賢くて分別のある心を獲得すべく
努力を続けている人たちは、
人間が携わりうる最も崇高な仕事に携わっています。

繰り返し巡らされる思いは、
やがて習慣になります。

　経験の繰り返しを通じて知恵を獲得することは、心の持つ生来の
能力です。最初は巡らすことが困難な思いも、繰り返し巡らしてい
くうちに、自然で習慣的な思いになる日が、やがて訪れます。

　大工仕事を習い始めてすぐの少年は、道具の用い方はもとより、
持ち方さえ知らないかもしれません。しかし、その持ち方を教えら
れ、それを用いる練習を繰り返していくうちに、いつしかそれを要
領よく、思い通りに使いこなすことができるようになります。

　同じように、最初は実現が不可能に見える心の姿勢も、妥当な思
いが繰り返し、粘り強く巡らされることで、やがて実現し、容易に
持続する自然な姿勢として、人格のなかに定着することになります。

　心には、それ自身の習慣をつくり上げる力と、それをつくり替え
る力が備わっています。この力こそが、"救い"すなわち"身勝手
な自己による束縛からの完全な解放"を実現するための力なのです。

心が清らかであれば、外側のあらゆるものも清らかです。

あなたは自分のあらゆる罪を
洗い流すことができます。

　私たちの人生は、そのすべてが、私たちの心から生じ
ています。そして、私たちの心は様々な習慣の寄せ集め
ですが、私たちはそれらを、粘り強い努力によって、ど
のようにも修正することができます。私たちはその行程
を、完璧に制御することができるのです。

　このことを知ることは、私たちにとって、完璧に解放
された人生への扉を開くための、確かな鍵を手に入れる
ことに他なりません。

　ただし、人生内の"悪いもの"からの解放は、内側に
おける持続的な成長の結果として達成されるものであり、
外側であっという間に達成されるものではありません。
人生内の"悪いもの"は、心のなかにある"悪いもの"
を源にしているからです。

　完璧な解放を目指す心は、毎日、毎時間、清らかな思
いを常に巡らせるようになるよう、そして、いつでも正
しく冷静に振る舞えるようになるよう、自身を鍛え続け
なくてはなりません。

　このうえなく清らかな理想の人生が、その努力の果実
です。

質の高い人生は、
質の高い思いと言葉と行いによって形づくられます。

義務が正しく遂行されていない場所に、
美徳の天使は現れません。

　あらゆる義務が、神聖なものとして捉えられるべきです。嫌がらずに精力的に行うことが、義務を遂行する際の唯一の行動指針です。そこからは、あらゆる身勝手な思いが、排除されていなくてはなりません。

　そしてもし、これがなされたとしたら、義務はとたんに、厄介なことから楽しいことへと変化します。義務は、それを遂行する人間が、身勝手な喜び、自分だけの利益を追い求めているときにのみ、厄介なことになります。

　義務の厄介さに苛立（いらだ）っている人たちには、自分の心のなかをじっくりと観察してみるよう助言してあげるといいでしょう。そうすれば彼らは、その苛立ちは義務そのものからではなく、義務から逃れたいという自身の身勝手な思いから生まれ出ているものであることに気づくはずです。

　義務を軽視する人間は、それがどんなに小さな作業であれ、社会的な義務であれ、個人的な義務であれ、美徳を軽視する人間です。間違っても、義務を敵視したりはしないことです。そんなことをしたら、あなたは美徳を敵視する人間になってしまいます。

高徳の持ち主は、
義務の完璧な遂行を常に心がけています。

人間は自分の行いの実行者であり、
自分の運命の制作者です。

　私たちが遭遇する状況はみな、私たち自身の鏡像です。

　私たちが体験してきた不運、すなわち、私たちが努力によって逃れることも、祈りによって排除することもできなかった“悪いこと”は、正されることを強く主張している、私たち自身の誤った行いがつくり出した、無慈悲な妖怪であり、慈愛に満ちた天使でもありました。

　不意に訪れてくるこの呪いと恵みは、私たち自身が送り出す音楽の大反響音です。

　私たちは常に因果を体験しています。私たちの人生は、いくつもの原因といくつもの結果でつくり上げられています。いくつもの種蒔きと収穫からできているとも言えます。

　私たちの行いが原因です。そして原因は、その必然的な結果によってバランスを取られなくてはなりません。私たちは原因を選択します。これは自由意志です。しかし結果を選択したり、変えたり、回避したりすることはできません。これは運命です。

　要するに、私たちは自由意志を用いて原因を発生させ、その必然的な結果を運命として体験するのです。

この意味で、人格も運命だと言うことができます。

あらゆる形の不幸せが、
心のなかの誤った状況から
生まれ出ます。

あらゆる不幸せが"真理"に関する無知の結果です。それは、誤りと未熟さが生み出す心の状態です。

誤ったことを考え、誤ったことを行う人たちは、人生という学校のなかで、普通の学校にいる成績の悪い生徒たちと同じことをしています。彼らはまだ、正しく──すなわち"法則"に従って──考え、行動する方法を学んでいません。

普通の学校の生徒たちも、誤った学び方──すなわち、まったく勉強しない状態──を続けているかぎり、幸せにはなれません。

そして不幸せは、誤りが正されないまま放置されているうちは、いつまでも留まり続けます。

人生はいくつもの教訓の連なりです。それらの教訓から真剣に学ぶことで、清らかさと知恵を身につけ、幸せに生きている人たちがいます。

しかしその他の人たちは、不注意にも、それらの教訓に気づくことなく、自身の感情に流され続けることで、不純さと、愚かさ、そして不幸せとともに生き続けています。

幸せとは"法則"と調和した心の状態です。

他人の身勝手さを責めても平和は訪れません。
責めるべきは自分の身勝手さです。

　身勝手さは、心のなかにある強欲その他の明らかに低俗な要素群のなかだけに存在しているわけではありません。これは、もっと目立たない、自分や他人を評価するあらゆる思いのなかにも静かに潜んでいます。

　そしてその身勝手さが最も不誠実で狡猾になるのは、その思いを巡らしている人間に、周囲の人たちの身勝手さに目を向け続け、そのことで彼らを責めるよう、さらにはそのことを誰かに話すよう、けしかけてくるときです。

　他人の身勝手さに絶えず目を向け続けている人間には、自分自身の身勝手さに目を向けて、それを排除する暇がありません。そしてもちろん、私たちにとって、他人を責めることによって自分の身勝手さから抜け出ることは不可能なことです。それは、自分を浄化することによってのみ可能となることであるからです。

　理性を欠いた感情から心の平和に至る道は、自分自身の身勝手さを排除すること以外にはありません。周囲の人たちに手厳しい非難をぶつけたりすれば、心の平和からますます遠ざかってしまいます。

　他人の身勝手さをなくそうとして躍起になることは、自分は理性を欠いた感情とともに生き続けるのだと宣言するにも等しいことです。自分の身勝手さを忍耐強く克服していくことで、私たちは自由のなかへと上昇していきます。

上に向かって伸びるその道を、
あなたはいつでも歩き始めることができます。
その道の上であなたの身勝手さを克服するのは、
他の誰でもない"あなた自身"であるからです。

天使たちは歓喜します。人間が向上心を持つと

　向上心の翼に乗り、人間は地上から天国へ、下方の闇から上方の光へと舞い上がります。この翼を持たないかぎり、人間は低俗で、本能的で、活気のない"地を這う生き物"のままで居続けるしかありません。

　向上心を持つことは、天国に憧れることです。正義、思いやり、清らかさ、そして愛を、心から強く求めることです。

　向上心は欲望ではありません。欲望は低俗なものへの憧れです。富の利己的な蓄積、他人の犠牲の上に成り立つ優越的な地位、不特定多数の人間との性的交流などを、貪欲に求めることです。

　人々が向上心を持ち始めるのは、これまでの自分の生き方に不満を感じ、それを改善しようと決意したときです。それは、彼らが野獣性の昏睡から目覚め、より気高い物事の達成と、より充実した人生の構築を目指し始めたことの、明らかなサインです。

　向上心はあらゆる物事の達成を可能にします。

向上心の持ち主は、
自分の足元から
天国の高みへと伸びている道を
常に見上げています。

　心は、向上心の歓喜に触れると、とたんにそれ自身を清め始めます。それに伴い、心の不純な部分が剝ぎ落とされ始めます。

　向上心が心をしっかりと抱きしめているあいだは、心に不純なものは入ることができません。そのときの心は、清らかな思い以外のものは一切受け入れない状態にあるからです。

　ただし、向上心のその努力は、最初の頃は散発的で、あまり長くは続きません。向上心が不動のものに成長するまでのあいだ、心はそれ自身の習慣的過ちを度々犯すことになり、しばらくのあいだは、強い意志による持続的な矯正が必要になります。

　正義を追求すること、清らかな人生を熱望すること、向上心の翼に乗り、天使たちの歓喜のなかを舞い上がること。これこそがまさに、知恵を得るための正しい道です。心の平和を得るための正しい努力です。天国に向けた歩みの正しい始まりです。

清らかな人生を愛する人間は、
向上心の輝きに励まされながら、
自身の心を毎日きれいにし続けます。

誤りがふるい落とされると、
"真理"の黄金が姿を現します。

　心の完全な変容は、そのなかから、周囲の人たちや環境に対する身勝手な姿勢が、完全に排除されることによって成し遂げられます。

　そしてその変容は、まったく新しい一連の体験を心に引き寄せます。

　束の間の喜びを満たそうとする様々な欲望が根こそぎ引き抜かれ、捨て去られると、以後それらは、意識内のどんな場所に居着くことも許されなくなります。

　ただし、それらの欲望を発生させていたエネルギーは消滅するわけではありません。それは、より気高い思いの領域に移動させられ、より清らかな形態のエネルギーへと変換されることになります。

　エネルギー保存の法則は、心のなかでも物質世界のなかでも変わることなく普遍的です。低いレベルの領域で活動を封じられた力が、同じ意識内の高いレベルの領域内で解放され、そこで以前とは異なった活動を開始することになるのです。

そこは、雲ひとつない澄み切った青空が広がる、
清らかさと気高さの高地です。

変容への道は痛みを伴うものの、
それは一時的です。
その痛みはすぐに、晴れやかな喜びへと
変換されることになります。

　神聖な人生へと続く"聖者の道"を歩いていくと、間もなく"犠牲の国"に入ります。そこは"放棄の平原"とも呼ばれていて、そこでは、過去の理性を欠いた感情、淫らな欲望、過度の功名心、身勝手な思いなどが、手放され、放棄されます。

　ただしそれらは、ただ捨てられてしまうのではなく、より美しく、より持続する、より満足できる形のものに生まれ変わることになります。

　それはちょうど、長年にわたって大切にされてきた貴重な宝飾品の数々が、るつぼの中に涙とともに投げ入れられたものの、すぐに新しいより完璧な宝飾品群として再形成されて、持ち主のもとに戻ってくるようなものです。その持ち主はもちろん、それをたいそう喜びます。

　心の錬金術師も、長年にわたってともに生きてきた思いや習慣を手放すことに、最初は乗り気ではありません。しかしついに、それらを手放します。すると間もなく、それらが、新しい能力、より貴重な力、より純粋な喜び、磨き上げられたばかりのキラキラと輝く美しい宝石のような心の要素などに姿を変えて、戻ってきます。この錬金術師も、もちろん、たいそう喜びます。

賢い人間は、激情には平和、怒りには愛、悪には善で報います。

現在は過去全体の集大成です。
これまでにあなたが思い、
行ってきたことのすべてが、
今のあなたをつくり上げているのです。

　万物の内側でも外側でも機能している完璧な"法則"と、人間が関わるあらゆる活動と状況のなかで機能し、それらを調整している完璧な"正義"に関する知識を持つことの恩恵は、計り知れません。

　この知識を持つがゆえに、敵さえも愛し、どんな怒りや憎しみにも穏やかに対処することができている、少数の賢い人たちがいます。

　彼らは、「自分のところにやってくることができるのは、自分のものだけである」ということを知っています。そして、たとえ敵に囲まれたとしても、「自分に敵対してくる人たちは、自分の過ちに対する正当な報いの無意識の媒体に過ぎない」ことを知っているため、彼らを責めることはせず、穏やかに請求書を受け取り、忍耐を崩すことなく、自分の道徳的負債を支払います。

　ただし、それですべてではありません。彼らは、単に負債を支払うだけではなく、以後はいかなる負債も抱えることがないよう、強く自分を戒めます。自分自身に目を光らせ、自分のあらゆる行いを完璧に善いものにするよう心がけ続けます。

人格は固定された心の習慣であり、行いの結果です。

天国と地獄は
この世にあります。

　理由なくやってくるものは何ひとつありません。影が現れたときには、近くにその実体もあります。あなたに起こることは、あなた自身の行いの産物です。従業員が楽しく働いている会社は着実に発展し繁栄を続けます。一方、従業員がつまらなそうに働いている会社は、発展も繁栄も期待できません。

　この法則は、誰の人生のどんな状況のなかでも機能しています。あらゆる状況が"行い"の"結果"であり、個人の"思い"と"行い"によって生み出された"運命"です。これは、ありとあらゆる人格にも当てはまることです。すべての人格が、個人が蒔いた"行い"という"種"が成長して実らせた"果実"です。

　そしてこの"種蒔き"は、すべてが今のこの人生、すなわち現世のなかで行われたわけではありません。私たちの"無限の生命"が立ち寄ってきた過去のどんな人生のなかでも、"種"は常に蒔かれてきました。

　私たちのその生命は、これまでに無数の誕生と死を体験してきました。そして同じことを、果てしない未来のなかでも体験していきます。

　私たちの生命は、無数の人生を通じてこの"種蒔き"と"収穫"を繰り返し、自身の行いの甘い、あるいは苦い果実を食べ続けているのです。

人生は人格を育むための素晴らしい学校です。

心を清らかにしたいなら、
清らかなものに
繰り返し思いを巡らすことです。

　人間は考えることが得意な生き物です。あなたの人生と人格の内容は、あなたが習慣的に巡らしている思いの数々によって決定されます。あなたが特定の思いを繰り返して巡らせば巡らすほど、その思いは、ますます自然に、ますます頻繁に、それ自身を複製するようになり、"習慣"と呼ばれる自動的な行動を出現させることによって、人格に特定の変化を加えます。

　清らかな思いを毎日繰り返して巡らし続けることで、その瞑想者は、清らかで賢い思いの習慣をつくり上げます。その習慣には、清らかで賢い行動、正しい行動が常に付き従っています。

　そしてやがて、その瞑想者は、清らかな思いの休みない繰り返しによって、その思いとひとつになります。

　その瞑想者は以後、自身の浄化を達成した人間として、その達成を清らかな行動を通じて周囲に静かに披露しながら、清らかな日々を生きていきます。

心の清らかさを外側の人生のなかで
表現しながら生きることは、
神聖な知識を理解し活用していることの証です。

自分の心を
正しく制御することは、
自分のあらゆる苦悩に
別れを告げることです。

　人間にとって最も幸運な日、そして決し
て忘れることのない日は、「自分こそが自
分の救い主であり、敵でもある」というこ
とに気づいた日です。
　あらゆる苦悩の原因は自分の内側にある
のだということ、そして同じ場所に、あら
ゆる喜びの源もあるのだということを知っ
た日。その日を境に、人生は確実に好転し
始めます。
　身勝手な思い、不純な願望、そして"法
則"と調和しない行いは、とてつもなく有
害な種たちであり、いずれあらゆる苦悩を
実らせます。その一方で、他者を気遣う思
い、清らかな向上心、そして"法則"と調
和した親切な行いは、真の喜びに満ちたあ
らゆる状況を実らせる種たちです。

身勝手な自分を諫（いさ）め続ける人間は、
穏やかさが住み着いている
神聖な場所を発見することになります。

自分を浄化し続ける人間は、
日を追うごとに
力と偉大さを増していきます。

　自分の言葉を正しく制御している人間は、学問の分野における議論の名手よりも偉大です。自分の心を正しく制御している人間は、諸国を統治する王にも勝る力の持ち主です。

　そして、自分自身を完璧に統治している人間は、神々や天使たち以上の存在です。

　身勝手な自己の奴隷になってきた人たちが、自分を救えるのは自分だけであるということに気づくと、一瞬のうちに彼らの世界は変化します。彼らはそのとき、"神の子"の威厳を持って立ち上がり、こう宣言するでしょう。

「これより私はイスラエルの主であり、もはや"束縛の地"の奴隷ではない」

　これを理解し、自身の内側の人生を粘り強く浄化し始めるまでは、完璧な心の平和へと続く道は誰にも見つけられません。

完璧な心の平和と至福の人生は、自己統治と悟りの果実です。

"忍耐の欠如"は
"理性を欠いた感情"の得意料理であり、
いかなる人間をも助けません。

　自分にできる様々な"善い行い"に静かに思いを巡らす瞑想を、毎朝行うようにするといいでしょう。そして、そうやって思いを巡らした"善い行い"を、その日の生活のなかで実践するようにします。

　これによってあなたは、大いに助けられることになります。あなたはこれを行い続けることで、穏やかで静かな強さを養うことができます。正しい認識力と正しい判断力を育成することもできます。

　何を行うにも慌てないことです。急ぎすぎないことです。

　義務の実行を先延ばしにしないことです。日々の暮らしのなかから自分の身勝手さを排除することです。"理性を欠いた感情"を追い払い、自分の行動を"正しさ"と"気高さ"に導かせることです。

　不安を排除し、「自分の目的は、しかるべきときが来れば完璧に達成される」と信じることです。

完璧な人間を目指して歩み始めると、一歩進むごとに、過ちの数も苦悩の数も目に見えて減ってきます。

"真理の王"の冠は"正義の人生"であり、
　彼の手には"平和の笏"が握られています。
　そして彼の王座は、
　人間の心のなかにあります。

　どの心のなかにも、2人の王が住んでいます。
　1人は権力の強奪者で暴君です。彼は"身勝手な自己"という名で呼ばれていて、彼の思いと行いには、不浄な欲望、憎しみ、理性の欠如、そして闘争心が浸透しています。
　もう1人の王は、正しい血筋の正統な君主で、その名は"真理"です。彼の思いと行いには、清らかさと愛、そして慎み深さと平和が浸透しています。
　あなたはどちらの王に忠誠を誓っているのでしょうか？　これまで、どちらの君主に冠を授けてきたのでしょうか？
　答えが次のようであるならば、あなたはとても幸いです。
　「私は"真理の君主"に忠誠を誓っています。これまでもずっと、心の奥で、その"平和の君主"に冠を授けてきました」
　内側の神聖な場所で"正義の王"を発見し、心を"彼"に預ける人間は、まさしく幸いであり、死さえも乗り越えることができます。

　力は心のなかにあり、外側の力はその象徴に過ぎません。

内側の誤りと汚れを取り除くことのみが、

〝真理〟を理解するための手段です。

豊かな知恵と心の平和への道は、これ以外には存在しません。

"真理"の理解とともに訪れる心の平和は、
どんな出来事や状況に遭遇しても、乱れる
ことも途切れることもない平和です。それ
は、ふたつの嵐に挟まれた、束の間の静け
さなどではなく、"真理"の理解から生ま
れる完璧な平和であるからです。

　ほとんどの人たちは、この平和を手に入
れていません。というのも、彼らは未だに、
"真理"を理解していないか、その存在を
知らないかのどちらかであるからです。

　そして、彼らが"真理"を理解できない
（あるいは、その存在を知らない）でいる
理由は、自分たち自身の誤った行いや不純
な思いによって、心の目を曇らされている
か、塞がれていることにあります。

　もしも彼らに、その思いと行いを放棄す
る意志がないのであれば、致し方ありませ
ん。これからも彼らは、"大法則"に関す
る無知の状態を延々と続けるしかないでし
ょう。

不純な欲望を愛している人間は、
知恵を愛することのできない人間です。

もしも私たちが、たとえ部分的にでも、
他人のせいで苦悩することができたとしたら、
私たちの苦悩は不当だということに
なってしまいます。

　私たちの苦悩は、私たち自身の無知と過ちのみの結果なのでしょうか？　それとも、自分以外の誰か、あるいは外側の状況が、その原因の一部あるいは全部を占めているのでしょうか？

　私たちの苦悩は常に "正当" です。そして完全に、私たち自身の無知と誤った行いのみの結果です。あなたを苦悩させられるのは、あなたのみなのです。他の誰にもそれはできません。

　もしもそうでなかったとしたら──たとえば、もしも誰かが悪いことをして逃げることができて、その悪い行いの結果である苦悩が、別の人間にもたらされたとしたら──"正義の法則" は存在しないことになってしまいます。

　この "法則" が姿を消してしまったとしたら、どうなるでしょう？　この宇宙はもはや、今の状態を維持できなくなり、かつての混沌に逆戻りしてしまうことになるはずです。

　表面的には、人間は自分以外の誰か、あるいは何かに、苦悩を強いられているかのように見えます。しかしそれは、あくまでも表面的な観察の結果です。深い知識によって一瞬にして追い払われてしまう、誤った観察結果です。

人間は外側の状況を原因とする結果ではありません。
一方、外側の状況は人間を原因とする結果です。

"真理"を理解することは
自由になることです。

　人々の多くは、身勝手な自分を愛しています。しかし正義を愛してはいません。彼らが苦悩しているのはそのためです。彼らはまた、身勝手な自分を愛しているがために、自分たちの妄想も愛しています。彼らが不自由なのは、そのためです。自分たちの妄想に束縛されているからです。

　人間に与えられている、自分以外の誰によっても、また何によっても奪われることのない、究極の自由があります。愛と正義を実践する自由です。

　これは他のどんな自由よりも強力です。この自由は、鎖でつながれて重労働を強いられている奴隷にも、彼を束縛している王にも、等しく与えられています。

　そして、この自由のなかに入った人間は、自分の心からあらゆる鎖を取り払います。

　これを行うことで、奴隷の心は王による束縛から解放され、穏やかになります。それを阻止することは、いかに王でもできません。そして王は、これを行うことで、奴隷や多くの贅沢品を持つことをやめ、まさしく王になります。それまで彼は、それらを持つことによって、自分の心を汚してきました。

外側のどんな迫害者にも、正義を愛する心を苦しめることはできません。

喜びは、
無垢な心のための
ものです。

　賢者たちはすべてを知っています。

　そのため、彼らにとって、不安、恐れ、落胆、不和は、
すでに過去のものになっています。彼らの穏やかさは、い
かなる状況においても破られることがありません。彼らは
理解力と知恵によって、どんな状況にも柔軟に対応します。

　彼らを悲しませることのできるものは何ひとつありませ
ん。友人たちが亡くなっても、彼らは悲しみません。遺体
は友人たちの抜け殻であり、友人たちがなおも存在し続け
ていることを知っているからです。

　彼らを慌てさせることも、何にもできません。もはやど
んな変化にも動ずることがなくなっているからです。

　心の平和をもたらしてくれる知識は、同時に、善と正義
の実践を通じてもたらされる、不変の"法則"に関する知
識でもあります。

　この知識とひとつになることで、人間は不死、不変、不
滅になります。

　心の平和は、清らかな人間のためのものです。

愛、柔和、優しさ、自省、
許し、忍耐、思いやり、公正。
これらは"天性の意識"の
特徴です。

　肉体の意識は甘言を好みますが、天性の意
識は常に公正です。
　肉体の意識は強引に教えようとしますが、
天性の意識は賢く導こうとします。
　肉体の意識は秘密を愛していますが、天性
の意識は隠し事をせず、すべてを明らかにし
ようとします。
　肉体の意識は友人の無礼を忘れませんが、
天性の意識は最悪の敵さえも許します。
　肉体の意識は騒々しくて無作法ですが、天
性の意識は静かで優雅です。
　肉体の意識は気分に左右されますが、天性
の意識は常に穏やかです。
　肉体の意識は焦りと怒りを露わにしますが、
天性の意識は忍耐と冷静さを保ちます。
　肉体の意識は不親切ですが、天性の意識は
親切です。

憎しみ、虚栄、無慈悲、糾弾、復讐、
怒り、冷酷、甘言。
これらは"肉体の意識"の特徴です。

人々を助けることができるのは、
自分自身を気高く
清らかにした人間のみです。

"真理"はまず気づかれ、そのあとで理解されます。気づきは瞬間的なもので、理解は、ほぼ常に、徐々に展開していく行程です。

　あなたは愛することを"学ぶ"必要があります。学校で学び始めた子どものようにです。そして、あなたがその学習の行程を進展させていくと、やがて、あなたの内側に"神"が姿を現してきます。

　神聖な"愛の法則"に思いを巡らす瞑想を、規則的に可能な限り頻繁に行い続けるといいでしょう。そして毎日、自分のあらゆる思い、言葉、行いを観察し、それらがこの法則と調和したものとなるよう、調整し続けることです。愛することを学ぶための方法は、これしかありません。

　自分自身を注意深く観察することです。そして、純粋な無私の愛から生まれたものではない何かを、考え、話し、行ったことに気づいたときには、二度と同じことはしないと誓うことです。

　これを行い続けることで、あなたは日を追うごとに、より清らかで、より優しくて、より気高い人間へと成長していきます。そして近い将来、愛することなんて簡単だと感じている自分を発見することになるでしょう。そのときのあなたは、あなたの内側にいる"神"を実感してもいるはずです。

愛が完成して心のなかに満ちると、"キリスト"が実感されます。

内なる光の導きに忠実に従うことです。

　あなたにとって、自分の欠点、短所、不充分なところを自覚することは、とても善いことです。そして、あなたがそれらを理解し、それらを克服する必要性を感じたならば、もうしめたものです。あなたは遅かれ早かれ、それらを超えて上昇し、義務の遂行と無私の愛が醸し出す"清らかな大気"のなかへと入っていくことになるでしょう。

　何よりもまず、目の前の義務の完璧な遂行を日課にすることです。行うべき"小さなこと"を、自分の利益のことは忘れて、陽気に、意欲的に行い始めることです。

　これを行うだけで、それぞれの1日が、それ相応の喜びと心の平和を、あなたにもたらしてくれるようになります。そして未来は、これを行い続けるあなたのために、このうえなく大きな喜びと、このうえなく深い心の平和を用意して待っています。

　あらゆる義務を、自分の利益のことは度外視して、誠実に遂行するとともに、周囲の人たちを幸せにするために自分にできることを、すべて行うよう努めること。これが、誰にとっても、自分自身のあらゆる欠点を克服する最善の方法です。

　どんな人と接するときにも、親切な言葉、親切な行いを常に心がけてください。そして、他の人たちが不親切なことを言ってきたり、行ってきたりしたとしても、同じものを返すことで報復したりはしないことです。

心を現在に固定し、毎分、毎時間、そして毎日を、自制と清らかさを旨として生きることです。

> "正義の人"たちは無敵です。
> 彼らを打ち負かすことは、
> どんな敵にもできません。

"正義の人"たちは、隠すべきものを何も持っていません。彼らは内密で行動することもしなければ、他人に知られたくない思いや願望を、心に留め置くこともしません。そして何をするときにも、勇敢で臆することがありません。

力強い確かな足取りで、背中をまっすぐに伸ばして歩を進め、相手の顔をしっかりと見ながら彼らが口に出す言葉は、常に率直で明瞭です。

誤ったことを何ひとつ行っていない彼らには、恐れることが何ひとつありません。誰をも欺くことのない彼らには、恥じる理由もありません。そして彼らは、"悪いこと"を何ひとつ行わないようになって以来、"悪いこと"をされたことが一度もありません。他人を欺くことを完璧にやめて以来、欺かれたことも一度もありません。

"悪"が"善"に勝利することは不可能なことなのです。

従って、"正義の人"たちを不正義によって貶めようとする試みは、永遠に功を奏しません。

何が起きても心を穏やかに保つことのできる人間は、
疲れや不安を知らない人間です。

非難するのはやめましょう。
責めるのもやめましょう。
愛することがいちばんです。

　"義憤（正義の憤り）"という名で知られる感情の爆発があります。いかにも正しい行いであるかのように見えますが、どうでしょう？
　"正義の法則"の観点から見ると、明らかに"悪いこと"です。いかに義憤といえども、憤りであり、理性を欠いた感情に他ならないからです。義憤は確かに、不正義に対する憤りですので、ある程度の気高さは持ち合わせているかもしれません。"無関心"よりは気高い行為だと言えるでしょう。
　しかしながら、それよりもずっと高いレベルの気高さがあります。そのレベルから見ると、誤ったことを正すための手段として、義憤はまったく必要のないものです。そのレベルには愛と優しさが陣取っていて、それらは、義憤よりもはるかに完璧かつ効果的に、誤りを鎮圧してしまいます。
　悪いことをされた人間は、周囲からの思いやりを必要とします。
　そして悪いことをした人間も、同じように周囲からの思いやりを必要とします。しかも、悪いことをされた人間よりも多くの思いやりをです。というのも、その人間は無知ゆえに、悪いことをすることで、悪いことをされた人間よりも大きな苦悩を抱えることになってしまったからです。自分が蒔いた悪い種の果実を、その人間は収穫しなくてはなりません。

もしも"神"の思いやりが、
その壮麗な美しさとともに充分に実感されたとしたら、
義憤も、その他のあらゆる形態の"理性を欠いた感情"も、
たちどころに消滅することになります。

気高い生き方をしたいと思ってはいても、
それを行っていないとき、
人間は自分の価値を
高められないでいるばかりか、
むしろそれを低下させています。

"善性" という概念は頻繁に "弱さ" と結びつけられていますが、実はそうではありません。これは、このうえなく重要な "内なる美徳" で、これが発生させる最初の結果は "強さ" と "力" です。

　よって、善良な人間は弱い人間ではなく、強い人間なのです。弱い人間は善良な人間ではありません。弱さは無知と努力不足の結果です。

　他人の心を批判的な姿勢で評価することは慎まなくてはなりません。しかし、自分自身の心を "結果" に基づいて評価することは大いに勧められるべきことです。

　悪い人間は悪い行いをして、悲惨な状況を生み出します。善良な人間は、善い行いをして幸せな結果を手にします。これ以上に確かなことはひとつもありません。

「罪深い人間でも "月桂樹のような繁栄" を遂げることがある」ということは事実です。しかしこれには、もうひとつの事実が寄り添っています。

　月桂樹はいずれ、その寿命を終えるか、切り倒されてしまいます。そしてそれが、罪深い人間の宿命です。

気高い人間が気高い人生を送らないことは、
考えられないことであり、ありえないことです。

"善性"以上に
気高いものを
私たちは何ひとつ
知りません。

　人類の教師と言える人たちの数は、ほんの僅かです。そのような教師が現れないまま、1000年、いや2000年が経過しても不思議ではありません。

　しかし真の教師たちは現れます。そしてそのとき、彼らの大きな名声のいちばんの根拠となるのは、彼らの人生です。彼らの振る舞いは、他の人たちのそれとは異なっています。そして彼らの教えは、他のどんな人間からでも、どんな本からでもなく、彼ら自身の人生のなかから派生します。

　それらの教師たちは、まず最初に生きます。続いて人々に、どうしたら彼らのように生きられるかを教えます。彼らの教えの根拠と証は、彼ら自身の生き方と、彼らの人生のなかに存在しています。

　無数の教師たちのなかから、ほんの僅かな教師たちのみが、最終的に真の教師として人類に受け入れられます。そして、そのようにして受け入れられ、崇められてきた教師の1人が、あの"彼"です。

あらゆる宗教の唯一の目的が、
人々にどうやって生きるべきかを教えることです。

イエスは、この世界に一連の行動規律を残していきましたが、それらは、「すべての人間が"神の子"になることができて、"完璧な人生"を送ることができる」という彼の経験的知識から生まれたものでした。

それらの行動規律、すなわち教えは、とても単純で、直接的で、明瞭であるため、誤って解釈することは不可能だとさえ言えます。とてもわかりやすくて、紛らわしくもないために、学校に行く前の子どもたちでさえ、難なく内容を理解できます。どの教えも人間の振る舞いに直結していて、個々の人間によってのみ、それぞれの人生のなかで実践されうるものです。

それらの教えの精神を毎日の振る舞いのなかに込め続けることは、人生のなかで基本的に行うべきことのすべてを実行することであり、やがてその実行者たちを、彼ら自身の神聖な起源であり本質であるもの、すなわち"至高なる存在"である"神"に関する完璧な理解と、それとの完璧な一体感のなかへと上昇させることになります。

あらゆる場所に住むあらゆる人間が、
心の最も深い場所では、
"善性"は神から生じているもので
あることを知っています。

愛は、身勝手な議論がいくら重ねられても、理解されることがありません。

これは、実践されることで初めて理解されます。

4月

もしも思いと行いがなくなったら、
人間は人格も人生も持てなくなります。

　あなたは、他のあらゆる人間同様、自分の思いと行い、ひいては
自分の人格と人生に関する、全責任を負っています。

　ということは、あなた以外のいかなる人間、いかなる力、いかな
る出来事、いかなる状況も、あなたを"悪"と不幸せに追いやるこ
とはできないということでもあります。あなたに何かを強制するこ
とができるのは、あなた自身のみなのです。

　あなたは、あなた自身の自由意志で考え、行動しています。いか
なる存在も――どんなに賢く、どんなに偉大な人間でも、また"至
高なる存在"でさえも――あなたを善良で幸せな人間にすることは
できません。あなた自身が"善"を選択し、その結果として、幸せ
を獲得しなくてはならないのです。

　持続的な幸せに満ちた輝かしい人生は、低俗な状況に満足してい
る人々のためのものではありません。その人生は、それを熱望し、
それを意欲的に獲得しようとする人々――強欲な人間が黄金を追い
求めるときに示すのと同じくらいの意欲を持って、正義を追求する
人々――のためのものです。

　それは常に手の届くところにあって、それを手に入れる権利はす
べての人間に与えられています。

　その権利を抱きしめ、行使する人々は幸いです。彼らは"真理"
の国に足を踏み入れ、そこで"完璧な平和"を見出すでしょう。

罪と苦悩の人生よりもはるかに自由で、清らかで、気高くて、
神聖な人生が、常に手の届くところに存在しています。

人間は生きています。
人間は考え、
その通りのものになります。

　私たちの人生は現実です。私たちの心と思いも現実です。
私たちの行いも現実です。私たちにとって、現実を注意深く
観察することは、とても賢いことです。
　自分の心と思いに注意を払わず、いわば、それらから離れ
てしまっている人間は、常に視線が定まらず、現実のなかで
生きていません。そして、現実ではないものに注意を向け続
けることは、とても愚かなことです。
　私たちは自分の心から離れることはできません。私たちの
人生も、私たちの思いから離れることはできません。心と思
いと人生は、光と輝きと色彩同様、常に寄り添っており、分
離されることは不可能です。
　実在するものは、どのようなものでも、それと関連したあ
らゆる真実を内側に収納しています。

生きることは、考え、行動することです。
そして、考え、行動することは、変化を起こすことです。

あなたは心であり、
心が変化を遂げることで成長します。
そしてあなたの心は、
あなたにしか変えられません。
あなたは、内側にある天性の意識を用いて、
自らの手で自分の心を変えるしかないのです。

　あなたが、心を浄化すること、正しい思いを巡らすこと、善い行い
をすることを常に心がけるようになると、それに刺激されて、あなた
の内側である種の思考活性化装置が起動し、あなたはその助けを得る
ことで、自分をより善良で、より幸せな人間へと上昇させる、正しい
思い、清らかな思い、気高い思いを、あまり意識しなくても巡らすこ
とができるようになります。

　向上心、瞑想、そして"法則"との調和。これらが、あらゆる時代
の偉大な人たちが、"このうえない清らかさと気高さに満ちた、完璧
な心の平和と悟りの高地"へと到達するために採用してきた、主要手
段です。「人間は密かに考え、その通りのものになる」のです。

　人間はみな、それぞれが自分自身の救い主です。人間は、内側に思
いの新しい習慣を創造することによって、すなわち、心を新たにして、
新しい人間になることによって、自分自身の愚かさと苦悩から救われ
るのです。

私たちがどんな人間であるかは、
私たち自身が巡らすひとつひとつの思いによって
微妙に変化します。
人格は、その持ち主が巡らしてきた思いの集大成なのです。

賢い思いと、
賢い行いを選択することが、
知恵を育むことです。

　大多数の人たちは、自分の心の中身に無頓着で
あるために、自分の思いの"奴隷"になっていま
す。その一方で、賢者と呼ばれるに相応しい少数
の人たちは、自分自身の思いの"主人"であり続
けています。

　大多数は、身勝手な自己に闇雲に従って行動し、
賢者たちは知的に行動を選択します。

　大多数は、束の間の喜びと幸せを得ようとして
衝動に従い、賢者たちは、永遠に変わらないもの
の上で休息しながら、衝動に指令を発し、それを
屈服させます。

　大多数は、分別のない衝動に身を任せることで
"正義の法則"を侵し続け、すでに衝動を完璧に
克服している賢者たちは、もはや無意識のうちに
"正義の法則"を遵守しています。

　賢者たちはまた、思いの性質を知り尽くしてい
て、人生内のあらゆる事実を直視します。賢い人
たちとは、人生内で機能している不滅の"法則"
をよく理解していて、それに常に従い続けている
人たちです。

思いは賢さもつくれば、愚かさもつくります。

"法則"はその活動を停止することがありません。
　それは常に活動中で、
　それに従わないものは傷つき、
　それに従うものは幸せになります。

　"法則"が、誤った行いをした罰として人間に苦悩を与えることは、正しい行いをした褒美として喜びを与えることよりも、不親切なことなのでしょうか？

　いや、そうではありません。"法則"はどんなときにも優しいのです。

　もしも私たちが、無知と"悪"の結果を体験することがなくなったとしたら、あらゆる安全が失われてしまうことになります。

　というのも、そのとき私たちは、自分たちの知恵と"善"の結果も体験することがなくなるために、自分たちが常に逃げ込むことのできる安全な場所を失ってしまうことになるからです。

　それはまさに無秩序と冷酷さの世界です。

　しかし"法則"は、秩序と正義と優しさを貫き通しています。

　そうなのです。"大法則"は、停止することのない完全な機能と無限の適用範囲を持つ、"永遠に優しい"法則なのです。

「永遠の愛、その永久（とわ）に満ち、永久に流れるもの」とあの"クリスチャン"は讃え、仏教の教えは"果てしない思いやり"の存在を説いています。

私たちが体験するあらゆる苦悩が、
私たちを、より持続する喜びへと導きます。

"法則"は万人を優しく抱きしめています。

仏陀は常に、"大法則"を"善い法則"として説いていました。

事実それは、善いもの以外のどんなものだと考えられているときにも、誤って理解されています。なぜならば、その法則のもとでは、一粒の"悪"も、どんなに小さな不親切さも、存続を許されないからです。

それは、弱い者を押し潰し、無知な者を破滅させる"鉄の心を持った怪獣"などではなく、最も柔和な者を危害から守り、最も強い者にはその強さを破壊的な行為に向けないよう促す、"万人を慰める愛"と"万人を抱きしめる思いやり"なのです。

それは"悪"を破壊し、"善"を守ります。それは最小の善を優しく包み込んで守り、最大の悪を一息で吹き飛ばしてしまいます。

これに気づくことは、至福のビジョンを手にすることであり、これを実感することは、深い平和のなかで永遠の至福を味わうことです。

賢者たちにとって、自身の意図と願望を"法則"に委ねることは、あまりにも当たり前のことで、
彼らはそれを、いつも無意識のうちに行っています。

"神性意識"とともに生きる
"超越人生"が聖者たちの目指す場所です。

　心が変容の行程を歩み終えると、"悪"が完全に消滅して"善"のみが残されたことの結果として、新しい意識を持つ新しい人間が出現します。

　そこに到達すると、聖者たちは賢者になります。それは、彼らが完全に神聖な人生へと上昇したことを意味しています。もはや彼らは、永遠に降下することがありません。

　そのとき彼らは、新しい人間に生まれ変わり、新しい体験の領域内へと歩を進め、新しい力を行使できるようになっています。彼らの超俗的な目の前には、新しい宇宙が広がっています。

　これが"超越"のステージです。これを私は"超越人生"と呼んでいます。人格がそれまでの限界を超えて成長し、"神性意識"のなかに入ります。"悪"が超越され、"神"がすべてのなかのすべてになります。

身勝手な自己に服従する人生を
何よりも特徴づけているものが
"理性を欠いた感情"であるのに対し、
"超越人生"のそれは"天上の安らぎ"です。

完璧な"善"を知り、
それを実感した人間には、
深い安らぎがもたらされます。

"超越人生"は、"永遠に現実である法則"の
上に築かれる人生で、"理性を欠いた感情"とも
"束の間の衝動"とも、完全に無縁の人生です。

その人生の澄み切った大気のもとでは、あら
ゆる善い結果が規則正しい配列でもたらされま
す。よって、そこにはもはや、悲しみや不安、
後悔などのための場所は残っていません。

人間は、"身勝手な自己"の"理性を欠いた
感情"に振り回されているかぎり、様々な苦悩
や困難を自らに課し続けなくてはなりません。

そのとき人間は、何よりもまず、自分自身の
ひ弱な人格を苦しめています。束の間の喜びの
確保と維持を追求する一方で、自身の永遠の安
全と存続を切望することによって、苦悩に打ち
ひしがれている人格をです。

一方、善良な賢い人生のなかでは、あらゆる
苦悩が超越されています。個人的な利益が、普
遍的な目的に取って代わられています。束の間
の喜びを失う不安も、死への恐怖さえも、そこ
にはもはや存在していません。

そこで生きる人間にとって、
宇宙は"善"以外の何物でもありません。

"悪"は体験することであって、力ではありません。

"悪"は力ではありません。もしもそれが宇宙内の独立した力であるとしたら、誰もそれを超越することはできません。

ただしそれは、力としては現実でなくても、特定の状況、あるいは体験としては現実です。現実の人生内の状況や体験は、すべて現実であるからです。

しかし、それは無知の結果であり、それゆえに、知識の光を当てられると、すぐに色あせ消滅してしまいます。子どもの知的無知が、積み重ねられた学習によって、また夜の闇が朝の光によって、あっという間に追い払われるのと同じようにしてです。

痛みを伴う"悪"の体験は、新しい"善"の体験が意識の領域に進入してそのなかに満ちることで、速やかに消滅することになります。

"超越人生"とは、身勝手な自己の領土を越えて高く上昇し、もはや"悪"とは無縁になっている人生に他なりません。

完璧に善良な人間は、
原因と結果の法則を熟知しているために、
何が起ころうと、
混乱することも悲しむこともありません。

　神聖な悟りを得ている人たちは、ときおり、自身が超越した身勝手な人生を振り返り、その人生で体験した苦悩や悲しみのすべてが、自分に大切なことを教えてくれた教師たちだったということを、あらためて実感します。

　それらの教師たちは、彼らを高みへと導き、彼らに正体を知られて超越された時点で、彼らのもとから去っていきました。教師としての使命を果たし終え、彼らを新しい領域の栄えある教師として残し、去って行ったのです。劣っている者が勝っている者に教えることはできないからです。

　無知が知恵に教えることはできません。悪が善に教えることもできません。生徒には教師のための課題はつくれないことと同じです。超越された者が超越した者に手を差し伸べることはできません。

　悪が教えられるのは、それが教師だと見なされている、それ自身の領域においてのみです。それは善の領域内では、いかなる居場所も、いかなる権威も持てないのです。

"真理"へと続く気高い道を行く屈強の旅人は、
悪には目をくれることもなく、
"善"への忠誠を貫き通します。

115

他人を死なせる人間は極悪人です。
しかし、身勝手な自己を死なせる人間は、
気高い善人です。

　自己制御の道の先には、達成された完璧な心の
平和があります。人間がその平和に手を伸ばすこ
とができるのは、外側の状況との激しい戦いから
離れて、内側の悪との気高い戦いに歩を進めるこ
との、絶対的な必要性に気づいたときのみです。

　世界の敵は外側にではなく内側にいる、という
ことに気づいた人間は、すでに聖者の道を歩んで
います。野放しにされている自分の思いが不和と
混乱の源であること、自分自身の制御されていな
い願望こそが、自分の心の平和、ひいては世界の
平和の破壊者であるということに気づかないかぎ
り、人間は完璧な心の平和には近づくことすらで
きません。

　もしあなたが、自分の激しい情欲と怒り、憎し
みと優越感、身勝手さと強欲を屈服させていると
したら、それは、すでにあなたが、世界を平和へ
と確実に導いていることを意味しています。

他人に勝利した人間は、
次の戦いでは敗北を喫するかもしれません。
しかし自分の内なる悪に勝利した人間は、
永遠に勝利者です。

暴力と争いは、
怒りと反発を生むのみです。
しかし愛と平和の精神は、
人々の心に手を差し伸べ、
それをつくり替えます。

力ずくで服従を強いられる人間は、心からは服従せず、それまで以上に強力な敵になるかもしれません。しかし、平和の精神に服従させられる人間は、心から服従し、敵から友人に変わります。

清らかで賢い人たちは、自分たちの心を常に平和な状態に保っています。そしてその心の平和が、必然的に、彼らのあらゆる行いのなかに、ひいては人生のなかに浸透しています。

心の平和は、暴力よりもはるかに強い力を持っていて、暴力が敗北を喫する場所でも勝利を収めます。それは善良な人たちを優しく包み込み、彼らをあらゆる攻撃から守ります。

それは、周囲の身勝手な苦闘の熱波から身を守るための安全な場所を、人間に提供します。

それは、挫折した人たちのための避難所であり、道に迷った人たちのためのテントであり、清らかな人たちのための神殿です。

"善"が実践され続けると、人生は至福で満たされます。
至福は、善良な人間にとっては、あって当たり前のものです。

神の愛を実感したとき、
あなたは新しい人間になります。

"神の愛"は、"身勝手な自己の放棄"を意欲的に推し進めるすべて
の人間によって、やがて知られ、"大いなる知恵"として、完璧な心
の平和とともに実感されうるものです。

　この宇宙には、無原則な力、気紛れな力は存在していません。

　人々の多くを束縛している運命の鎖は、どこかの気紛れな神によっ
てもたらされたものなどではなく、彼ら自身が製造したものです。

　彼らは、彼ら自身の内側にある"苦悩の原因"に束縛されているの
です。その理由は、彼らがそうされることを願っていることにありま
す。彼らは、自分たちを縛っている鎖を愛しているのです。

　人々の多くは、狭くて暗い"身勝手な自己"の牢獄を、とても居心
地のいい場所だと考えています。そして、その牢獄から出ることは、
自分たちが大切だと思ってきたもののすべてを失うことだと考え、そ
こから出ることを恐れているのです。

　"彼"は言いました。

「あなたがたを苦しめているのは、あなたがた自身です。他の誰にも、
あなたがたを苦しめることはできません。あなたがたがどのように生
き、死んでいこうと、それを止めることは誰にもできないのです」

真に賢い人間にとって、"知恵"と"愛"はひとつであり、
分離することができないものです。

この世界は、自分だけの喜びを得ることに
夢中になっている人たちが多すぎるために、
"真の愛"である
"無私の愛"を理解していません。

影はその実体がなければ発生しません。煙は火がなければ発生
しません。そして苦悩と幸せも、人間の思いと行いがなければ発
生しません。

あらゆる結果が原因から生じています。原因は、隠れているこ
ともあれば、露わになっていることもあります。しかし、それを
持たない結果はひとつとして存在しないのです。

そして、この原因から結果への行程は、どんなときにも完璧に
公正です。

人々は、近い過去、あるいは遠い過去に、自らの手で悪い種を
蒔いたために、苦悩を収穫しています。彼らはまた、自らの手で
善い種を蒔いたことの結果として、喜びを収穫してもいます。

つらい人生を送っている人たちには、このことに深く思いを巡
らす瞑想を、是非とも行って欲しいものです。それによって、こ
のことに関する彼らの理解は、間違いなく深まります。間もなく
彼らは、自分たちの心の庭に生い茂っていた有害な雑草を、すべ
て引き抜いて焼き払い、そこに新たに善い種のみを蒔き始めるこ
とになるでしょう。

この世界が最終的に目指しているのは、
あらゆる場所における"無私の愛"の完璧な実現です。

心の浄化に努めている人たちは、
この世界にとって最高の恩人たちです。

　この世界は、"無私の愛"の完全な実現によってもたら
される"黄金時代"に、しばらくは到達できないでしょう。
しかしあなたは、強い意志をもって自分の身勝手な自己を
超越することで——偏見と憎しみと非難から、優しくて寛
大な愛へと移動することで——今すぐにでも、その時代を
先取りすることができます。

　この"至高の愛"は、憎しみや嫌悪、非難などが存在す
る場所には住み着きません。これが住み着くのは、あらゆ
る非難をやめている心のなかだけです。

　"愛"はどのような出来事や状況のなかにも流れ込んでい
ることを知り、"愛"の"すべてを慰める力"を実感してい
る人間の心には、非難が住み着くための場所は残されて
いません。

　あなたがこの"愛の道"を歩んでいくと、それに影響さ
れて、この道をともに歩み始める人たちが少しずつ現れて
きます。そしていつしか、充分に多くの人たちが私たちと
ともに歩むようになったなら、もうしめたものです。

"黄金時代"はもう間近です。

心を清らかにした
人間のみが
真の愛を知ります。

心を“至高の愛”の真ん中に置き続けている人たちは、他人を勝手に評価して、格づけしたりすることは決して行いません。持論を他人に押しつけようともしませんし、自分の振る舞い方を最高のものだと信じ込ませようともしません。

“愛の法則”を熟知している彼らは、それを愛していて、穏やかな心の姿勢と優しさを、誰と接するときにも維持しています。堕落した人たちも、高徳の持ち主たちも、愚者たちも賢者たちも、学識のある人たちも、ない人たちも、身勝手な人たちも、情け深い人たちも、彼らの穏やかな思いの恩恵を、等しく受けています。

この“至高の知恵”である“清らかな愛”には、自己制御の絶え間のない実践、すなわち、身勝手な自己に対する勝利に次ぐ勝利を経て、ようやく到達することができます。

心を新たにして新しい人間になることです。
永遠に途絶えることのない愛が、あなたの内側で目覚めさせられ、
あなたを深い心の平和のなかに留め続けてくれるでしょう。

完璧に
清らかな人生のなかでは、
常に“完璧な愛”が
表現されています。

　あなたの心を、強い思い、正しい思い、優しい思い、そして清ら
かさと思いやりで、鍛えることです。あなたの舌に、静かな語り口
で話すよう促し続けることです。あなたの口に、正直で思いやりに
満ちた言葉のみを発するよう命じ続けることです。

　これを実践し続けていくうちに、あなたは間もなく、完璧な神性
と心の平和へと続く道に足を踏み入れ、いずれ必ず“無限の愛”を
自然に表現するようになります。

　そのときからあなたは、持論を押しつけることによってではなく、
誠実な姿勢で穏やかに話すことによって、人々に納得してもらえる
ようになります。

　そのときからあなたは、熱っぽく語ることなく教え、認められた
いと思わなくても認められ、人々を味方に引き入れようとしなくて
も、彼らの心をしっかりと捕らえられるようにもなるでしょう。

　なぜならば、“愛”には“すべてを克服する”力が備わっている
からです。“愛”の思い、行い、言葉は、決して力を失うことがあ
りません。

“無私の愛”はこのように表現されます。

喜びましょう。朝が訪れました。
"真理"が私たちを目覚めさせてくれたのです。

　私たちは、自分たちの目を開きました。恐怖の暗い夜は、もうやってきません。私たちはこれまで、長いあいだ "物質への執着" と "理性を欠いた感情" のなかで眠り続けてきました。それらがつくり出した悪夢のなかで、もがき続けてきました。しかし今や、"天性の意識" と "真理" のなかで目覚めています。私たちは "善" を選択しました。私たちの "悪" との苦闘は、もう終わっています。

　私たちは長いあいだ眠ってきました。眠っているとは知らないままにです。私たちは苦悩してきました。苦悩しているとは知らないままにです。

　私たちは自分たちの夢のなかで苦しんできました。誰も目覚めさせてはくれませんでした。誰もが同じ夢を見ていたからです。しかし、私たちのその夢も、ついに破られるときがきました。"真理" が私たちに語りかけてきたのです。私たちはそれを聞きました。そして目を開け、光を見ました。

　以前の私たちは、眠り続けていて、それを見ることがありませんでした。しかし今や、目を覚まし、見ています。

　そうです。私たちは今、自分たちが目覚めていることを知っています。なぜならば、今や神聖な光を見ているからです。罪を愛することは、もう二度とありません。

"真理" の光の、なんと美しいことでしょう。
"永遠に持続する現実" の、なんと輝かしいことでしょう。
"悪" から解放された幸せは、言葉ではとうてい言い表せません。

誤りを捨てて〝真理〟を、
幻想を捨てて〝現実〟を知ることです。

罪を犯すことは夢を見ることです。そして罪を愛することは、闇を愛することです。

闇を愛する人たちは、闇のなかを歩き続けてきました。彼らはまだ光を見たことがありません。光を見たことのある人は、闇のなかを歩くことを選択しません。〝真理〟を知ることは、それを愛するようになることです。そのときから誤りは、魅力を失います。

夢を見ている人たちは、喜びを感じていたかと思うと、すぐに苦悩に襲われます。今は勇敢なのに、一時間後には恐れています。彼らはそのように、常に不安定であるうえに、いざというときの避難所を持っていません。後悔と報いの怪獣に襲われたとき、彼らはどこに逃げるのでしょう? 彼らが目覚めないかぎり、彼らの安全な場所はどこにもありません。

夢を見続けている人たちに、その夢と戦うよう、あなたの振る舞いを通じて、促してあげてください。身勝手な願望が生み出している幻想に、気づかせてあげてください。きっと彼らは、夢から覚め、心の目を開いて、〝光と真理の世界〟を驚きとともに眺めることになるでしょう。平和な心で人生をありのままに見られるようになり、そのことに大きな喜びを感じることにもなるでしょう。

〝真理〟は、
心を夢から目覚めさせる宇宙の〝光〟です。

"真理"を理解することは
永遠の慰めを得ることです。

　他のあらゆるものが機能しなくなったとしても、"真理"の"法則"は機能することをやめません。心が希望を失い、世界から休息のための場所が消滅したときでも、"真理"は、平和な隠れ家と安らかな休息をもたらしてくれます。

　人生という旅路には、不安がたくさん転がっています。そしてそこには、障害物が山ほど置かれてもいます。しかし、"真理"は不安よりも偉大で、障害物よりも優れています。"真理"は私たちの荷物を軽くしてくれます。そして、私たちの行く道を、喜びの輝きで明るく照らしてくれます。

　愛する人たちがこの世を去ります。友人たちが裏切ります。大切な財産を失います。そんなとき、慰めの言葉はどこから来るのでしょう？　癒やしの囁きは、どこから聞こえてくるのでしょう？

　"真理"は、悲しむ心を癒やし、落胆する心を励まします。"真理"は決して素通りしません。裏切ることもなければ、いなくなることもありません。"真理"は持続的な心の平和をもたらし、慰めてくれます。

　注意深く耳を澄まし、"真理"が語りかけてくる静かな声を聞くことです。それは、かの偉大なる救い主の声でさえあるかもしれません。

"真理"は苦悩の棘をすべて抜き取り、
不運の雲をたちどころに吹き飛ばしてくれます。

妄想にしがみつき、
身勝手な自分とその罪を愛しているかぎり、
人間は永遠に
"真理"を理解することができません。

"真理"は、悲しみを喜びに、心の混乱を心の平和に変え
てくれます。それは、常に正義を行うよう万人に促し、身
勝手な罪人たちには"神への道"その"清らかさへの道"
を指し示してくれます。

"真理"はまた、それに忠誠を誓う誠実な人間には、深い
安らぎと正義の冠を授けてくれます。

私は常に"真理"のなかに避難しています。私は常に
"天性の意識"のなかにいて、"善"に関する知識を携えな
がら、"善"の実践に努めています。

"真理"によって私は、常に慰められ、励まされています。
そのなかに留まっていると、まるでこの世に悪意は存在せ
ず、憎しみは遠い昔に消え去ったままであるかのように思
えてきます。

不純な欲望は闇の最も下層に居場所を制限されていて、
すべてを超越する"真理の光"が当たる場所には、それが
歩むことのできる道はありません。優越感は砕かれて消滅
していて、虚栄心は霧のように飛ばされたままです。

私はこれまで、"完璧な善"を仰ぎ見てきました。そし
て自分の足を"潔白の道"の上に置き続けてきました。私
が常に慰めを得ることができているのは、そのためです。

私は"真理"のなかに避難していて、
そのなかで常に、強くされ、慰められています。

清らかな心による潔白な人生に
勝るものはありません。
そこからは、喜びと心の平和が、
どんなときにも失われることがないからです。

　私たちの善い行いは、私たちとともに留まり、私たちを誘惑から救い、私たちを守り続けます。私たちの悪い行いも、私たちとともに留まります。しかしそれは、私たちが誘惑に直面すると、私たちの冷静さを失わせます。

　悪いことを行い続ける人間は、悲しみから守られません。しかし善いことを行い続ける人間は、あらゆる悪いことから守られます。

　愚かな人たちは、自分の悪い行いに向かって、こう言います。

「隠れていろ。絶対に見つかるなよ」

　しかし彼らの"悪"は、すでに露出しています。そして彼らの悲しみは、すでに確定しています。

　もしも私たちが罪にまみれていたとしたら、何が私たちを守ってくれるのでしょう？　いかなる男も、いかなる女も、いかなる富も、いかなる権力も、いかなる天も、いかなる地も、罪にまみれている私たちを、苦悩と混乱から避難させてはくれません。そんな私たちが、悪い行いの結果から逃れることは不可能なのです。避難所もなければ、守ってくれる誰かもいません。

　その一方で、もし私たちが"善"のなかで生きていたとしたら、いったい何が、私たちの心の平和を破れるのでしょう？　いかなる男にも、いかなる女にも、いかなる貧困にも、いかなる病気にも、いかなる天にも、いかなる地にも、私たちを混乱させることはできません。

"善"のなかを歩もうとする人間には、
まっすぐな道と安らかな休息が用意されています。

もしあなたが"真理"を愛しているのなら、
喜ぶことです。
悲嘆に暮れる必要はありません。
あなたの悲しみは朝の霧のように、
すぐに消え去ってしまうのですから。

　　生徒……教師のなかの教師よ、どうか私に教えてください。
　　教師……何を知りたいのですか？　言ってみなさい。そう
すれば答えましょう、生徒よ。
　　生徒……私はこれまで、多くの書物を読んできました。でも未だに無知です。学校でいくつも法則を教わってきました。でも未だに賢くなっていません。聖書に何が書かれているのかを、すべて知ってもいます。でも心の平和はやってきていません。教えてください、先生！　知識への道を、そして神聖な知恵の王道を、私に明かしてください。あなたの弟子を、心の平和へと続く道に導いてください。
　　教師……知識への道。ああ生徒よ。それは心と人生のなかをよく調べることだと言ったはずです。知恵の王道は正義を実践することです。それから、罪を犯さないで生きることで、心の平和へと続く道はおのずと見えてきます。

"永遠の愛"が隠されている場所に目をやることです。
その"不滅の愛"は決して遠くにあるのではありません。
たとえ卑しい心のなかにあったとしても、
その人間が罪のない生き方をし始めるなら、
今日にでも、その姿を現してきます。

素晴らしい。
あなたは今、内なる敵との
困難な戦いに挑もうとしています。
信じることです。
そうすれば、あなたは必ず勝てます。

生徒……導いてください、先生！　私の闇はとても暗いのです！
この闇を取り払うことはできるのでしょうか？　私は苦しみを克服
できるのでしょうか？　私の悲しみに、終わりは来るのでしょう
か？

教師……あなたの心が清らかになれば、その闇はおのずと消え去
ります。あなたの心が荒々しい感情から解き放たれれば、あなたの
苦しみは終わりを迎えます。それから、身勝手な思いが捨て去られ
ると、悲しみの原因はなくなります。

あなたは今、修行と浄化の道を歩んでいます。私の生徒であるな
らば、誰もがその道を歩まなくてはなりません。

あなたが知識の白い光のなかに入ることができる前に、あなたが
"真理"の光のすべての輝きを見ることができる前に、あなたの汚
れがすべて清められ、あなたの妄想がすべて払いのけられ、あなた
の心が忍耐で強くされなくてはなりません。

"真理"への信頼を緩めないことです。"真理"は永遠に至高なの
だということを忘れないことです。そして、"真理の教師"である
私が、あなたを見守っているということを覚えていることです。

"真理"に忠実であることです。そして忍耐することです。
そうすれば、私はあなたに、あらゆることを教えてあげます。

"真理"に従う人たちは
幸いです。
彼らには常に慰めが
もたらされます。

　生徒……より大きな力、そして、より小さな力とは、何なのでしょうか？

　教師……またあなたですか。よく聞くのです、生徒よ。修行と浄化の道を熱心に歩むこと。その道から離れないこと、そしてその厳しさに負けないこと。これらを実行することで、あなたは、弟子として必要な、３つのより小さな力を獲得します。あなたはまた、３つのより大きな力も受け取ります。そして、それら６つの力を用いることで、あなたは無敵になります。

　自制心、自信、そして注意深さが、３つのより小さな力です。それから、不動性、忍耐、優しさが、３つのより大きな力です。

　自分の心を正しく導き、その状態を保ち続けているとき、そして、外側からの助けを当てにすることなく、"真理"のみを信頼し続けているとき、そして、自分の思いと行いを休みなく監視し続けているとき、あなたは"至高の光"へと着実に近づいています。

あなたの闇は消え去り、永遠に戻ってこなくなります。
もはやあなたは、喜びと光に向かって歩いて行くのみです。

精力的に努力し、粘り強く忍耐し、不動の決意を保つことです。

　快楽の追求、永続しないものへの執着、自分だけへの愛、自分の思いや行いを正当化しようとする欲求。これら4つのことによって、心は汚されます。

　これら4つの汚染要素から、あらゆる罪と悲しみが生まれてきます。あなたの心を洗い清めることです。淫らな欲望を追い払うことです。物質的な富の蓄積に執着しないことです。自己弁護と、自己偏重の姿勢を放棄することです。

　これが満ち足りた人生へと続く道です。いずれは消えていくものへの愛着を捨て去ることによって、あなたは知恵を獲得します。自分だけを愛する思いをなくすことによって、あなたは心の平和に至ります。

　清らかな人たちとは、淫らな欲望から完全に解放されている人たちです。彼らは官能的な興奮を渇望しません。いずれは消えていくものにも価値を見出しません。彼らの心の状態は、どんなときにも同じです。裕福さのなかでも貧しさのなかでも、成功のなかでも失敗のなかでも、勝利のなかでも敗北のなかでも、そして、生きているときにも、死の間際においてさえも、彼らの幸せと心の平和は保たれ続けます。

無私の愛にしがみつき続け、
それにあなたの行いを形づくらせることです。

正義を重んじない人たちは、感情に揺さぶられながら暮らしています。"気分的な好き嫌い"が彼らの主人です。偏見と偏愛が彼らの目を曇らせています。身勝手な願望を抱いては苦悩し、不必要なものを失っては悲しむことの連続です。自制、すなわち自己制御は、彼らの頭の片隅にもありません。必然的に、彼らの心は安まることがありません。

正義を重んじる人たちは、気分の主人たちであり、彼らにとって"気分的な好き嫌い"は、子どもじみたこととして遠い過去に葬り去ったものです。偏見と偏愛も、もはや彼らのもとにはありません。彼らは身勝手な願望を抱きません。よって苦悩とは無縁です。彼らは不必要なものを欲しがりません。よって、それを失って悲しむこともありません。完璧な自己制御の成果として、深い心の平和が彼らの内側に住み着いています。

非難、怒り、復讐心を放棄しましょう。言い争いを好んで"議論の達人"になったりはしないことです。周囲で議論が持ち上がっても、あなたの穏やかさをどちら側に対しても保つことです。ただし常に公正でなくてはなりません。そして真実を話すことです。

優しさ、思いやり、そして慈悲の心を忘れずに行動することです。無限の忍耐も必要です。愛にしがみつき、それにあなたの行いを形づくってもらうことです。すべての人たちに、分け隔てなく善意を向けることです。あらゆる人たちに平等に接し、何があっても腹を立てないようにしましょう。

思慮深くて賢い心、
強くて優しい心を保ち続けることです。

正義の法則を信頼し、それにあなたの行いを形づくらせることです。

身勝手な思いが再び忍び込んできて、
あなたを汚染することがないよう、
あらゆる思いに注意を払うことです。

　身勝手な自分から完全に解放されると、あなたはこのような人間になります。

　そのときからあなたは、何をするときにも、自分の喜びや利益にではなく、他の人たちや世界にとっての善いこと、善いものに思いを巡らすようになります。あなたはもはや、人々から分離していません。あなたは彼らとひとつになっています。もはや自分の利益のために人々と戦ったりはせず、あらゆる人たちの身になって考えるようになっています。

　もはやあなたの敵は存在していません。あなたがあらゆる人たちと友人になっているからです。誰と一緒にいても、あなたは穏やかです。そして、人間を含むあらゆる生命体に、深い思いやりを示しています。あなたの言葉と行いは、無限の慈悲で飾られています。

　これは、“正義の人”たちが歩んでいる“真理”の輝かしい道です。“真理”に完璧に従い、持続的な喜びとともに生きている人たちが、“正義の人”たちです。永遠にして不変の“法則”が、彼らの行いの基盤です。“永遠なるもの”との一体化を果たしている彼らにとっては、あらゆる不安が過去のものです。“正義の人”たちの心の平和は完璧です。その平和は、周囲の状況の急激な変化によっても、物質的な富の喪失によっても、決して乱されることがありません。感情の嵐から完璧に解放されている彼らは、常に冷静で穏やかであり、何があっても、もはや悲しむことがありません。

心の目を“真理の光”に向けて開くことです。
潔白な静寂のなか、心の平和は語りかけてきます。
「目に見えるものはみな、やがて衰弱し、滅んでいく」

"真理"は永遠です。

　心のなかに住む"妖怪"たちを絶滅に追い込むための戦いを始めること
です。それによって、心の強さと自信（自分への信頼）を育むことです。
　あなたがまず行うべきことは、あなたを堕落の沼に突き落とそうとして
いる、あなたの身勝手な"気分""感情""願望"などに、その企てをやめ
るよう指令を発することです。
　それでもあなたは、突き落とされてしまうかもしれません。しかし諦め
てはいけません。すぐに立ち上がり、人間としての威厳を取り戻し、その
敗北のなかから獲得した知恵を用いて、再び身勝手な自己との戦いに挑む
のです。忍耐強く戦い続けることです。あなたが体験する勝利と敗北のひ
とつひとつが、何らかの貴重な教訓をあなたにもたらしてくれます。
　あなたがこの戦いに勝とうが負けようが、あなたの心の筋肉は間違いな
く鍛えられます。たとえ負けたとしても、あなたの強さは確実にレベルア
ップすることになるのです。そして勝利は、よりいっそうあなたを強くし
ます。小さな勝利をひとつ収めるたびに、あなたの強さのレベルは目に見
えて上昇することになります。自信も大きく膨らみます。それによって次
の戦いは、はるかに容易なものとなるはずです。
　気高さ以外のいかなるものにも屈服しないことです。これを忘れなけれ
ば、あなたは必ず、すべての"妖怪"を討ち果たすことができます。
　そしてこの戦いを楽しむことです。これは、あなたが自分のレベルアッ
プした強さを試すための戦いでもあるのです。優勝を目指して肉体を強化
してきたスポーツ選手が、その成果を試そうと試合に挑むときに覚える高
揚感を、あなたもきっと味わえるはずです。

あらゆる身勝手さを洗い流すことで高みに至る人たちは幸いです。
彼らは"永遠に持続する現実"を知るでしょう。

もしもあなたが、未だに情欲、強欲、
不摂生の奴隷で居続けているとしたら、
あなた自身をそれらから解放する努力を、
今すぐ始めることです。
落胆、苦悩、悲しみ、恐れ、疑い、
後悔の奴隷でいることも、もうやめましょう。

　あなたが行うべきことは、自分の心を冷静に制御し続けることです。それによって、心の統治権を、身勝手な自己から奪い返すことです。

　身勝手な自己に屈服し続けるのは、もうやめましょう。それは、あなたに屈服してしかるべきなのです。

　あなたが粘り強い自己制御を通じて、自らの身勝手さをすべて排除するに至ったとき、あなたの心には深い平和が訪れます。

　そのときあなたは"真理"に到達しています。知恵の冠を授かっています。そしてそのことを知っています。

　そのときあなたの心は"完璧な平和"で満たされていて、そこにはもはや、いかなる不和の要素も存在していません。

　この世界のあらゆる不和の源が、個人の身勝手さです。

　自らの身勝手さに支配されている人間はみな、常に苦悩を強いられます。

　しかしそれを打ち負かした人間はみな、深い心の平和に包まれます。

このように言うことのできる人たちは、幸いです。
「私はまだ無知です。でも知ろうとして努力をしています。
私は充分な知識を獲得するまで、この努力をやめません」

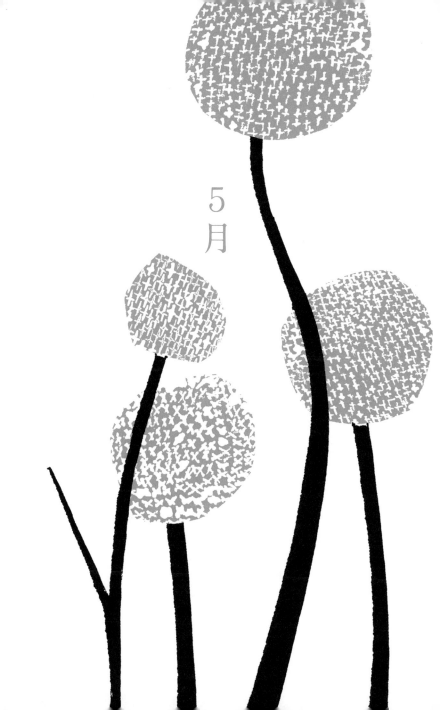

5
月

安心することです。
神聖な絶景の高みに、
あなたは必ず
到達することになります。

　エオラウス……悲しみが激しい感情のあとでやってくることは知っています。低俗な喜びのすべてを、苦悩、虚しさ、心痛が待ち受けていることも知っています。そして、あなたは今、"真理"を理解しなくてはならない、そして私には、そうすることができる、と言われました。今私は、悲しみのなかにいます。これも私は知っています。いったい"真理"とは何なのでしょう？　こんな状況にある私でも、"真理"を理解したら、喜びを得られるのでしょうか？

　預言者……"真理"を理解するほどの喜びは存在しません。心を清らかにした者たちは、悲しみや痛みを永遠に知らない"至福の海"のなかにいて、そこで幸せに泳いでいます。これが"真理"です。彼らはもはや悲しむことがありません。

　"真理"を理解することは、宇宙を理解することです。宇宙を理解して悲しむことのできる者がいるでしょうか？

　"真理"を理解することは幸せになることです。"完全性"を達成した者たちは常に喜びに包まれています。それらの者たちは、"真理"を理解し、それを表現している者たちです。

真理を理解する人間は、自己制御を知る人間です。

心が持続的な満足を得るには
正義の実践が不可欠です。

　あらゆる心が、意識していようがいまいが、正しくあり
たいと願っています。そして実際に、あらゆる心が正しく
あろうとしています。しかしその努力は、意識的であるか
ないかで、まったく異なった結果を出現させます。

　正しいことを意識的に行い続けている人たちは、幸いで
す。彼らはそれほどしないうちに"正義の法則"の存在を
実感し、持続的な満足を味わうことになるでしょう。彼ら
は、そこへと続く正しい道の上を歩んでいる人たちです。

　一方、正しいことを意識的に行い続けようとしない人た
ちは、一時的に喜びの海に浸ることはあるかもしれません
が、幸いではありません。というのも、彼らは、自らが無
知ゆえに選んだ苦悩の道の上を、傷ついて血のにじんだ足
で歩いて行かなくてはならないからです。

　彼らの心はその道の上で、神の正義はどうなっているん
だと叫び続けます。"正義の法則"の存在を実感するため
の方法は、意識的に正しい行いを続けること以外にはない
ということに、気づけないでいるためにです。

正義を意識的に実践し続ける人たちは幸いです。

5月3日

身勝手な自己の独裁から離れることは、
このうえない喜びと、
このうえない自由を獲得することです。

"神の国"への旅は、気が遠くなるほどに長い道のりかもしれません し、すぐに歩み終えることのできる短い行程かもしれません。 歩み終えるまでに1分しかかからないこともあれば、1000年も かかることさえあります。

　すべてが追求者の信念にかかっています。大多数の人たちは、 不信心ゆえに、その国に入ることができていません。"正義の法 則"の存在を信じない人たちが、どうやったら正義を実践できる というのでしょう？　正義を貫き通すことなど不可能だと考えて いる人たちにも、同じことが言えます。

　常に正義を実践しようとしているとき、すなわち、常に正しい ことを行おうとしているとき、人間は明らかに自己制御の気高い 道の上を歩いています。

　"神の国"に入るために、外側の世界を捨てる必要はありません。 外側の世界での義務を放棄する必要もありません。それどころか、 外側におけるあらゆる義務を熱心に遂行できるようにならないか ぎり、人間が"神の国"に入ることは不可能なことなのです。

　"神の国"に入ることを熱望する人間の誰もが、"正義の法則"の 存在を信じ、正義を実践しながら、不動の決意で"完全性"への 歩みを続けさえすれば、いずれ必ずその国に入ることになります。

外側の人生は、それ自身を、
常に内側の音楽と調和させています。

日頃の思いの取り締まりと浄化こそが、
天国に入るための第一の鍵です。

"不和の国"から"愛の国"への旅を可能にする方法を、ひと言でまとめるなら、「日頃の思いの取り締まりと浄化」ということになるでしょう。この作業は、もしも熱心に遂行されたならば、"天国"を目指す旅人を必ずそこまで連れて行きます。

あなたはこの作業を通じて、自分の内側にある特定の力群に対する統制権を握ります。それに伴い、それらのどの力の領域内でも機能している同じ法則の存在に気づきます。

そして、自分の内側で休みなく機能しているその"原因と結果の法則"を、注意深い観察を通じてしっかりと理解し、続いて、外側の人生をじっくりと観察することで、その"法則"がそこでも同じように機能していることを確認します。

この作業はまた、心を簡素化する作業でもあります。あなたはこの作業により、人格内の純金のみを残して、それ以外のものはすべて心から排除することになります。

そしてそのとき、あなたはもはや、
あなた自身だけのためには生きていません。
あなたはそのとき、自分の幸せよりも、
自分以外の人々の幸せを優先して生きています。
そのように生きることで、
最高の幸せと最深の心の平和を楽しんでいます。

イエスの教えを実践する意欲が
存在しないところに、
真の人生は存在しません。

　善良な人たちは、人類の花々です。人間は、自分の身勝手さ、利
己的な傾向を、徐々に排除していくことによって、より清らかで、
より気高く、より神聖な人間へと、日を追うごとに成長していきま
す。そうやって、"神の心"に持続的に引き寄せられていきます。
「私の弟子になりたがっている者がいたら、その者には、身勝手な
自分を否定するよう言いなさい」は、無視はされることはあっても、
誤解されたり、誤って活用されたりすることは、絶対にありえない
発言です。
　"善性"の代わりとなりうるものは、この宇宙内のどこにも存在し
ていません。そして人間は、これを表現しながら生きられるように
なるまでは、本当に価値のあるもの、あるいは永続するものを何ひ
とつ手に入れることができません。
　"善性"を表現しながら生きられるようになるための方法は、ひと
つしかありません。"善"と調和しないあらゆるものを心から追い
出すこと。これのみです。
　あらゆる身勝手な願望が根絶されなくてはなりません。あらゆる
不純な思いが、追い払われなくてはなりません。あらゆる持論への
執着が犠牲にされなくてはなりません。これらのことを行うことが、
キリストの追随者たる者の証です。

身勝手さを捨てて愛に満ち溢れている心は、
あらゆる教義、あらゆる信仰、
そしてあらゆる理論を超越しています。

いつも愛のなかに住むこと、

　そしてその愛をすべてのものに向けることは、

"真の人生"を生きることであり、

"永遠の生命"を手に入れることです。

　イエスはそのように生きました。そして、"彼"の教えを
謙虚に忠実に実践することで、すべての人間がそのように生
きられます。しかし、これを拒絶しているかぎり、すなわち、
身勝手な願望、理性を欠いた感情、独りよがりの持論などに
しがみついているかぎり、"彼"の弟子になることは誰にも
できません。いつになっても、"身勝手な自己"の弟子のま
まです。

　「罪を犯す者はみな、罪の召使いなのです」は、イエスの口
から出た厳しい戒めです。

　しかし人々の多くは、「短気、強欲、辛辣な物言い、非難
癖、嫌悪、さもしい競争意識、身勝手な持論などを保持した
ままでも、"キリスト"とひとつになることができる」など
という、都合のいい信念で、自分たち自身を欺いています。

　人間同士を引き離すあらゆる行為、そして、人間を"善
性"から引き離すあらゆる行為が、"キリスト"とは調和し
ません。なぜならば、"キリスト"は"愛"であるからです。

罪と"キリスト"は一緒には暮らせません。

"キリスト"が身をもって示した

純粋な"善性"を取り戻すことで、

人間は罪を犯さなくなります。

"キリスト" が議論の対象になると、
"キリスト" は失われます。

持論に執着することは、不純な願望に執着することと同じくらい身勝手で罪深いことです。このことを知っているため、真に善良な人間は、自分自身を無条件に "愛の法則" に差し出し、あらゆる人々への愛のなかに住んでいます。

真に善良な人間は、誰とも争わず、誰をも嫌いません。代わりに、すべての人々を愛し、彼らの持論、信条、罪などの背後にある、彼らの苦闘、苦悩、悲しみなどに目を向けます。

「自分の人生のみを愛する者は、それを失うでしょう」と "彼" は言いました。

"永遠の生命" は、不純で狭量な、罪を愛することと不和の製造を得意とする "身勝手な自己" を、進んで手放す人間にのみもたらされるものです。

それを手放すことによってのみ、人間は、果てしなく広大で美しい生命、限りなく自由で輝かしい生命、その愛に満ち溢れた生命のなかに入ることができるのです。

これが "永遠の生命" へと至る道です。その道の入り口にある門には、"善性の門" という名がつけられています。

その狭い道は "放棄の道"
あるいは "自己犠牲" の道と呼ばれています。

自分が未熟な生徒であることを
自覚しないかぎり、
人間は何も学ぶことができません。

「私は自分以外の人たちに、どんな姿勢で接しているのだろう？」
「私は自分以外の人たちのために、何をしているのだろう？」
「私は自分以外の人たちのことを、どのように考えているのだろう？」
「自分以外の人たちに対する私の行いは、無私の愛から出ているのだろうか？　それとも、身勝手な嫌悪、浅はかな復讐心、偏狭な信念、敵対心などから出ているのだろうか？」

　もしあなたが、心の深い静寂のなかで、これらの鋭い質問を自分自身に投げかけたならば、そして、自分のあらゆる思いと行いを、"キリスト"の主要な教えと照らし合わせたならば、あなたのあなた自身に関する理解は、格段に深まるはずです。

　そのときあなたは、自分がこれまでどこで過ちを犯してきたのかを、正確に知ることができます。そして、自分の心と行いを修正するために、自分が何をすべきなのかも、また、それをどんな方法で行ったらいいかも、つぶさに知ることができるはずです。

"悪"を力ずくで追い出そうとする必要はありません。
"善"の実践こそが、最高に素晴らしい"悪"の撃退法です。

他人を敵視する行為は、
動物人間にとってはいかに自然なものであっても、
神聖な人生のなかでは、
いくら探しても居場所を見つけられません。

　ここに、“悪”を糾弾することは正しいことだと主張している男がいます。彼が日頃、行っていることは、偏見や理性を欠いた感情を他人のなかで見つけては、それを糾弾することです。そのときに自分も、偏見や理性を欠いた感情に、同じように身を任せているということには、気づかないままにです。そして、その心の姿勢の直接的な結果として、今や彼は、周囲の人たちから“悪”として糾弾され、まったく相手にされなくなっているようです。

　相手が人間であっても、政党や政府、あるいは宗教であっても、もしあなたが自分以外の誰か（あるいは何か）を糾弾したならば、上の男と同じ運命が、あなたにも、もたらされます。周囲から“悪”として糾弾されるという運命がです。

　誰かに虐げられたり糾弾されたりしたときに、それをひどい“悪”として捉える傾向にある人たちには、「誰かを虐げたり糾弾したりすることはやめるように」と言ってあげることです。そして、「これまで“悪”だと考えてきたあらゆるものから目をそらし、“善いもの”を探し始めるように」とも言ってあげてください。

　この教えはとても深く、極めて広範囲に適用できるものであるため、これに従い続ける人間は、“真理”の完璧な理解に向かって着実に歩を進めることができます。

イエスの教えに従い続ける人間は、自分自身を正しく制御しながら、やがて神聖な悟りへと到達することになります。

"罪"の習慣のなかで、あまりにも長く暮らして
きたために、今や人々の多くは「罪とは、人間の
誰もが生まれながらにして持つものである」とい
う、ひどく誤ったアイディアを抱くに至っていま
す。そして、"神聖なる源"に関する真実から引
き離されて久しいために、それを、「自分たちの
外側の、自分たちからは遠く離れたところに存在
する、得体の知れないもの」だと信じるようにも
なっています。

　人間はそもそも、神聖な存在です。"永遠なる
もの"あるいは"無限なるもの"すなわち、人々
が"神"と呼ぶものの本質からつくられている、
まさに神聖な存在なのです。

　罪を犯す傾向ではなく善性が、人間の持つ本来
の性質です。不完全性ではなく、完全性が、人間
が生まれながらに所持している天性なのです。

　そして人間は、その完全性のなかに、ある条件
を満たすことで、今すぐにでも入ることができま
す。その条件とは、身勝手な自己を否定し放棄す
ることです。言い換えるなら、身勝手な願望、理
性を欠いた感情、虚栄心、不寛容などをすべて手
放すことです。どれもが、聖パウロが"未開人"
と呼んだ人間の特徴です。

イエスは"彼"自身の体験を通じて、
人間の心の本来の性質を突き止めていました。
"彼"は、それが善良であることを
知っていました。

人間はみな、生まれながらにして神聖なのです。

147

もしあなたが、人間が本質的に
どれほど善良であるのかを知りたいのなら、
他人のなかにある"悪いもの"に
思いを巡らしたり、
それを疑ったりすることはもうやめ、
自分自身のなかで"善いもの"を見つけ出し、
それを実践し続けることです。

　あなたの内側には神聖な力が備わっています。あなたはその力を用いて、気高さの最高峰へと登っていくことができます。

　あなたはそれを用いることで、罪や恥辱、悲しみを振り払い、"至高なる善"である"父"の意思を実行することができます。内側に住み着いている闇の力をすべて制圧し、自由に晴れやかに生きていくことができます。世界さえも従わせ、天にそびえ立つ"神"の高峰に登っていくこともできます。

　あなたはこれを、あなた自身の選択と、決意と、神聖な力によって、達成することができます。ただしそれには、"真理"の"法則"への、絶対的な"服従"が不可欠です。

　あなたは、心の柔和さと謙虚さを選択し、それを維持しなくてはなりません。穏やかさで怒りを、清らかさで不純な思いを、愛で嫌悪を、思いやりで身勝手さを、"善"で"悪"を追い払わなくてはなりません。

これが、"真理"へと続く道です。
これが、"永続的な救い"への道です。
これが"キリスト"の担い棒に括られていた荷物です。

イエスの福音は実践を求める教えです。

イエスが柔和で、謙虚で、清らかで、愛と思いやりに満ち溢れていたことは、とても美しいことです。ただし、それだけでは充分でありません。この物語が完結するためには、あなたもまた、柔和で謙虚で清らかな、愛と思いやりに満ち溢れた人間になる必要があるのです。

イエスが"彼"自身の意思を"父"の意思に委ねていたことは、私たちをとても勇気づけることです。しかし、それだけでは不充分です。あなたもまた、あなたの意思を、すべてを統治する"善の法則"の意思に委ねなくてはならないのです。

イエスのなかにあった優しさ、清らかさ、善良さは、それらがあなたのなかになければ、あなたに本当に理解されることはなく、あなたにとって何の価値もないものです。そしてそれらは、あなたがそれらを実践するまでは、決してあなたのなかに現れてはきません。それらは、あなたによって実践されないかぎり、あなたにとっては存在しないも同じことなのです。

宗教とは、"純粋な善性"と一体であるべきものです。
"純粋な善性"の外側に出てしまった宗教は、
もはや宗教とは言えません。

"彼"の教えに忠実に従って
行動している人たちは、
自分たちの意思を
"父"の意思に委ねている人たちです。

　持続的に体験されるいかなる満足も、いかなる幸せも、いかなる心の平和も、他人の"善い行い"からは発生しません。"神"によってさえ、これらはもたらされません。"善い行い"を自ら実践し続けることによって、それを自分の一部としないかぎり、その恩恵である持続的な喜びや心の平和を、私たちは手の内にすることも、実感することもできないのです。

　もしもあなたがイエスを敬愛し、"彼"の人格を構成している美徳の数々に憧れているのなら、それらの美徳をあなた自身が実践し続けることです。そうすればあなたも、"彼"のように善良で気高い人間になります。

　イエスの教えは、正義というものは、個人の力の及ばない神秘的な何かが代わりに行ってくれるものなどではなく、個々の人間が自ら実践するものである、という単純な真実へと、私たちを連れ戻します。

　それぞれの人間が自ら正しくならなくてはなりません。個人が正義の実行者にならなくてはなりません。私たちに持続的な心の平和と喜びをもたらすのは、私たち自身の行いであり、他人の行いではないのです。

"許し"の甘い果実を持続的に味わえるのは、
"許し"の実行者のみです。

"キリスト"は"愛の力"です。

「私がいなければ、あなたがたは価値のあることを何も行うことができません」とイエスは言いました。どういうことなのでしょう？　そのときに"彼"が言った「私」は、いずれは消滅する肉体存在としての"彼"ではなく、普遍的な"愛の力"としての"彼"だったのです。"彼"の振る舞いは、その"力"の完璧な表現でした。

"彼"のこの発言は、次の単純な真実を述べたものでした。人間の努力は、私的な目的だけを達成するためになされているあいだは、無益で価値のないものであり続けます。私的な満足だけを求めて生きているかぎり、人間は、いずれは消えてなくなる存在として、死を恐れながら闇のなかをさまよい続けなくてはなりません。

人間のなかにいる野獣は、神聖なものに反応することはおろか、それを知ることさえありません。神聖なもののみが、神聖なものに反応することができます。人間のなかにある"嫌悪の力"は、"愛の力"と調和して振動することができません。"愛"のみが"愛"を理解し、"愛"と結びつくことができます。

人間は神聖です。人間は、"愛の力"の本質からつくられています。人間がこれを理解することができるのは、自分の内側から、これまで闇雲に従い続けてきた身勝手で不純な自己を排除したときのみです。そのときから人間は、"キリスト"すなわち普遍的な"愛の力"を内側で実感しながら、生きられるようになります。

この"愛の力"を人間に実感させることが、
あらゆる"知識""知力""知恵"の目的です。

"愛"は人間によって生きられて
初めて完全なものになります。

　イエスの教えのすべてが、それらを実践しようとする
人間に、心のなかの身勝手な要素を、"前もって"ある
程度は取り除いておくよう求めています。人間は、罪に
しがみつき続けているかぎり、"真理"への道を歩み始
めることができないからです。罪に執着している人間が
"正義"を実践することは不可能なことです。

　過度の情欲、嫌悪、虚栄、慢心、強欲などを抱きしめ
続けているかぎり、人間は価値のあることを何も行うこ
とができません。それらの罪深い思いによってなされる
物事はみな、すぐに消え去る運命にある、束の間の現実
であるからです。

　内側にある"愛の力"のなかに避難して、忍耐強くな
り、優しくなり、清らかになり、情け深くなり、寛容に
なったとき──そのときにのみ、人間は常に"正義"を
実践し、人生の美しい果実を実らせます。葡萄の木は、
いくつもの枝がなければ葡萄の木ではありません。そし
て、たとえそれらの枝があったとしても、それらが葡萄
を実らせるまでは、完全ではありません。

　思いと行いを通じて、あらゆる人々に対して常に愛を
実践し、不純で有害な思いを何ひとつ抱かなくなったと
き、人間は、自分を存在させている不滅の"法則"を実
感することになります。

人間が罪から避難できる場所は、
罪を永遠に知らない"愛"のなかのみです。

人間が、"愛"を内側にある
"永遠に持続する現実"として実感できるのは、
自身の完全性の達成を阻み続けている
低俗な習性を、完全に捨て去ったときのみです。

　人間が意識的に"愛の葡萄の木"と結びつくことができるのは、
愛に満ちた思いと行いを日々、実践し続けることによって、あらゆ
る敵意、嫌悪、非難癖、汚れ、優越感、そしてあらゆる身勝手な思
いを捨て去ったときのみです。そうすることによって人間は、これ
まで内側で押さえつけ、否定し、眠らせてきた、自身の神聖な性質
を目覚めさせます。

　怒り、短気、強欲、優越感、慢心、およびその他のあらゆる身勝
手さの表れに道を譲っているとき、人間は"キリスト"を否認し、
自分自身を"愛"のなかから閉め出しています。

　これが"キリスト否認"の持つ唯一の意味です。それは、公式化
された信条の受け入れを拒否することなどではないのです。

　"キリスト"は、自らの持続的な努力によって"罪深さ"から"清
らかさ"へと"転向"した人間にのみ知られ、実感されます。

　これは、正しく気高い努力によって、あらゆる苦悩、悲しみ、不
和の源である身勝手な自己を追放することに成功し、理性的で優し
い人間、愛に満ち溢れた人間、穏やかで清らかな人間になった者の
みに与えられる特権なのです。

この輝かしい達成は、人間の進化を証する冠であり、
人間が存在する至高の目的です。

身勝手な自己は
あらゆる苦悩と
不和の根本原因であり、
"愛"はあらゆる平和と
至福の根本原因です。

"神の国"で安らいでいる人たちは、外側のいかなる所有物のなか
にも、幸せを見出そうとはしません。それらの所有物は、必要とさ
れるときにやってきて、その目的が果たされると去っていく、束の
間の結果であることを、彼らは知っています。

　彼らにとって、それら（お金、家、衣類、食べ物、その他）は、
一時的な喜びを与えてくれるだけの"結果"であり、真の人生の単
なるアクセサリーに過ぎません。そのために彼らは、あらゆる不安
と悩みから解放されています。

　常に愛のなかで安らいでいる彼らには、"幸せの権化"という呼
び名がよく似合います。彼らは常に、"清らかさ""思いやり""知
恵"そして"愛の法則"の上に自分たちをしっかりと固定していて、
自分たちの永遠の生命を実感しています。

　彼らは"神"すなわち"至高なる善"とひとつになっていて、そ
のことを知っています。人生内で機能する"法則"を常に実感して
いる彼らにとって、非難や糾弾は遠い過去のものになっています。

自分の神聖さに気づいていようといまいと、
すべての人間が生まれながらにして神聖なのです。

"悪"と呼ばれるもののすべてが、
無知のなかに根を張っています。

　"神の国"の子どもたちは、呑気に怠惰な毎日を送っている、などという空想は捨て去ることです。事実、このふたつの"罪"は、その"国"に入ろうとする人間がまず最初に排除しなくてはならないものなのです。

　彼らは平和な"活動"に専念しています。言い換えるなら、"本当に"生きています。自己本位の人生、身勝手な人生のなかでは、不安、苦しみ、悲しみが後を絶ちません。それが"真の人生"ではないからです。

　"天国"の住人たちは、自分たちの義務を、個人的な利益は度外視して、入念かつ精力的に遂行しています。そしてそれ以外の時間は、職場においても私生活のなかでも、素晴らしく強化された自分たちの力を存分に用いて、周囲の人たちを"正義の国"へと誘い続けています。"彼"の教えを忠実に実践し続けることで、周囲の手本となることが彼らの仕事です。

　彼らは持続的な喜びのなかを生きていて、もはや悲しむことがありません。というのも、周囲の人たちの激しい苦悩を目のあたりにすることがあっても、そのとき一緒に、それらの人たちの"最終的な至福"と"永遠の避難所"も見ることができるからです。

「準備ができている者はみな、来るのです」

"天国"は墓の先にある
空想の国などではなく、
心のなかに永遠の現実として
存在する"愛の国"です。

　イエスが教えた唯一の"救い"は、罪とその結果からの"救い"です。それは、個々の人間によって、思いと行いのなかから罪を一掃することによって達成されます。これがなされると、"神の国"が心のなかに、完璧な知識と、完璧な至福、そして完璧な平和として姿を現してきます。

　ある男性がこんな質問をしてきました。

　「人間は生まれ変わらないかぎり、神の国は見ることができないんですって？　新しい人間にならなくてはならないってことですよね？　古くて悪いものを全部捨てること以外に、新しい人間になれる方法はないんでしょうか？」

　この質問に対する答えは、言うまでもありません。要するに彼は、自分の従来の気性、従来の持論、従来の身勝手さにしがみつき続けたまま、新しい人間になりたがっているわけです。それを可能にする何らかの神秘的な方法があるかもしれない、とでも思っているのでしょうか？　特定の神学理論、あるいは宗教的教義を受け入れれば、それが可能になるかもしれない、とでも言いたいのでしょうか？

"天国"は"愛"の永遠の住処であり、
"平和"が決して不在にならない場所です。

"法則"を信頼する
謙虚で誠実な人間には、
"無限なるもの"の
壮麗な姿が
示されるでしょう。

「あなたの寝床を片づけて、歩くのです」

　イエスのこのメッセージは、人間の神聖な可能性を啓示する福音であり、事実上、自分の罪に苦悩する大多数の人々に向けた言葉です。このメッセージが語っていることは、このようなことです。

「無知で罪深い人間として闇のなかをさまよい続けるのは、もうやめなさい。"善の法則"を信頼し、無知と罪を克服するために立ち上がるのです。そして、心のなかに善が定着するまで、それらを克服する努力を注意深く真摯に続けることです」

　"善の法則"を信頼し、無知と罪を克服したとき、人間は、イエスが残した教えによる導きばかりでなく、内なるガイド、すなわち、自分の心のなかに蘇った"真理の霊"の導きも受けられるようになります。

　その霊は、「この世界に生きるすべての人間を照らす光」であり、人間はそれに従い続けることで、イエスの教えの"神聖な源"を否応なしに実感することになります。

それは"永遠なるキリスト"の完璧な"善性"を
実感することでもあります。

"天国"には、完璧な信頼、完璧な知識、完璧な平和があります。

"天国"の子どもたちは、彼らの"人生"によって、"天国"の子どもたちであることが知られます。彼らの心のなかに実った果実——愛、喜び、平和、忍耐、思いやり、善性、誠実さ、柔和さ、慎み深さ等々——は、どのような状況においても、どんな変化の最中においても、周囲の人々によって知覚されます。

彼らは、怒り、恐れ、疑い、嫉妬、気紛れ、不運、悲しみなどから、完全に解放されています。

"神の正義"のなかで生きている彼らの振る舞い方は、この世界の一般的なそれとは大きく異なっていて、周囲からはばかげているとさえ考えられることがあります。

彼らは、自分の権利を主張しません。自分を防御しません。絶対に報復しません。自分を傷つけようとする人たちに対しても親切にします。自分に荒々しく反論してくる人たちにも、自分に賛同してくる人たちに接するときと同じ優しさをもって接します。

彼らはまた、他人を自分の価値基準をもとに評価したりは決してしません。いかなる個人をも、いかなる組織をも、決して糾弾しません。そして、誰と接するときにも、また、どんな状況に遭遇しようとも、常に穏やかです。

この"天国"は、あらゆる人々の心の奥に、最初から存在しています。

毎日の粘り強い努力によって
"天国"を目指すことです。

"真理"の完全な理解とともに"正義の神殿"が築かれます。その四方の壁は、"清らかさ""知恵""思いやり"そして"愛"と名づけられた4つの"法則"でつくられていて、"心の平和"がその屋根です。その床は"不動性"で、入り口の扉は"義務の完璧な遂行"です。

この神殿内の雰囲気はあくまでも神聖で、そこに流れる音楽は、完全無欠の"喜び"です。この神殿は、外側のどんな嵐にも動ずることがなく、永遠に破壊されることがありません。そのために、明日を憂えて防御を固める必要性が、そこにはまったく存在しません。そして、心のなかに築かれたこの"天国"の住人にとって、外側の人生における物質的必需品の獲得は、もはや不安の対象ではなくなっています。

なぜならば、すでに"最高のもの"を獲得するに至っている彼らには、そもそも、あまり多くの物質的"必需品"はなく、彼らにとってそれらは、必要なときに妥当な原因をつくれば、その結果として容易に手に入るものであるからです。そこでは、生存のための苦闘はもはや存在せず、精神的必需品と物質的必需品の双方が、"宇宙の豊かさ"から随時供給されています。

必要な犠牲を払うことです。
身勝手な自己を無条件に捨て去ることです。

今"のみ"です。すべてが可能なのは今です。

　"今"は、時間を内側に収めている現実です。それは時間よりも上位にある、永遠に持続する現実です。それは過去も未来も知らず、永遠に価値のある実体です。あらゆる１分、あらゆる１日、あらゆる１年が、過ぎ去った瞬間に夢になり、完全に消し去られないとしても、記憶のなかの不完全で実体のない絵としてのみ存在を続けます。

　過去と未来は夢であり、"今"のみが現実です。あらゆるものが、今、存在しています。あらゆる力、あらゆる可能性、あらゆる行動が、今、存在しています。

　今、行動し、何かを成し遂げようとしないことは、まったく行動せず、何も成し遂げようとしないことと同じです。

　行うべきだったことを振り返って後悔したり、行ったことの結果を憂えたりしながら生きることは、愚かなことです。

　後悔を脇に追いやり、未来を憂えないこと、そして"今"行動し、仕事を行うこと。これが知恵です。

人間があらゆる力を持っているのは"今"なのです。

160

あなたの心を
闇の国に入るよう誘惑してくる、
あらゆる脇道から、
永遠に遠ざかることです。

　人間がすべての力を持っているのは"今"です。しかしそれに気づかず、人々は言います。「来年はすべてうまくやれる。いや数年後、いや来世では、きっとうまくやれる」

　"神の国"の住人たちは、今のなかだけに住んでいて、「自分は今、完璧である」という自覚を持って生きています。彼らは今のなかで、心のあらゆる入り口をしっかりと守りながら、いかなる罪も犯すことなく、過去にも未来にも気を取られず、よそ見することなく正しい道のみを見つめながら、今のなかで、自身の永遠の神性と喜びを体験しています。

　自分にこう宣言することです。

　「今こそが、私に与えられている時間なのだ。今こそが"救われし日"なのだ。私は今、自分の理想を生きる。私は今、自分の理想になる。そして、理想から引き離そうとするあらゆる誘惑に、私は耳を貸さない。私が耳を傾けるのは、自分の理想の声のみである」

　このように決意し、それに従って行動したならば、あなたは"最高のもの"から片時も離れることなく、"真理"を永遠に表現し続けることになります。

あなたが生まれながらにして持つ神聖な強さを、
今、表現することです。

決意を固めることです。
ひとつの目的に集中することです。
日々、決意を新たにすることです。

　誘惑に晒されても、正しい道から離れないことです。過度の興
奮を避けることです。理性を欠いた感情が現れてきたら、それを
しっかりと押さえ込み、屈服させることです。心がさまよい始め
たら、連れ戻し、気高いものの上で休息を取らせることです。
「自分は"教師"に、あるいは書物に"真理"を理解させてもら
える」などとは考えないことです。あなたが"真理"を理解でき
るのは、"善いこと"の実践を通じてのみなのです。教師や書物
にできることは、指示を出すことのみです。あなたは指示された
ことを実践しなくてはなりません。
　与えられた指針や教訓を、他の力に頼ることなく自らの努力で
忠実に実践する人間のみが、真の悟りに到達することになります。
"真理"は個人の努力を通じて理解されるものなのです。
　表面的な美しさに心を連れ去られないようにすることです。霊
たちや死者たちとの交流を求めたりもしないことです。あなたが
行うべきことは、"真理"と調和した思いと行いを実践し続け、
それを通じて、至高の"法則"の存在を実感することです。
　偉大なる"教師"を、"法則"を、"正義の道"を、強く信頼す
ることです。

あらゆる躊躇と疑いを排除し、不動の信頼とともに、
賢い教えの数々を実践し続けることです。

誇張はいりません。"真理"を生きるだけで充分なのですから。

どんなときにも本当のことを正直に話すことです。言葉のみならず、表情、身振りなどによっても、決して人々を欺いてはいけません。毒蛇のように他人を誹謗中傷することも、避けなくてはなりません。そんなことをすれば、その蛇を捕らえる罠に、あなたが捕まってしまうことになります。

他人の悪口を言う人間は、心の平和への道を見つけられません。根も葉もない噂話によって気を散らされることがないよう、注意を怠らないことです。他人の個人的な問題について話すことも、やめるべきです。社会的な問題や著名人を糾弾することも、善くないことです。

他人からの攻撃を糾弾したり、それに反撃を加えたりすることも、してはいけません。代わりに、どんな攻撃に対しても、相手を責める思いを排除した振る舞いで応じることです。

正しい道の上を歩んでいない人々を非難することも、避けなくてはなりません。彼らを見かけたときには、自らは正しい道の上を歩き続けながら、深い思いやりで彼らを守ってあげることです。

怒りの炎が燃え上がりそうになったら、清らかな"真理"の水で速やかに消火することです。控えめな言葉を心がけましょう。質の悪い冗談、意地悪な冗談、下品な冗談を口にすることも、またそれに加わることも、厳に慎まなくてはなりません。

"真理"は議論するものではなく、
生きるべきものです。

心を正しく制御することが、すべての鍵です。

　日常の義務を、見返りを期待することなく、誠実に遂行することです。いかなる楽しみにも身勝手さにも、義務から逃れるよう誘惑させてはなりません。そして、他人の義務には干渉しないことです。

　どんなときにも常に、正しく、公正で、正直であるよう心がけることです。厳しい試練が訪れ、自分の幸せと人生が危機に瀕（ひん）しているかのように見えたとしても、正しい道から離れることは禁物です。

　いかなる誘惑にも屈しない誠実な人たちは、無敵の人たちです。彼らは混乱することがありません。彼らが疑いと困惑の"苦痛を伴う迷路"に足を踏み入れることは、もはやありえないことです。

　誰かに虐待されたときにも、糾弾されたときにも、あるいは悪口を言われたときにも、自分を制御して穏やかさを保つことです。その攻撃者は、あなたが報復しないかぎり、あなたを傷つけることができないからです。

　あなたが報復するのは、その攻撃者が心のなかに持つ悪いものと同じものが、あなたの心のなかにもあって、それがあなたを興奮させるのを、あなたが許したときのみです。

　それから、あなたを攻撃してくる人たちには、彼らがそれによってどれほど彼ら自身を傷つけているかに思いを巡らし、深い思いやりをもって接することも重要なことです。

心が完璧に清らかな人間は、
他人に傷つけられたことなど一度もないと考えています。
「自分自身以外に真の敵は存在しない」ということを
知っているからです。

優しさに身勝手な自己が
のみ込まれてしまうまで、
思いやりを
膨らませることです。

　いかなる悪意も抱かないことです。怒りを制圧し、敵意を無力化することです。不変の優しさと思いやりをもって、すべての人たちのことを考え、すべての人たちに接することです。

　どんなに厳しい攻撃に晒されたときでも、激しい感情には穏やかさをもって、嘲りには忍耐をもって、嫌悪には愛をもって対処しましょう。

　"議論の達人"にはならないことです。代わりに"平和請負人"になりましょう。人と人との分離を促進してはいけません。片方の側について、もう片方の側との争いに巻き込まれたりはしないことです。

　あらゆる人たちに、同等の正義、同等の愛、同等の善意を示すことです。他の教師たち、他の宗教群、他の思想学校群を、けなしてはいけません。富者と貧者、雇い主と従業員、統治者と被統治者、主人と召使いとのあいだの仕切りを取り払い、彼らがそれぞれに持つ義務を理解し、すべての人たちに平等に接することです。

　心を持続的に制御し、敵意や怒りを屈服させながら、不動の優しさを追求することで、やがて"善意の霊"が誕生することになります。

力強く、精力的に、断固として高みを目指すことです。

自分に正直であることです。
理性を働かせることです。
心の目を研ぎ澄ますことです。

　あらゆる状況を、理性の光を当てて注意深く観察することです。意欲的に知り、理解することです。常に論理的に考え、言葉と行動を一致させることです。

　知識のサーチライトを心の内側に照射し、過ちを見つけたらすぐに取り払うことで、そこを簡素化することです。鋭い観察者意識を持って自問し、自分自身を吟味することです。

　根拠のない信念、噂、憶測に惑わされることなく、知識を頼りにすることです。"真理"の実践から得た知識を頼りにする人間は、気高さと謙虚な自信に満ちていて、"事実"を力強く語ります。

　善と悪を識別する能力を身につけることです。事実と虚構を正しく見分けられるようになることです。何が事実であるかを知り、事実同士の相関関係を正しく理解できるようになることです。

　心の目を研ぎ澄まし、人生内のあらゆる状況のなかに、"原因と結果の法則"を見出すことです。これを行うことによって、束の間の喜びを追求することの無益さと、一点の染みもない気高さを得ることの栄光と喜びを、あなたはより明確に認識できるようになるでしょう。

"真理"があるところに混沌はありません。

"原因と結果の法則"は
永遠に誤ることを知らない正義の法則です。
心の目を研ぎ澄ますことで、
この"大法則"をあらゆる場所で見出すことです。

　そのときからあなたは、あらゆる物事を、肉体のふたつの目ではなく、"真理"の清らかなひとつの目で見始めます。それに伴い、あなた自身の本質が徐々に明らかになってきます。

　自分が精神的実体として、無数の時代における体験を通じてどのように進化してきたのか、途切れることのない生命のなかを、低いレベルからより高いレベルへと、さらにそこからもっと高いレベルへと、自分がどのようにして上昇してきたのかを、あなたは知ることになるでしょう。

　常に変化を続ける自分の心の性癖が、自分の思いと行いによってどのようにして築き上げられてきたのか、そして、遠い過去からの無数の行いが、どのようにして今の自分をつくり上げてきたのかを、間もなくあなたは知ることになります。そして、あなたにとって、自分の本質を理解するに至るということは、とりもなおさず、自分以外のあらゆる人たちの本質も理解できるようになる、ということに他なりません。そのときからあなたは、とても自然に、常に深い思いやりをもって、あらゆる人たちに接するようになります。

　そのときあなたは、この"大法則"を、単に理論的に理解しているのみならず、すべての人間が現実の生活のなかで具体的に体験し続けている不動の法則としても、理解しています。そしてこの理解に達したとき、あなたの身勝手な自己は完全な終わりを迎えます。それは霧散した雲のように跡形もなくなり、"真理"が"すべてのなかのすべて"になります。

あなたにとっては、憎しみのための場所も、身勝手な自己のための場所も、悲しみのための場所も、もはやどこにもなくなります。

自分を信頼することです。
ただし、あなたのその自信は清らかで
非利己的なものでなくてはなりません。

　あなたの愚かさと賢さ、弱さと強さは、すべてあなたの
心のなかにあります。それらは、外側のどんなもののなか
にもありません。それらの発生源も、外側の世界をどんな
に探しても見つかりません。

　人間は他人の力で強くなることはできません。人間は自
分の力で強くなるしかないのです。心のなかの"悪"も、
自分の力でしか退治することはできません。その方法を他
人から学ぶことはできても、それを行えるのは自分だけな
のです。

　外側からのどんな助けにも依存せず、自分の内側にある
"真理"を頼りにすることです。どんな教義も、誘惑に晒
されている人間を抱き上げてくれたりは決してしません。
その人間に必要なのは、誘惑をたちどころに追い払ってし
まう、自分の心に関する"知識"です。

　思弁哲学はいずれ、不運という闇が幻に他ならないこと
を実証することになるでしょう。人間は、不運から解放さ
れるためにも、自分の心に関する充分な知識を獲得しなく
てはなりません。そしてその知識は、清らかな思いと善い
行いの実践によってのみ、獲得されます。自分の心を、美
しいもの、愛すべきもの、永遠に真実であるものと調和さ
せることができないかぎり、この"頼りになる"知識は誰
にも獲得できません。

完璧な善性の達成は、あらゆる宗教の目的です。

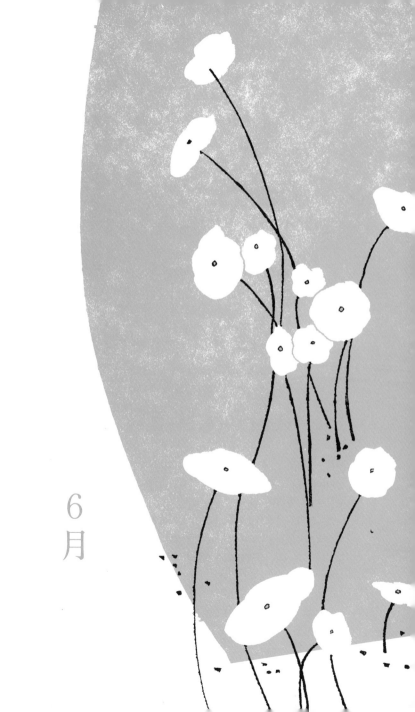

6月

"原因と結果の法則"は
"愛"と"正義"の法則であり、
万人を等しく"真理"へと
導こうとしています。

　裕福な人たちの苦悩が、貧しい人たちの苦悩よりも深いものとなることは、よくあることです。人間である以上、誰もが同じように、幸せと悲しみが混在した自分自身の収穫物を刈り取っているからです。

　この"正義の法則"は、裕福な人たちと貧しい人たちの双方を、どんなときにも公正に分け隔てなく支援しています。この"愛の法則"は、裕福な人たちには、もしも彼らが身勝手で傲慢な振る舞いに及び、自分たちの富を不純な目的に利用するなどしたならば、その誤った行いの結果を、別の種類の行いの結果とともに、やがて必ず収穫することになる、と言って警告します。

　そして貧しい人たちには、彼らは今、過去に蒔いた種から成長したものを刈り取っているのだと教え、同時に、清らかさ、愛、思いやりなどの"善い種"を蒔けば、やがて必ず"善い収穫物"を刈り取ることになり、今の窮状から抜け出すことができる、と言って勇気づけます。

利己的追求の"痛みを伴う結果"のすべてが体験され、
直視されなくてはなりません。

人間は自らの意志で、
幸せにも不幸せにもなることができます。

　"原因と結果の法則"は"作用と反作用の法則"と呼ばれることもあります。心の習慣的な姿勢は、行いの様々な進路を決定し、それらの進路の先には、幸せか苦悩に彩られた様々な"反作用"が出現します。そして、それらの反作用の内容を変えるには、それを発生させた"作用"すなわち、心の習慣的な姿勢を変えなくてはなりません。

　苦悩が幸せで置き換えられるためには、苦悩の原因である習慣的な心の姿勢と、行いの習慣的な進路が、幸せの原因となりうるものによって置き換えられる必要があるのです。それがなされたときに初めて、心と人生のなかに、正反対の結果が現れてくることになります。

　その進路がどこに向かうものであろうと、その先には必ず結果が出現します。私たちには、その結果を変えることはできません。でもその原因は変えることができます。人間は自分の心の中身を清らかにすることができます。自分の人格をつくり替えることができます。

　人間は、身勝手な思いを巡らし、身勝手な行いを続けているかぎり、幸せになる力を持てません。逆に、清らかな思いを巡らし、清らかな行いを続けているときには、不幸せになることができません。自己制御には大きな力が備わっており、その先にある自己変容には大きな喜びが付き添っています。

人間は誰もが、自分自身の思いによって、
不自由になることも、自由になることもできます。

171

人間はそれぞれ、
自分の習慣的な思いの性質に準じて、
"地の国"か"天の国"かの
どちらかに住んでいます。

　ここに、疑い深く、貪欲で、嫉妬深い人たちがいます。

　彼らの目には、何もかもが、取るに足らないもの、信用ならないもの、憂鬱にさせられるものに見えています。

　彼らは、自分たちがまったく威厳を持たないために、周囲の誰のなかにも威厳を見出せません。自分たちが低俗であるために、いかなる人間のなかにも気高さを見出せません。自分たちが身勝手であるために、思いやりに満ちた気高い行いを見ても、その背後には低俗で不純な動機があるに違いないとしか考えられません。

　ここに、疑うことを知らない、自制のきいた、気高い心の持ち主たちがいます。彼らの世界の、なんと素晴らしく、なんと美しいことでしょう。

　彼らは、周囲の人々のなかに常に誠実さを見出していて、周囲の人々は、彼らに対して常に誠実です。彼らと顔を合わせると、どんなに意地悪な人間であっても、自分のその性癖を忘れ、戸惑いながらも、彼らのように振る舞い始めます。

　彼らと接触するあらゆる人間が、気高い人間性への"一時的"な上昇を体験し、そのなかで、このうえなく気高い、このうえなく幸せな人生を"垣間"見ます。

暗い思い、醜い思いに心を奪われてはなりません。
明るい思い、美しい思いで心を満たすことです。

心の小さな人間と、心の大きな人間は、
たとえ隣人同士であっても、
それぞれがまったく異なった世界に
住んでいます。

"天国"の門を力ずくでこじ開けることは誰にもできません。
しかし、その国の"法則"に従い続けた人間には、その門を通過するための合言葉が与えられます。

　無法者たちは無法者たちの狭い社会のなかで暮らしています。聖者たちは、聖者たちが集うはるかに広い世界で暮らしていて、彼らの何よりのご馳走（ちそう）は神の音楽です。

　あらゆる人間が、自分の内側の世界を外側の世界に投影しています。私たちは、外側の世界を見ているとき、いわば自分の鏡像を見ているのです。

　私たちはそれぞれ、自分自身の思いがつくり上げた、狭い心の領域、あるいは広々とした心の領域のなかで暮らしています。そして、その領域の外側にあるものはみな、私たちにとっては存在しないものです。自分がつくり上げてきた心の領域の内側にあるものしか、私たちには知ることができないからです。

　小さなものは、大きなものを取り込めません。よって、小さな心が大きな心を理解するには、自身の領域を広げなくてはなりません。小さな心は、それ自身を成長させることで初めて、より自由で、より大きな世界があることを知ることになります。

人間は、能力別にクラス分けされる生徒たちのように、
真理に関する知識のレベルによってクラス分けされ、
レベルに相応（ふさわ）しい世界のなかで暮らしています。

物質世界は
精神世界の投影です。

　内側の世界が外側の世界を特徴づけています。上位のものが下位のものを従えています。物質世界は心の世界の表れです。出来事は思いの流れです。環境は思いの流れの複雑な集合体です。そして、あなたの周囲にいる人たちが体験している状況と、彼らの行いは、あなた自身の精神的な需要および進歩と密接に結びついています。

　あなたは、あなたの周囲の状況の一部です。あなたが周囲の人たちから切り離されることは、ありえません。というのも、あなたは彼らと、奇妙な親近感と行いの交流によって──人間社会の存続を可能にしている、思いの基本法則によって──強く結びつけられているからです。

　ただし、外側の状況を、あなたの身勝手な願望によって変えることは不可能です。でもあなたは、自分の身勝手な願望を追い払うことができます。そうすることで、周囲の状況に対する心の姿勢を変えることができます。あなたのその心の姿勢が変わると、周囲の状況は、すぐに新しい様相を呈してきます。

　あなたに対する人々の態度は、あなたには選択できないことです。でもあなたは、人々に対する自分の正しい態度を、自由に選択することができます。

あなたの行いが変化すると、
周囲の状況は、すぐに新しい展開を見せ始めます。

自分の行いを完璧なものにすることは、
人間にとって最も重要な義務であり、
最も気高い目的です。

　あなたの不運は、あなたの幸運同様、あなた自身の内側の
状況から出現します。あなたが人々に負わされる傷は、あな
た自身の行いの跳ね返りであり、あなた自身の心の姿勢の表
れです。彼らはあなたの心の姿勢の媒体に過ぎず、あなたの
心の姿勢こそが原因なのです。

　運命は、熟した果実です。人生の果実は、甘いものも苦い
ものも、それぞれの人間に、公正な規模でもたらされます。
"正義の法則"は、いついかなるときにも機能することをや
めません。

　"正義の人"たちは自由です。彼らを傷つけることは誰にも
できません。彼らを破滅させることも誰にもできません。彼
らの心の平和を盗むことも、誰にもできません。周囲の人々
に対する彼らの心の姿勢は、愛と思いやりに満ちていて、彼
らを傷つける力を、人々から速やかに奪い取ってしまいます。
たとえ誰かが、彼らを傷つけようと試みたとしても、その行
いは、その人物自身の傷となって、すぐにその人物のところ
に戻っていき、それによって彼らが傷つくことはありません。

　彼らから出ていく"善"は、彼らの幸せの永遠の泉であり、
彼らの強さの永遠の源です。その根っこは心の平和であり、
その花は喜びです。

外側の状況や周囲の人たちの行いに、
あなたを傷つける力はありません。

成功のいちばんの要因は、正しい心の姿勢です。

　環境による妨害さえなければ、自分は素晴らしいことを成し遂げられるのにと空想し、嘆いている人たちがいます。彼らの言う、彼らを妨害しているものは、資金の欠如、時間の欠如、社会的影響力の欠如、家族からの自由の欠如、といったところかもしれません。

　しかし、実際に彼らを妨害しているのは、そういった外側の状況ではなく、彼ら自身です。彼らはそれらの状況に、それらが持っていない力を授け、その力に屈しているのです。言い換えるなら、環境には強い力があるという自分の誤った見解、すなわち"自分の弱さ"に屈しているのです。

　彼らを本当に妨害しているのは、他のどんな"欠如"でもなく、"正しい心の姿勢"の欠如です。もしも彼らが、人生のなかで発生するあらゆる問題を、自分の問題解決能力を高めるための絶好の機会として捉え、それらはみな、自分が目標に向かって順調に上っていくために必要な階段の、ひとつの段に他ならない、と考えられるようになったなら、すべてが一気に変わります。

　彼らの目標を目指す意欲が、困難を克服するための創造的な方法を生み出し、人生の障害物とは"姿を変えた援軍"に他ならない、という事実があらためて証明されることになります。

環境に不平を言う人たちは、まだ真の人間になっていません。

あなたの目標への歩みを
妨害することができるのは、
あなたのみです。

　人間の力は、識別する能力と選択する能力のなかに
存在しています。

　人間は、普遍的な"法則"の、一欠片さえも創造す
ることができません。それは永遠にして不滅であり、
人間によってつくられることも、壊されることもあり
ません。人間はただ、それを発見するのみです。

　"法則"に関する無知は、この世界が体験しているあ
らゆる苦悩の根本原因です。"法則"に刃向かうこと
は、愚かなことであり、束縛されることです。

　国の法律に刃向かっている盗人と、それに従ってい
る正直な市民では、どちらがより自由なのでしょう？
自分は勝手気ままに生きられると考えている愚かな人
間と、正しいことのみを選択して行っている賢い人間
では、どちらがより自由なのでしょう？

　人間はそもそも、習慣に従って行動する生き物です。
この性癖は変えようがありません。しかし習慣は変え
ることができます。人間は、人格形成の法則を変える
ことはできません。しかし、自分の人格をその法則と
調和したものに変えることはできます。

"善い思い"と"善い行い"の習慣を
身につけている人間のみが、善良な人間です。

気高い人間は、
気高い思いと行いの繰り返しによってのみつくられます。

人間は、同じ思い、同じ行い、同じ体験を、それらが自分の一部となるまで、すなわち自分自身の人格のなかに組み込まれるまで、何度も何度も繰り返します。これなくして人間の進化はありえませんでした。今のあなたは、あなた自身の"思いと行いの無数の繰り返し"の結果なのです。

人間は既製品ではありません。私たちはこれまで、常に新しい人間になり続けてきました。それは今も変わりません。私たちがこの人生に持ち込んできた人格は、私たち自身の選択で、あらかじめ決められていました。そしてその後、新しい思いと行いを習慣化させるたびに、私たちは新しい人間になってきたのです。

私たちの今の人格は、私たち自身のこれまでの思いと行いの集大成です。私たちが無意識のうちに何の努力もなしに表現している性格的特徴は、長期的に繰り返されることによって自動的に出現するようになった、一連の思いと行いによって形づくられています。

習慣は、その所有者の意識的な選択や努力がなくても、それ自身を自動的に繰り返すことができます。これは習慣の特質です。習慣はこの特質を持つがゆえに、いつしかその所有者を支配するに至り、それに抵抗しようとする所有者の意志を無力なものにしてしまっているかのように見えることさえあります。

あらゆる習慣が繰り返しの結果であり、
あらゆる能力が固定された習慣です。

人々の多くは、
悪い習慣によって
自らを束縛しています。

　人間は習慣を持つ生き物である、という指摘は
真実です。もっと正確に言うなら、人間は習慣そ
のものです。しかし習慣は、聞く耳を持っていま
す。そして人間は、それに、新しい経路のなかを
流れるよう命ずることができます。要するに、人
間は自分自身を制御することで、自分の習慣を再
構築することができるのです。
　人間は特定の人格を持って生まれてくる、とい
う指摘も真実です。その人格は、過去の無数の人
生の産物です。それは、過去のあらゆる人生内の
選択と体験によって、徐々に築き上げられてきた
ものです。そしてそれは、この人生のなかでも、
新しい体験の数々によって、いかようにも修正さ
れうるものです。
　人間は、悪い習慣、あるいは悪い性格的特徴
（このふたつは本質的に同じものです）の圧政化
で、これまでどれほどの無力感を味わってきたと
しても、理性が残っているかぎり、それらによる
束縛から離れ、自由になることができます。

心の姿勢を変えることは、
人格も習慣も人生も変えることです。

肉体は心に付き従っています。

　肉体を病んでいる人間が、自分の心を"法則"と調和するものにつくり替え始めたとしても、すぐに健康になるとはかぎりません。事実、不健康な肉体は、過去の不摂生の結果が取り除かれる過程で、一時的に病状が悪化したかのように見えることさえあります。

　"正義の道"を歩み始めた人間が、完璧な心の平和を速やかに手に入れられるとは限らず、多くの場合は、そこに至るための、痛みを伴う調整期間を必要とするように、不健康な肉体も、心が入れ替わり始めたからといって、必ずしも速やかに健康を取り戻すとはかぎらないのです。

　信頼と忍耐の重要性がここにあります。

　肉体の健康増進も、心の強化と同じように、一般的には時間のかかる行程です。ただし、たとえ完璧な健康をすぐには取り戻せなくても、心を変え始めることで、人間は、そこに向かって着実に前進することになります。

　心が強化されると、そのあとに少し遅れて、より健康になった肉体が続きます。そのときその肉体は、他の肉体の多くが追求している一時的な喜びを、以前より確実に追求しなくなっているはずです。

"真理"と完璧に調和した心の後ろには、
健康な肉体が常に付き従っています。

"無限にして永遠なるもの"に関する
理解を深めることです。

「世俗的な喜びは持続する現実で、充分に満足を与えてくれる」という虚しい空想に耽っている人間には、苦悩と悲しみが持続的にもたらされ、「その種の喜びは持続する現実ではなく、真の満足を決してもたらさない」ということを思い出させようとし続けます。

「自分は物質的なものから充分な満足を得ることができる」と信じ込もうとしているとき、私たちは心の奥で、その信念に対する"内側からの断固とした反論"を意識しています。

その反論は、まず、私たちの道徳性の低さを指摘し、続いて、「持続的な満足と心の平和を見出せるのは、不滅で、永遠で、無限であるもののなかにおいてのみである」という、私たちが生まれながらに知っているはずの真実を思い出させようとします。

私たち人間は、そもそも、本質的に神聖であり、永遠の生命を授かっています。しかしある頃から、死ぬべき運命と苦悩のなかにどっぷりとつかることを選択してきました。そして今、そのなかから、これまで忘れていた本来の意識のなかへと、戻ろうとしているのです。

心を"愛"で満たすことです。
"愛"は"無限なるもの"の本質であり、
あらゆる信仰の共通の拠り所であり、
あらゆる宗教の発生源でもあります。

内側にある
"永遠に持続する現実"こそが、
人間の故郷です。

　人間の心が"永遠なるもの"から分離することはありません。よって
それは、いかなる"持続しないもの"にも満足することがありません。

　私たちが物質世界のなかでさまよい続けるのをやめ、自分たちの真の
故郷、すなわち、内側にある"永遠に持続する現実"のなかに戻るまで
は、苦悩の重荷が私たちの心にのしかかり続け、悲しみの闇が私たちの
道を暗くし続けます。

　海から分離した小さな水滴は、その海のあらゆる特性を内側に収めて
います。同じように人間も、"無限なるもの"から意識的には分離して
いても、それと"そっくりなもの"を、自身の内側に収めています。

　そして、水滴が自然の法則に従って、最終的に海に至る道を見つけ出
し、それ自身をその深い静けさと一体化させるように、人間も、自身の
人生を統治する不朽の"法則"に従い、やがては自身の源に戻り、その
"無限なるもの"の心とひとつにならなくてはならないのです。

"無限なるもの"と再びひとつになることが、
人間がここで生きていることの目的です。

永遠なる“法則”との
完璧な調和を目指すことです。
それを通じて、
“知恵”と“愛”と“心の平和”を
極めることです。

　　この神聖な心の状態は、身勝手な自己には永遠に理解さ
れることがありません。身勝手さ、分離意識、そして傲慢
さは、本質的には同じものであり、知恵と神聖さとは相容<ruby>相<rt>あい</rt></ruby><ruby>容<rt>い</rt></ruby>
れないものです。身勝手な自己の無条件降伏によって、分
離意識と傲慢さは活動を終え、そのとき人間は、自身の天
性である不滅性と無限性を再び実感することになります。

　　身勝手な自己の無条件降伏は、それを自分の唯一の自己
だと思い込んでいる人たちにとっては、考えうるどんな不
幸せよりも耐え難いことです。しかしこれは、現実的には、
人間が手にしうる最高の恵みであり、唯一の持続的な勝利
に他なりません。

　　内側と外側の人生内で機能している不滅の“法則”をま
だ知らないでいる心は、束の間の儚い喜びにしがみつい
ているために、自身の幻想の崩れ落ちた残骸のなかを、し
ばらくのあいだは、さまよい歩かなくてはなりません。

真の愛は“無私の愛”です。
それは普遍的であり、このうえなく美しいものであり、
真の満足の持続的な供給源です。

心を身勝手さで曇らせているとき、
たとえその身勝手さがどんな形態のものであっても、
人間は識別能力をひどく低下させており、
一時的なものと永遠に続くものを
頻繁に混同しています。

　人々の多くは、人間は肉体の死とともに死ぬ運命にあると信じ込んでいる
ために、自分の肉体に必要以上に執着し、それを必要以上に喜ばせようとし
ています。彼らにとって、肉体は彼らそのものなのです。

　そして彼らは、肉体の崩壊の"近さ"と"避け難さ"を、必死に忘れよう
と努めてはいますが、それでもなお消えることのない死への恐れと、大切に
してきたあらゆるものを喪失する恐れによって、自分たちの最も楽しい時間
さえ曇らせています。

　まるで、彼ら自身の身勝手さの冷え冷えとした影が、無慈悲の神として、
絶えず彼らに付き纏（まと）っているかのようです。

　さらに彼らは、一時的な満足と贅沢（ぜいたく）の蓄積により、内側にある神性を麻痺（まひ）
させてしまっているため、物質性のなかに、すなわち、滅びる運命にある五
感的人生のなかに、日を追うごとに、より深くのめり込んでいきつつあり
ます。

　その結果、一部の知識人たちのあいだでは、肉体の不滅性を追求する理論
が、充分にありうることとして、もてはやされるようにさえなっています。

この宇宙内では、
"滅びる運命にあるもの"は"永遠に続くもの"にはなれず、
"永遠に続くもの"は決して滅びることがありません。

肉体を不滅にすることは誰にもできません。

　私たちの外側に広がる目に見える世界は、無数の"形を持つもの"で構成されていて、永続性を持ちません。すべてが常に変化を続けていて、それらが同じ状態を維持することは不可能なことです。永続性を持つのは"真理"の領域にあるもののみです。異なった多くのもので構成されているこの物質世界が象徴しているのは分離です。一方、それを存続させている"法則"が象徴しているのは和合です。

　五感と内側の身勝手さを克服すること（これは物質世界を克服することです）で、人間は分離意識と幻想のさなぎから脱出し、和合の輝かしい光のなかへと舞い上がります。そこは"真理"の領域で、そこからあらゆる"形を持つもの"が出現してきます。

　だから私は言い続けます。身勝手な自己を否定しましょう。動物的な習性を克服しましょう。束の間の喜びや贅沢の奴隷でいることを、すぐにでもやめましょう。そして、正しいこと、善いことを行い続けましょう。そうすることで、毎日、より高い善性を持つ人間へと成長していくことです。

　そしてそれを、"神の意識"のなかへと入っていけるようになるまで続けることです。

"神の意識"とひとつになることは、
永遠の生命のなかに戻ることです。

真の奉仕とは、無私の愛を実践することです。

　自分の身勝手さと休みなく戦い、それを無私の愛で置き換えようと努めている人たちは、たとえ貧しかろうと裕福であろうと、聖職者であろうとなかろうと、誰もがみな聖者の道を歩んでいます。

　人生の高みを目指し始めた人たちにとって、聖者たち、たとえば、心優しきアッシジの聖フランチェスコや、清き修道者、聖アントニウスといった人たちは、壮麗で輝かしい、心を大いに鼓舞される存在たちです。

　そして、その聖者たちが同じように強い憧れとともに仰ぎ見ているのが、賢者たちです。彼らは悲しみを完全に克服し、後悔や自責の念による苦しみからも完全に解放されている人たちであり、誘惑がもはや近づくことさえ許されない存在として、静かに神々しく座っています。

　そして、その賢者たちでさえ、深い敬愛の目で仰ぎ見ているのが、かの"救い主"です。"彼"は無私の活動を通じて自身の知識を精力的に表現するとともに、自らを人類の嘆き悲しむ心のなかに沈めることによって、自身の"善性"をより力強く世界に浸透させ、未だに人類を"善"へと導き続けています。

　無私の仕事のみが永遠に残り続けます。

義務が、たとえどんなに小さなものでも、
自己の利益を度外視する姿勢、
喜んで自己を差し出す姿勢とともに
遂行されている場所には、
真の奉仕と永遠に残る仕事が存在しています。

　義務は、"身勝手な自己の完全な追放"という極めて重要かつ神聖な課題に取り組むための道具として、人類に与えられています。この世界で聖者、賢者、あるいは救い主として敬われてきた人たちは、こぞって、この課題に自ら取り組み、見事にそれを成し遂げた人たちです。この世界のあらゆる聖典あるいは教典の、まさに中核をなすのがこの課題なのです。

　しかしこれは、ほとんどの人たちによって、冷笑とともに軽視されてきました。身勝手さの複雑極まりない道の上を歩いている彼らにとっては、あまりにも単純すぎる教えであるからです。

　この課題の達成を目指すことは、"真理"と"心の平和"への道を歩むことです。そしてこの道を歩み続ける人間は、遅かれ早かれ、誕生と死を超越した"永遠の生命"を実感することになります。と同時に、宇宙の神聖な秩序のなかでは、どんなに小さな努力も見過ごされることがない、ということも実感します。

　あらゆる心がそれ自身の神性を表現して"永遠の喜び"に包まれるまでは、この世界がその長い旅を終えることはありません。

清らかな心は、あらゆる宗教の最終目的であり、
神性復活の始まりです。

外側の世界は
絶え間のない混乱と変化で揺れています。
しかし、人類の心の中心には、
決して乱されることのない静けさがあります。
そしてその深い静寂のなかに
"永遠なるもの"は住んでいるのです。

　海のなかに、激しい嵐に見舞われてもまったく動ずることのない静かな深みがあるように、人間の心のなかにも、罪や悲しみが決して影響を及ぼすことのできない、静かで神聖な深みがあります。この静けさに到達し、そのなかで意識的に生きることが、心の平和を得ることです。

　外側の世界には不和が蔓延っています。しかし心の中心には、決して乱されることのない平和があり、それは外側で何が起こっても微動だにしません。人間の心は、無意識のうちに、罪が存在しないその平和に向かって手を伸ばしています。

　少しのあいだ、外側の物事から離れてみてはいかがでしょう。五感の喜びから、知識人の議論から、そして世界の騒音と興奮から離れ、あなたの心のなかの最も深い場所に、引き下がってみてはいかがでしょう。

　そこは、あらゆる身勝手な願望の指図から自由になれる場所です。そこであなたは、神聖な静けさ、至福の安らぎを見出すことでしょう。"真理"の誤ることを知らない目が、あなたの内側で開き、あなたに、あらゆる物事をありのままに見せてくれるはずです。

小さな子どもたちのようになることです。

憎しみは人生を切り裂き、
迫害を扇動し、
国家を悲惨な戦争へと駆り立てます。

　人々は叫びます。
「平和を我らに！　平和を我らに！」
　しかし、そうやって彼らが声高に叫んでいる場所に、平和は
訪れません。それどころか、怒り、憎しみ、不安、恐怖といっ
た、平和とは正反対のものばかりが引き寄せられてくるでしょ
う。怒りは怒りを、憎しみは憎しみを引き寄せます。理性を欠
いた感情が存在する場所に、持続的な真の平和は存在できない
のです。
　そして、社会的快適さ、束の間の満足、世俗的な勝利などに
起因する平和は一時的なものです。その種の平和は、厳しい試
練の火であっという間に焼き払われてしまいます。
　"天国の平和"のみが、あらゆる試練を耐え抜きます。そして
身勝手さを放棄した心のみが"天国の平和"を知ることができ
ます。
　善と正義と愛のみが、不滅の平和の源です。自己制御が、そ
れへと至る道です。"知恵の光"が明るさを増し続けながら、
その道を行く巡礼者を導いてくれます。その美徳の道に足を踏
み入れた人間は、ほぼその瞬間に、その平和をある程度は体験
することができます。しかしそれが完全に体験されるのは、清
らかな人生が完成し、身勝手な自己が消え去ったときです。

その内なる平和、その静けさ、その安らぎ、
その愛が存在している場所こそが"天国"なのです。

最高に輝かしい人生を
目指すことです。

　もしあなたが、決して終わることのない喜びと、決して乱されることのない安らぎを実感したいと思っているとしたら、もしあなたが、自分の罪、悲しみ、不安、混乱を、永遠に過去のものにしたいと思っているとしたら、もしあなたが、この真の救い、この最高に輝かしい人生を体験したいと思っているとしたら──
躊躇（ちゅうちょ）することはありません。身勝手な自己を放棄することです。

　あらゆる思い、あらゆる衝動、あらゆる願望を、自身の内側に住む神の力に、完璧に服従させることです。これ以外に心の平和への道は存在しません。

　もしあなたがその道に入ることを拒んだとしたら、たとえどんなに頻繁に祈り、どんなに真剣に儀式に臨んだとしても、何の効果も現れません。あなたがその道を歩み始めないかぎり、それらの行為が善い実を結ぶことは決してなく、いかなる神々も天使たちも、援助の手を差し伸べてくることはないでしょう。

　身勝手な自己を放棄した人間のみが、「口にすることさえ恐れ多い名前」が刻まれた、白い石を授けられます。

あなたの内側にある神聖な場所が、あなたの真の自己、
永遠に持続する意識です。それが、あなたの内なる神です。

“善の法則”は、
　粘り強く続けられる
“善”の実践がなければ
　理解されることがありません。

　　教師は、生徒たちに、漠然とした数学理論を決して最初からは教えようとしません。そのような教え方の無益さを知っているからです。

　　そこで教師は、まず最初に、とても簡単な計算問題を生徒たちに示し、その解き方を説明してから、同種の問題を彼ら自身に解かせます。そして、失敗と新たな挑戦が繰り返されたあとに、彼らがそれを完璧に解けるようになると、続いて、より難しい課題が提示されます。これが繰り返され、その都度、より難しい新たな課題が提示されます。

　　そして、生徒たちが長期にわたる粘り強い努力の末に、基本的な計算法のすべてを習得するに至って初めて、教師は、それらの計算法の下に横たわる数学理論を彼らに明かします。

実践が常に知識に先行します。
この世界のありふれた知識を得るときにも、
心に関する知識を得るときにも、
より気高く生きるための知識を得るときにも、
それは同じです。
この法則も、あらゆる場所で
常に厳格に機能しています。

人間は、
正しいことを毎日、毎時間、
実践し続けることによってのみ
"真理"に到達することができます。

　正しく営まれている家庭において、子どもはま
ず、親の言うことを素直に聞くよう、そして、ど
んなときにも礼儀正しく振る舞うよう教えられま
す。そのとき子どもは、なぜそうすべきなのかは
聞かされません。ただそうするよう命じられるだ
けです。そして、言われたことを概ね行えるよう
になったときに初めて、なぜそうすべきなのかを
教えられます。

　どんな親も、子としての義務と社会的礼儀の実
践を求める前に、道徳の法則を子どもに教えよう
とはしないはずです。

　"正しいこと"は、"行うこと"によってのみ、
それと知られます。そして、"真理"を正しく理
解することができるのは、正しいことを常に行え
るようになった人間のみです。

　正しいことの完璧な実践の先には、"真理"に
関する完璧な知識があります。

失敗にひるまないことです。
困難に果敢に立ち向かうことで、
心を強化し続けることです。

正しい行いの素晴らしさを味わうことです。

無知と心の〝悪〟を滅ぼし、知識を強化することです。

　"愛"がある場所には"神"と"キリスト"がいます。"善"が実践されている場所にも、"神"と"キリスト"がいます。身勝手な自己と日常的に戦い続ける人間は、"真理"とひとつになるために心をつくり替えていて、それをいつしか必ず達成することになります。

　心の最も深い場所に住む"キリスト"を実感している人たちは、"神"とひとつになっています。もはや彼らは、"神"から分離することがありません。身勝手な自己を完全に制圧し、内側であらゆる不和を消滅させている彼らは、このうえなく神性な人生を歩んでいます。

　彼らは、憎しみと怒りを追い払い、"神"と"善"に刃向かう強欲、優越感、肉欲などを葬り去った人たちであり、永遠に続く深い平和に包まれています。内なる罪を完全に追放している彼らは、今や苦悩と悲しみから永遠に解放され、終わることのない喜びに浸っています。

　清らかになった心には"神"が訪れ、そのまま住み着きます。"神の道"を行く人間だけが、"神のなかにいるキリスト"とともに歩む、このうえなく安らかな人生を手にできます。

心を清らかにすることは、人生を、
豊かさ、喜び、美しさ、
そして不動の平和で満たすことです。

193

心を刺激して、生き生きと活動させることです。

心を制御する行程の第一歩は、怠惰性、すなわち怠け癖の克服です。これは最も容易な一歩かもしれませんが、最も重要な一歩でもあります。これを完全に達成しないかぎり、他のどんな一歩も踏み出すことができないからです。怠惰性にしがみつくことは、"真理"へと続く道の入り口に、難攻不落の城壁を築くようなものです。

怠惰性を如実に示す行為としては、肉体にそれが必要としている以上の休息と睡眠をあげること、行うべきことの実行をだらだらと先延ばしにすること、速やかに注意を向けてしかるべき物事を無視すること、などが主なものです。

怠け癖を克服するには、それらと正反対のことをすればいいのです。これは誰もがすぐにでもできることです。

まず、肉体に毎日、それが活力を取り戻すために"ちょうど必要な量"の睡眠を与えるようにすることです。そうすることで、肉体を毎朝、早い時刻に起き上がらせます。そして、あらゆる仕事と義務を、それらが目の前に現れるや、速やかに、精力的に行うようにする。これだけでいいのです。

心は、過度の肉体的欲求に囚われているかぎり、
その機能を決して充分には発揮できません。

194

ぼんやりとした心は、
いかなる種類の成功にも寄与しません。

　成功は、特定の方向に向けられた鋭敏な熟慮のなか
に根を張っています。成功は、本質的には、外側の特
定の状況のなかにではなく、それに関わる個人、ある
いは個人たちの心のなかに存在するものです。

　成功は確かに、外側の目に見える状況としても出現
します。しかし、外側に現れたその成功は、それを理
解し、喜び、活用することのできる心がなければ、何
の意味もないものです。

　あらゆる成功の根っこには、正しく管理され、正し
く導かれた、思いのエネルギーが存在しています。そ
して、どの成功の道の上にも、熟慮によって練り上げ
られた綿密な計画が存在しています。

　成功は花のようなものです。それは、いきなり現れ
たかのように見えたとしても、一連の長期にわたる努
力の最終生成物なのです。

　人々の多くは成功を見るのみで、そのための努力に
は目をやりません。そこに至るまでのあいだになされ
た、心と肉体による一連の粘り強い活動に目をやるこ
とのできない人たちは、成功とは無縁の人たちです。

真摯な努力なくして、
価値のある物事は何ひとつ成し遂げられません。

質の高い成功を達成するには、不安、急ぎすぎ、騒々しさを放棄しなくてはなりません。

特定の道の上を一心不乱に粘り強く前進していくことは、その道の先にある目的地に確実に近づいていくことです。その道から頻繁に離れること、あるいはその道を後戻りすることは、努力を実りのないものにすることです。それではいかなる目的地にも近づけず、成功はいつになっても"はるか遠くにあるもの"のままです。

"努力、続いて努力、続いてさらなる努力"が、成功の基本法則です。「失敗してもひるんではならない。すぐに新たな試みに打って出ることだ」という古来の金言もあります。

ビジネス分野の成功者たちがこぞって従ってきた"成功のための指針"は、そのすべてが"行うこと"に関するものです。賢い教師たちによる"教え"も、すべてが"行うこと"に関するものです。"行うこと"をやめることは、人生を無駄に生きることです。"行うこと"すなわち努力、あるいは"骨折り"がなければ、人生は何の意味もないものになってしまいます。

激しく消耗されるだけで
何の役にも立っていないエネルギーを、
使用されるたびに強化されていく、
消耗を知らない、より深い、
より穏やかな種類のものに変換することです。

静かで穏やかな人間は、
騒々しくて落ち着きのない人間と比べて、
より持続的な成功を
達成する傾向にあります。

　　銅貨を銀貨と交換すること、あるいは銀貨を金貨と交換することは、お金の使用をやめることではありません。それを行った人間は、価値の低い硬貨の大きくて重たい集団を、より軽くて小さくて価値のある1枚の硬貨と交換しただけのことです。

　　同じように、急ぎすぎを落ち着きと、そして落ち着きを穏やかさと交換した人間は、努力をやめたのではなく、拡散しがちで効果の低いエネルギーを、より集中して流れる効果的で価値のあるエネルギーと交換したに過ぎないのです。

　　ただし、最初は荒削りな努力も必要です。というのも、それとともに始まらなければ、より高いレベルのいかなる形態の努力も、行うことが不可能であるからです。子どもは歩けるようになるまでは、這って移動しなくてはなりません。話せるようになるまでは、片言を言わなくてはなりません。作文を書けるようになるまでは、話すことしかできません。

　　人間は弱さのなかでスタートし、自分が行う努力によって進歩を遂げながら、徐々に強さを獲得していきます。

成功は人格のなかに根を張っています。

私たちに苦悩をもたらす“法則”は、私たちを支援する法則でもあります。

私たちが“法則”に関する無知ゆえに自滅しようとしているとき、その“法則”の“どこまでも伸びる腕”が近づいてきて、ときには苦悩の形を取ることがあっても、常に深い愛に満ちた援助の手を、私たちに差し伸べてきます。

私たちが体験するあらゆる苦悩が、有意義な知恵の獲得へと私たちを導きます。

私たちが体験する持続的な喜びのすべてが、その“法則”は常に完璧に機能しているのだということを、私たちに知らしめます。それはまた、神聖な知識の“継承者”に返り咲いた人間が体験することになる“至福”の壮大さを、私たちに垣間見せることもします。

私たちは学ぶことによって進歩します。そして私たちは、特定のポイントまでは、苦悩から学びます。しかし、心が愛によって成熟させられるにつれ、果てしない優しさに満ちた“愛の法則”を実感するようになります。知恵が獲得されると、心の平和が促進されます。

私たちには、完全かつ完璧な“法則”を変えることはできません。しかし、私たち自身を変えることはできます。

その法則に関する理解を徐々に深めていくことで、いつしかその法則の壮麗さを自分のものにすることのできる人間に、私たちは変わることができるのです。

完全なものを不完全にしたいと願うことは、愚かさの極みであり、不完全なものを完全にしようと努めることは、賢さの極みです。

宇宙観測の
専門家たちにとって、
宇宙の完全性は
常に畏敬の対象です。

　宇宙観測の専門家たちは常に、宇宙を、不完全な断片群の寄せ集めとしてではなく、ひとつの"完璧な全体"として見ています。"偉大な教師"たちは、宇宙の完全性を実感していたために、どんなときにも持続する喜びと天上の平和に包まれていました。

　無知ゆえに不純な願望に囚われている人たちは、こう叫ぶかもしれません。「ああ愛よ！　あなたと私が"彼"と協力し合えば、この宇宙に蔓延（まんえん）する悲しむべき状況を粉々に砕いて、ここを我らの望み通りの場所につくり替えることができるのではありませんか？」これは"放蕩息子（ほうとう）"の願望です。不浄な喜びを追求する一方で、痛みを伴うその結果は体験しなくてもすむと考えている、"法則"に著しく反した願望です。

　宇宙は不完全だと考えているのが、このような人たちです。そして彼らは、宇宙を自分たちの意志と願望に従わせたがっています。完全なものを不完全なものに変えたがっているのです。

　しかし賢者たちは、自分たちの意図と願望を常に"神の秩序"に委ねていて、宇宙を無数の部分からなる輝かしい完全体として見ています。

これに気づくことは、至福に手を伸ばすことであり、
これを実感することは、
深い心の平和のなかで永遠の至福を味わうことです。

7月

知恵はあらゆる哲学の目的です。

人間はどのような状況のなかでも、知恵を育むことができます。ただし、そうできるのは、あらゆる状況を、自分をより強く、より賢くするために利用できる人間のみです。

常に見返りを期待する不純な思いや、状況が悪化することへの臆病な不安などは、永遠に追放してしまいましょう。そして、目先の利益と、束の間の無益な喜びのことは忘れ、意気揚々と、あらゆる義務の誠実な遂行に努めながら、力強く、清らかに、慎み深く生き続けましょう。そうすればあなたは、いずれ間違いなく、不滅の知恵と不滅の忍耐、そして不滅の強さを身につけることができます。

"義務"と"理想"を見出せない状況に、これまで人間は一度も遭遇したことがありません。そして、美しいもの、恵まれたもののすべてが、あなたの隣人の富のなかなどにではなく、すでにあなた自身のなかにあります。これを忘れないことです。

あなたは貧しいのでしょうか？ あなたは、あなたの貧しさよりも強くないときには、まさしく貧者です。あなたは不運に苦しんできましたか？ 教えてください。不運を克服しようとして、それに不安を付け加えたりはしてきませんでしたか？

どんな状況にも賢く対処することです。それによって霧散してしまわない"悪"は何ひとつ存在しないのですから。

割れた花瓶を悲しみの涙で修復することは
誰にもできません。

柔和な人間の、
なんと強いことでしょう。

　他人を力で屈服させる人間は、強い人間かもしれ
ません。しかし、身勝手な自己を柔和さで屈服させ
た人間の強さは、"無敵の強さ"です。他人を力で
屈服させる人間は、いつかは自分自身が、同じよう
にして屈服を強いられることになります。しかし柔
和さで自分自身を屈服させた人間は、誰にも屈服さ
せられることがありません。神聖なものを屈服させ
ることは、誰にもできないからです。

　柔和な人間は、敗北のなかでも勝利者です。ソク
ラテスは死に追いやられたあとで、それまで以上に
生き続けています。磔にされたイエスのなかから
は"キリスト"が出現し、今に至っています。石打
ちの刑に処せられた聖ステパノは、石打ちの醜い力
を、今でもまだ払いのけ続けています。

　"法則"と調和した永遠に"善いもの"は、破壊さ
れることがないのです。破壊されるのは"法則"と
調和しないもののみです。"法則"を信頼し始めた
ときから、あなたは柔和になります。

　それでもなお、あらゆる闇の力が、あなたに向か
って押し寄せてくるでしょう。しかしそれらは、す
ぐにあなたのもとから立ち去っていきます。もはや
あなたを傷つけることができないからです。

柔和さは神の資質のひとつであり、
それゆえに途方もない力を秘めています。

身勝手な自己を放棄した人間には、
すべての真実が漏らされます。

　内側の"悪"を次々と葬り去りながら、あらゆる幻想の
ベールを次から次へと取り払っていくと、あなたはやがて、
いちばん奥にある"神の心"へと到達します。

　そこであなたは"生命"の本質とひとつになることで、
自分の永遠性を実感することになります。そのときあなた
は、自分自身のことも、他人のことも、そして世界のこと
も、もはやまったく心配していません。自分が永遠の存在
であることとともに、発生するあらゆる物事が、"大法則"
に従って出現していることを、身をもって知るに至ってい
るからです。

　あなたは優しさに包まれ、人々が罵っている場所では感
謝し、人々が憎んでいる場所では愛し、人々が責めている
場所では許し、人々が先を争っている場所では道を譲り、
人々がしがみついている場所では手を放し、人々が獲得し
ようとしている場所では身を引くようになります。

　人々のその、いかにも強そうに見える振る舞いは、弱さ
の印であり、あなたのいかにも弱そうに見える振る舞いは、
強さの印です。そうなのです。あなたのほうが圧倒的に強
いのです。

　「それゆえ、神は人間を救おうとするとき、優しさで包み
込むのです」

不滅の優しさを持たない人間は、
"真理"を生きていません。

悪いことを
何もしない人間が、
どうやったら
怖がることが
できるのでしょう？

"正義の人"たちは無敵です。いかなる敵にも、制圧されることはもとより、混乱させられることさえありません。彼らの防具は、彼ら自身の誠実さと気高さであり、それ以外の防具は、彼らには必要ありません。

"悪"が"善"を制圧することは不可能であるように、"正義の人"が"不正義の人"に屈服させられることはありえないことです。

悪口、嫉妬、嫌悪、悪意などは、決して彼らに届かず、彼らをどんな苦悩にも追いやることがありません。彼らを傷つけようとする人たちが、最終的にうまく行えるのは、自分たち自身に恥辱をもたらすことのみです。

"正義の人"たちは、隠し事を何ひとつせず、人目を忍んで何かを行うことも、知られたくない思いを抱くこともないために、恐れることも恥じることもありません。

彼らの足取りは常にしっかりとしていて、その肉体は直立し、話す言葉は常に率直で明瞭です。誰と話すときにも、誰の話を聞くときにも、その目は相手の目を見つめています。誰をも欺くことのない人間にとって、他人の前で下を向くことなど、とうていありえないことです。

人間は悪いことを何ひとつしなくなると、
誰からも悪いことをされなくなり、欺くことを何ひとつしなくなると、
誰からも欺かれなくなります。

宇宙が存続しているのは、
その中心に愛が存在しているからです。

"天の国"に住む"光の子ども"たちは、宇宙全体と、そのなかにあるすべてのものを、"愛の法則"の表現として見ています。彼らは"愛"を、この宇宙の万物を貫いて存在する、"形づくらせ、存続させ、保護し、完成させる"力として見ています。

彼らにとって"愛"は、単に人生のルールであるばかりでなく、人生の"法則"であり、"生命"そのものです。この知識を持つ彼らは、自分たちの人生全体を、利己的な指針群にではなく、"愛"という唯一の指針に従って調整しています。

彼らは常に"至高なるもの"すなわち"神"への服従を実践し、その結果として、"愛の力"の意識的な共有者となり、"運命の主人"として"完璧な自由"を体験するに至っています。

"愛"は"完璧な調和"であり、"純粋な至福"です。そのために、そのなかには苦悩の要素が何ひとつ存在していません。

よって人間は、"純粋な愛"に従っていない思いと行いを、心と人生のなかからすべて排除してしかるべきです。そうすることで、あらゆる苦悩から解放されることになるのですから。

愛は宇宙の存続を可能にしている
唯一の力です。

"神の愛"を知ることは、この宇宙内に有害な力は存在しないという事実を知ることです。

"神の愛"を知りたい、その不滅の至福を味わいたいと思うのなら、"愛"をまず自らの行いを通じて実践しなくてはなりません。自分が"愛"にならなくてはなりません。"愛"の精神から常に行動する人たちは、決して孤立することがなく、彼らが困難な状況のなかに取り残されたりすることは、ありえないことです。というのも"愛（無私の愛）"は"知恵"と"力"であるからです。

"愛"の実践法を習得した人間は、あらゆる困難の克服法、あらゆる失敗を成功に変える方法、あらゆる出来事や状況に、恵みと美しさの衣を着せる方法を、習得した人間です。

"神の愛"へと至る道は自己制御の道です。"愛"を実践しながらその道を進む人間は、持続的に知恵を育みながら、自分自身を持続的に強化していきます。そしてやがて"神の愛"にたどり着いた人間は、自分が勝ち取ったその神性な"力"ゆえに、心と人生の完全な"主人"となることを許されます。

その"完璧な愛"は、どんな恐れもたちどころに追い払ってしまいます。

"完璧な愛"を実践することは、
あらゆる害悪から自由になることです。
自身の内側で有害な思いと
願望をすべて破壊した人間は、
宇宙によって常に守られることになります。

悟りとは完璧な自由を獲得することです。

"天国"における暮らしのなかには、いかなる束縛もありません。そこには"完璧な自由"があります。それがその国の最大の誇りです。この"至高の自由"は、"大法則"に服従することによってのみもたらされます。"至高なるもの"の"至高なる協力者"に服従する人間は、内側のあらゆる力と、外側のあらゆる状況の"主人"として君臨することになります。

人間は時として、"低俗"を選択して"崇高"を無視することがあります。しかし"崇高"は、決して"低俗"には制圧されません。真の自由を得るためのヒントがここにあります。真の自由を得たがっている人たちへの、私からのメッセージはこれです。

"崇高"を選択し、"低俗"を放棄することです。そうすればあなたがたは、自分を人生の統治者の地位に就けることができます。それは"完璧な自由"を得ることです。

身勝手な思いに手綱を預けること、これのみが、人間が奴隷になるための道です。自分自身を正しく制御すること、これのみが、自由を得るための道です。

身勝手な自己の奴隷となっている人たちは、自分を縛っている鎖を愛しています。そして、自分がしがみついている刹那的な喜びを取り上げられたくないために、鎖のほんの一部さえも壊そうとしていません。そうやって彼らは、自分自身の奴隷で居続けることを選択し、苦悩に満ちた不自由な人生を自らに強いているのです。

"完璧な自由の国"は
"知識の門"を抜けたところにあります。

身勝手な自己から解放されたときにのみ、
人間は自由になります。

　外側における束縛は、内側における"真の束縛"の影に過ぎません。

　不自由な人生に苦悩する 夥 しい数の人々が、いくつもの時代にわた
り、自由を求めて叫んできました。そして、人工の"自由の彫像"がい
くつも立てられてはきたものの、それらの彫像には、彼らに自由をもた
らす力がないことを、時代は証明してきました。彼らに自由をもたらす
ことができるのは、彼ら自身のみであるということを、彼らが知ってさ
えいれば、状況は変わっていたかもしれません。

　人間が自由を得られるのは、自分の心のなかにある"神聖な彫像群"
に服従することによってのみなのです。内側が自由になれば、束縛の影
に人生を暗くされることはなくなります。自分自身を束縛することがな
くなった人間は、誰にも束縛されることがなくなります。

　人間社会は、外側における自由の保障を法制化してきました。しかし
その自由を、内側における束縛を放置することによって、達成が不可能
なものにし続けてきました。

　人々の多くは、未だに、外側にある"影"を取り除こうとして躍起に
なる一方で、内側にある"実体"には目を向けようとさえしていません。

　人間は、内側で理性を欠いた感情、身勝手な思い、無知などの奴隷で
居続けることをやめたときに初めて、外側におけるあらゆる形態の束縛、
あるいは不自由さから解き放たれることになります。このことを是非、
彼らには知って欲しいものです。

自由とは、内側で勝ち取るものです。

偉大な人たちは、
常に子どものように純真であり、
生き生きとしていて、
いつまでも若々しい人たちです。

　偉大な人たちは常に善良で、彼らの人生はとても単純です。彼らは、
内側にある、決して失われることのない"善性"を常に表現しながら
生きています。いや、むしろその善性のなかで生きています。

　彼らはその"神聖な場所"で暮らしながら、この世を去った偉大な
人々とも交流しています。それらの見えない偉人たちとともに生きな
がら、"天国"の空気を吸い、常に創造的な刺激を受けています。

　偉大になりたがっている友人には、善良な人間になる方法を学ばせ
ることです。それを学んだならば、人間は偉大さを追求せずに、偉大
になれます。大きなことに的を絞ると、人間は小さなことしか達成で
きません。でも、小さなことに的を絞ると、大きなことを達成します。

　偉大な人間になることを目標として掲げることは、弱さの表れです。
虚（ひな）しさと身勝手さの表れでもあります。周囲からの注目を避けようと
する意識の"存在"と、外側の力を拡大しようとする意識の"不在"
が、偉大さの証（あかし）です。

　弱い人間は権威を愛し、それを追求します。しかし偉大な人間は決
して権威を追求しません。そしてそれゆえに、後の時代に権威として
崇（あが）められるのです。

身勝手な自分ではなく、善良な自分のみを生きることです。
そうやって単純に生きることです。
そうすればあなたは、偉大な人間へと自然に成長していきます。

円熟した完璧な偉大さは、
どんな芸術作品よりも美しい輝きを発します。

　もしもあなたが"神の言葉"を説きたいのなら、自分自身のこと
は忘れて、その"言葉"になることです。

　あなたはまず、ある重要なことを知っておく必要があります。
「人間の心はそもそも善良であり、神聖である」という事実をです。
そして、徹底して"愛"を生きることです。それを実践し続けるこ
とです。あらゆる人たちを、彼らのなかに悪を見たり、その存在を
疑ったりすることなく、常に愛することです。

　そうすれば、あなたがほんの僅かしか話さなくても、あなたのあ
らゆる行いが力となり、あなたの口から出る言葉はすべてが教えに
なります。そうやってあなたは、自身の清らかな思いと私心のない
行いによって、たとえそれらが目立つことがなくても、向上心を持
つ無数の人々に、いくつもの時代を超えて"言葉"を説き続けるこ
とになるでしょう。

　"善"を選択し、それと相容れないすべてのものを犠牲にする人間
は、あらゆる価値のあるものを与えられます。そのときその人間は、
"最高のもの"の所有者となり、"至高なるもの"と親しく交流しな
がら、"偉大な存在"たちの仲間に加わります。

完璧な偉大さは完璧な善性の表れです。
"人類の教師"として敬われている存在たちはみな、
この偉大さを身につけるに至った人たちでした。

あらゆる自然の法則が、
心の世界のなかでも
機能しています。

　思いは種です。それは心のなかの土壌に蒔かれて発芽したあと、徐々に丈を伸ばして成長の最終段階へと至り、その性質に応じて、善い行いか悪い行い、賢い行いか愚かな行いの花を咲かせ、その後間もなく、他の多くの心のなかに蒔かれうる種として、その生涯を終えることになります。

　人生の教師たちは、思いという種の蒔き方をよく知る、心の世界の農学者たちです。そして、その教えを意欲的に学んで実践する人たちは、自分自身の心の畑を正しく管理する賢い農民たちです。

　思いの成長は、植物の成長とうりふたつです。思いという種も、正しい季節の訪れとともに正しく蒔かれなくてはなりません。そして、それが知識という長い茎と、知恵という美しい花へと成長するまでには、それ相当の時間が必要とされます。

目に見えるものは、
目に見えないものを映し出す鏡です。

生産性を求められるエネルギーにとっては、
善い結果の方向に導かれることのみならず、
注意深く制御され、
強められることも必要なことです。

「しっかりと目覚めていることです」

　あの"偉大な教師"が生徒たちに与えたこの助言は、人間が目的を達成するためには、疲れを知らないエネルギーが不可欠である、ということを簡潔に表現したもので、セールスパーソンにとっても、聖者たちにとってと同等に価値のあるアドバイスです。

「不断の警戒が、自由の代価です」とも"彼"は言いました。

　粘り強い努力によって価値のある目標を達成することは、自由を得ることです。同じ教師が語りました。

「行うべきことがあるときには、どんなことでも、速やかに、そして精力的に行わなくてはなりません」

　このアドバイスの知恵は、速やかに精力的に行動することの価値が実感されたとき、すなわち、エネルギーは正しく使われれば使われるほど、その量を増してくるということが実感されたときに、完全に理解されます。

　より多くのエネルギーを得るためには、すでに持っているエネルギーを最大限に活用しなくてはなりません。行うべきことを精力的に行う人間にのみ、力と自由はもたらされます。

騒々しさと急ぎすぎは、
大量のエネルギーを無駄遣いすることです。

騒々しい声や動作を力の表れだと捉えることは、ひどい思い違いです。

穏やかさが存在する場所には、大きな力が存在します。穏やかさは、粘り強く躾けられて鍛えられた強い心の、確かな印です。

完璧に穏やかな人たちは、自分の仕事を知っています。そのやり方を完璧に知っています。言葉は多くありませんが、それですべてを語ります。彼らの計画はよく練られていて、正しく整備されている機械のように、いつも滑らかに作動します。

彼らはずっと先のことまで予想しながら、自分の目標に向かってまっすぐに進んで行きます。そして、敵（困難な状況）が出現したときには、それを友人に変えてしまい、有効に利用します。というのも、遭遇した敵と仲良くなる方法を、彼らはすでにしっかりと学んでいるからです。

賢い将軍たちのように、彼らは、起こりうるあらゆる危機を、前もって想定しています。彼らはまさしく、"常にあらゆる準備を整えている人たち"なのです。

彼らは日常的な瞑想のなかで、何名もの助言者たちと様々な原因についてじっくりと協議し、起こりうるあらゆる偶発的出来事の傾向を、前もってしっかりと把握しています。

よって彼らは、突然の出来事に遭遇しても、まったく動じません。決して慌てません。彼らの不動性は常に安全に保たれています。そして言うまでもなく、彼らは常に、静かな自信に満ちています。

仕事をしている蒸気は音を出しません。
騒音を発するのは、仕事場から脱走中の蒸気です。

エネルギーは〝繁栄の神殿〟の大黒柱です。

穏やかさとは、生気を欠いた弱々しい〝おとなしさ〟などではなく、極限まで濃縮されたエネルギーです。

ここに、騒々しくて、怒りっぽくて、いつも苛（いら）ついている男がいます。彼は、いかなる影響力も持っていません。彼が得意にしていることは、人々を引き寄せることではなく、人々に逃げられることです。そして彼には、どうしても理解できないことがあります。

「あの〝のんびり屋〟の隣人が、あんなに成功している。なぜなんだ？　そしてあんなに人気がある。なぜなんだ？　それに引き換え、自分はこんなに努力しているのに、失敗ばかりで、誰も寄りつかない。いったいなぜなんだ？」

彼が成功できないでいるのは、いつも急いでいて、心配ばかりしていて、頻繁にトラブルを起こしているからです。そして彼は、それを〝努力〟だと勘違いしているのです。

一方、彼の隣人は穏やかな人間です。そして、実は〝のんびり屋〟などではなく、じっくりと考えて計画を練り、行うべきことを効率的にこつこつと行い続ける、冷静で強い人間なのです。これが、彼に成功と影響力をもたらしている理由です。

彼のエネルギーは正しく制御され、正しく用いられています。一方、先の騒々しい男のエネルギーは分散しているうえに、誤った方向に用いられています。

エネルギーの少なさは、能力の少なさを意味します。

215

浪費家は裕福になれません。
たとえ裕福な生まれでも、
いずれは貧しくなる運命にあります。

　貧しい人たちが裕福になるためには、"どん
底"からスタートしなくてはなりません。彼ら
がしてはならないことは、自分の財力を超えた
出費をすることで、自分を裕福に見せようとす
ることです。

　どん底には常に広いスペースがあり、そこは、
スタートを切るにはとても安全な場所です。そ
こから下には何もなく、そこから上にはあらゆ
るものがあるからです。

　若い実業家たちの多くが、虚勢と見栄を張る
ことで、ほぼ即座に深い苦悩を味わうに至って
います。成功するには虚勢と見栄が必要だとい
う愚かな空想が、その原因です。しかしそれは、
他の誰でもなく自分自身を欺く行為であり、そ
の実行者を、速やかに破滅へと導きます。

　どんな分野においても、控えめで正直な始ま
りのほうが、身分や自己価値の誇大広告よりも、
成功をはるかに可能性の高いものにします。

節約と思慮深さこそが、
富への道を歩むための秘訣です。

不必要に高価で派手な
服装をしたがる〝虚栄心〟は、
不道徳のひとつであり、
徳の高い人々には無縁のものです。

　華美な衣類や宝飾品で、これ見よがしに身を飾ることは、低俗で浅はかな心の表れです。

　慎み深く教養のある人たちは、派手さを抑えた、自分に似合う上品な衣服を好んで着用し、彼らの余分なお金は、教養と徳をよりいっそう高める目的で、賢く費やされます。

　彼らにとって教育と人間的成長は、虚栄心を満たすだけの不必要な服装よりも、はるかに重要なことです。彼らの興味は、文学、芸術、科学などにも向けられています。

　身嗜みとは、本来、心と行いのなかでなされるべきものです。美徳と知性で飾られている心は、充分に魅力的であり、肉体をこれ見よがしに飾り立てたとしても、その魅力が増すわけではありません（それによって魅力が減ることはありえます）。

慎み深い服装は、慎み深い心の表れです。

失ったお金は取り戻すことができます。
失った健康も取り戻すことができます。
しかし失った時間は、
取り戻すことができません。

　毎朝早い時刻に起床し、考えたり計画したりするための時間──熟慮と吟味と予想のための時間──をしっかりと確保している人たちは、毎朝ずるずるとベッドに横たわっていて、朝食の直前にようやく起き上がる人たちよりも、仕事を行う能力の面でも、達成しうる成功の規模の面でも、はるかに先を行くことになります。

　朝食の前にこのようにして費やされる1時間は、彼らの成功に間違いなく貢献することになる、極めて貴重な時間です。

　それは、心を穏やかにし、明晰（めいせき）にするための時間でもあります。そしてさらに、自分のエネルギーがより力強く、より効率的に働くよう、調整するための時間でもあります。

　最高の、そして最も持続する成功は、朝の8時前につくられる成功です。午前6時に仕事を始める人間は、8時までベッドのなかにいる人間よりも──他のあらゆる条件が同等だったとしたら──成功への階段を間違いなく早く上り切ることができます。

　1日を長くすることは誰にもできません。

知恵は熟練技能の生みの親です。

　何を行うにも、"ひとつ"の正しい方法と、1000の誤った方法があります。これはどんなに小さな作業にも当てはまることです。

　熟練技能は、ひとつの正しい方法を見つけることと、それを行い続けることによって培われます。

　未熟な技能の持ち主たちは、1000の誤った方法のどれかを用いて、困惑のなか、未熟な仕事を続けます。そして彼らは、正しい方法を示されても、それを採用しません。思慮を欠いているために、自分はやり方をいちばんよく知っていると考えているからです。そのように考えることで、自らを、正しいやり方を学ぶことが不可能な場所に配置してしまっているのです。たとえその仕事が、窓拭きや床掃除といった極めて単純な作業であっても、そうなのです。

　思慮の欠如と技能の未熟さは、あまりにも一般的です。よって、思慮深さと熟練技能の活躍場所は、この世界にはたくさんあります。

　従業員を雇っている人たちは、有能な人材を獲得することが、いかに難しいことかを、よく知っています。優れた従業員は、たとえ道具を使う仕事であっても、脳を使う仕事であっても、体を使う仕事であっても、話す仕事であっても、それを最も効率的に行える方法を思慮深く、注意深く突き止め、それを行い続けます。

熟練技能は、思慮深さと粘り強い努力によって習得されます。

繁栄の大売り出しを期待しても無駄なことです。
そんなものは、そもそも存在しないのですから。

　泡の命が短いように、詐欺師の喜びも長くは続きません。よって、詐欺師たちが繁栄することはありえないことです。彼らは怒濤の勢いでお金を稼いだかと思うと、いつの間にか破滅しています。

　結局、詐欺師たちは何も獲得しません。永遠に獲得できません。彼らが偽って奪ったものは、間もなく、彼らが支払う重いペナルティーとともに、彼らのもとを離れていきます。

　そして詐欺師たちは、ペテン師という別名を持つ破廉恥な犯罪人たち以外にも存在しています。

　もしもあなたが、自分が与えているものの価値を超える額のお金を受け取っているとしたら、あるいは、受け取ろうとしているだけでも、あなたは今、自分では気づいていようがいまいが、詐欺を行っていることになります。

　特定の額のお金を、それに見合った仕事をしないで手に入れる方法をしきりに考えている人たちのすべてが、詐欺師です。彼らは、泥棒である詐欺師たちと心理的に親密に結びついていて、心を入れ替えないかぎり、いずれはそれらの悪漢たちの影響下に入り、彼らが行う詐欺の被害者になってしまうかもしれません。

真の繁栄は、
知的な労働の継続に道徳の力が加わることによって、
初めて達成が可能になります。

あなたが本物の誠実さを身につけると、
それは、あなたがどこにいるときにも
語りかけてきて、
あなたを常に正しい行いへと導きます。

　あなたが真の繁栄を遂げるためには、"誠実さ"があなたをすっぽりと包み込むとともに、あなたの人生のあらゆる細部にまで行き渡らなくてはなりません。

　そしてその誠実さは、もしもあなたが、巧妙に妥協を迫ってくるあらゆる誘惑を退けたいのなら、永続的で完璧なものでなくてはなりません。ひとつの場所で失敗することは、すべての場所で失敗することにつながるからです。

　強い圧力を受け、不正な誘惑に一度でも妥協してしまったら、その妥協は、たとえどんなに必要なことに見えたとしても、また、どんなに些細（さきい）なことに見えたとしても、誠実さの盾を投げ捨てることであり、"悪"の猛攻撃に無防備の状態で晒（さら）されることに他なりません。

　雇い主が近くにいなくても、彼が近くで目を光らせているときとまったく同じように、注意深く、誠実に仕事をする従業員が、低い地位に留（とど）まり続けることはありえません。このような誠実さを、日々の義務のなかで、そして仕事のあらゆる細部のなかでも示し続けたならば、誰もが速やかに、肥沃な繁栄の大地へと導かれることになります。

完璧に誠実な人たちは、
不滅の"法則"と完璧に調和して生きています。
彼らは、永遠の泉に養われる根と、いかなる大嵐にも
動ずることのない幹を持つ、強靱（きょうじん）な大木のようです。

無知な人たちは、
不正直こそが
繁栄への近道だと
空想しています。

正直さこそが成功への近道です。

不正直な人間は、悲しみと苦悩のなかで後悔することで、心を入れ替えます。しかし、正直に生きてきたことを後悔する必要のある人間は、1人もいません。

正直な人たちも、ときおり、活力を欠いたり、節約を怠ったり、手順を間違えたりすることで、失敗を体験します。しかし彼らは、そんなときにも、不正直な人たちとは違って、嘆き悲しんだりすることはありません。自分はいかなる人間も騙していないという事実を、常に喜ぶことができるからです。

正直な人間は、たとえ最悪の状況に陥ったとしても、自身の澄み切った良心のなかで安らぎを見出すことができます。

不正直な人間は
道徳的近視眼の持ち主であり、
身勝手に目先のことしか考えません。

完璧に誠実な人間は、無敵の強さを持つ人間です。

"無敵の強さ"は、輝かしい保護装置です。しかしそれは、完璧に誠実な人間しか守ってくれません。誹謗（ひぼう）、中傷、不実などによるどんな襲撃に遭遇したときにも、自身の誠実さを完璧に保持できることが、無敵であることの証です。

誠実さをほんの少し欠いただけでも、人間は攻撃されやすくなります。"悪"の矢尻が、アキレスの踵（かかと）を射抜いた矢のごとく、正確にその人間に突き刺さることになります。

純粋で完璧な誠実さは、あらゆる攻撃、あらゆる"悪"を物ともせず、その所持者が、恐れを知らない勇気と、このうえない冷静さをもって、あらゆる妨害や虐待に立ち向かうことを可能にします。

"法則"への忠誠を貫くことで実現する"心の強さと平和"は、いかなる才能、知性、あるいは商才によっても、もたらされることがありません。

高い道徳性に備わる力こそが、
最も強い力です。
"原因と結果の法則"は
"道徳の法則"でもあるのです。

223

感傷のなかには、
いかなる思いやりも含まれていません。

　感傷は"思いやり"とよく混同されますが、思いやりで
はありません。それは根を持たない花のように、すぐに萎
れてしまい、種も実も残すことができません。友人の死に
際して号泣することも、遠方からの悲報を受けて泣き崩れ
ることも、思いやりではありません。

　社会の残酷さや不正義を激しく糾弾する"自称"慈善家
たちが、たくさんいます。しかし彼らのその行為も、思い
やりのいかなる表れでもありません。

　しかも、慈善家を自認する彼らが、もしも私生活で虐待
を行っていたとしたら──配偶者に悪態をつき、子どもた
ちを殴り、召使いたちをこき使い、隣人たちを皮肉の槍で
突き刺していたとしたら──どうでしょう？　これもよく
聞く話です。

　自分の影響が直接及ぶ範囲の外側にいる人々に対する、
彼らの思いやりの表明は、偽善と呼ばずして何と呼べばい
いのでしょう？　周囲の世界の不正義と無慈悲さに対する
彼らの怒りの爆発は、いったいどれほど浅はかな思いやり
なのでしょう？　浅はかな思いやりは存在しません。

真の思いやりは、言葉ではとうてい表現し切れない、
深い優しさで、身勝手な自己と決別している
穏やかな人格によってのみ示されます。

思いやりの欠如は
身勝手さのなかから発生し、
思いやりは愛のなかから
発生します。

　思いやりは、私たちをあらゆる人々の心へと導くことで、私たちを彼らと心理的に結びつけます。そのときから、人々が苦悩すると私たちは痛みを感じ、彼らがうれしいと、私たちは彼らとともに喜びます。彼らが軽蔑され、虐待されると、私たちは心理的に彼らと一緒に深みへと降下し、自分たちの心のなかに、彼らの恥辱と苦悩を持ち込みます。

　そして、この結びつき──思いやりを通じた他の心との一体化──を体験しているとき、私たちは、けなすことも、非難することもしません。人々に対して残酷な審判を下すこともありません。というのも、そのとき私たちは、自分の心の優しさのなかで、常に、痛みのなかにいる彼らと一緒にいるからです。

　ただし、この成熟した思いやりに到達するためには、たくさん愛し、たくさん苦悩し、悲しみの闇のなかを、たくさん這い回る必要があります。

　この完璧な思いやりは、あらゆる種類の数多くの体験と“深い知り合い”になったときに、姿を現してくるのです。

　そのときにはもはや、傲慢さ、不親切さ、そして身勝手さは、心のなかに存在していません。そこまでのあいだにすべて燃え尽き、消滅しているからです。

思いやりとは、苦悩する人々との、愛を通じた一体感です。

優しさは洗練された心の認証印です。

　貪欲、意地悪、羨望、嫉妬、そして疑い深さ。これらには注意することです。これらを心に住まわせたりしたら、あなたが大切にしているもののすべてが盗み取られてしまいます。あなたが大切にしている物質的なものばかりでなく、あなたの人格内の神聖な要素群、そして幸せさえもです。

　心を、低俗な要素群による束縛から解放された、自由な状態に保つことです。手は気前よく差し伸べ、度量は大きく保ち、善意は素直に信じましょう。周囲の人々に、自分自身を惜しみなく与えましょう。それと、考える自由と行う自由も与えましょう。

　そうすればやがて、名誉と豊かさと繁栄が、まるで友人や客たちのように、あなたの扉をノックし、あなたの人生のなかに入る許可を求めてくることになります。

　優しさは神性の表れです。

226

優しい人たちの善い行いは、
純粋に思いやりと親切心から出ています。
よって彼らは、
家柄の善し悪しにかかわらず、
常に人々から愛されます。

　優しさを極めた人たちは、言い争いをすることがありません。強い言葉を受けたとしても、決して強い言葉を返しません。それを静かにやり過ごすか、優しい言葉で応じるかのどちらかです。優しさの力は、怒りの力をはるかに凌ぎます。

　優しさは賢さの伴侶です。完璧に優しい人間は、完璧に賢い人間でもあり、自分自身のあらゆる怒りを制圧してきた体験を持つために、周囲の人たちの怒りを制圧する方法も知っています。

　優しい人たちが、議論や争い事に巻き込まれることは、ほぼありません。しかし粗暴な人たちは、自らそれらのなかに飛び込んで自分を苦しめます。そうやって彼らが不必要な緊張や興奮でエネルギーを無駄遣いしているあいだも、優しい人たちは、冷静さと穏やかさを保ち続けます。

　そしてその冷静さと穏やかさには、人生という戦場で勝利を得るためには不可欠な、素晴らしく強い力が備わっています。

議論は心と心を遠ざけ、
優しさは心と心を結びつけます。

227

骨董品であれ人間であれ、
偽造品には価値がありません。

　私たちは常に本物でいなくてはなりません。これはとても大切なことです。自分ではない人間を演じるのではなく、ありのままの自分でいることです。持っていない長所を持っている振りをすることで、自分を実際以上に大きく見せようとすることは、自分を偽装することです。これは絶対にやめなくてはなりません。

　偽善者たちは、ありとあらゆる場所で機能している永遠の"法則"を騙すことができると考えています。しかし、彼らが騙し通すことのできる相手は、彼ら自身のみです。そしてそれに対して、永遠の"法則"は常に正しい罰を科してきます。

　ある古来の教えは、「自分を偽る人間は滅ぼされることになる」と語っています。これが現実的に意味していることは、「自分を偽装する人間はやがて、最悪の状況へと転落していく」ということです。ただし、そのときその人間は、そして実は以前から、見方によっては、滅んでいる、すなわち死んでいると同じことです。そこにいるのは、その人間の"まがい物"であるからです。

完璧に正直な人たちは、
周囲の人たちの手本として生きています。
彼らは人間以上のものです。
彼らは生きる"真理"であり、生きる"力"であり、
生きる"成功の法則"です。

228

人生内で発生する〝悪〟は
体験されるものであり、
それ自体に力はありません。

　痛みを伴う〝悪いこと〟は、心が〝善いこと〟で満たされると、足早に過ぎ去っていきます。では、心に満ちていく〝善いこと〟とはどんなことなのでしょう。それはたくさんあります。例外なく美しいもので、たとえばこのようなことです。

　罪から自由になるための方法を、喜びとともに知ること。

　後悔することがなくなること。

　誘惑のあらゆる魔の手から救われること。

　かつては苦痛の源だった出来事や状況のなかで、深い喜びを見出すこと。

　周囲の人々の行いによって傷つくことがなくなること。

　強い忍耐力と美しい人格を獲得すること。

　どんな状況においても静かな心を保てるようになること。

　猜疑心、恐れ、心配などから解放されること。

　あらゆる嫌悪、羨望、憎しみから自由になること。

〝悪いこと〟は無知と未熟さの産物であり、それゆえに、知識の光が現れると速やかに後ずさりし、退散していきます。

神の善が実践されると、
人生は至福で満たされます。

　卓越した善性を持つことは、卓越した幸せを味わうことです。イエスが人類に手渡そうとしてきた"天の恵み"は、"神の善性"を所持する人間、すなわち慈悲深い人間、心が清らかな人間、不和を平和に変えることのできる人間にもたらされます。

　高い善性は、単に幸せの鍵であるばかりでなく、それを持つこと自体が幸せです。高い善性の持ち主が、不幸せを味わうことはありえないことです。不幸せの原因は、ひと言で言うなら、身勝手な自己を愛することのなかにあります。一方、幸せの原因は、身勝手な自己を放棄することのなかにあります。

　善良そうに見える人間が不幸せになることは、よくあることです。しかし、その人間の善性が"神の善性"であるならば、そんなことは起こりません。

　人間の考える善は、身勝手な自己にとっての善であることがしばしばです。その善は多くの場合、悲しみを引き寄せます。

　しかし"神の善性"のなかには、身勝手な自己を満足させる要素、すなわち悲しみを引き寄せる要素は何ひとつ含まれていません。

　"真理"は天上に、すなわち低俗を超えたところに、横たわっています。

激しい感情がある場所に
平和はありません。
そして平和な場所に
激しい感情はありません。

　人々の多くは、平和を求めて祈りながら、激しい感情にしがみついています。感情を爆発させて不和を煽（あお）りながら、天国の休息を願い求めています。

　これは無知です。"法則"に関する途方もない無知です。人格形成の分野においては、アルファベットの最初の文字を知らないのと同じくらいの無知です。

　憎しみと愛、不和と平和が、同じ心のなかに同居することはできないのです。片方は歓迎されるべき客として招き入れられる一方で、もう片方は招かれざる客として追い払われます。

　誰かを軽蔑する人間は、多くの人々から軽蔑されます。同胞を敵視する人間は、すぐに自分が敵視されます。

　そのような人間には、社会の分断を見て、驚いたり、嘆いたりする権利はありません。そのような人間は、"不和を広めているのは自分だ"という事実を知るべきです。外側で不和が発生しているとしたら、それは、"自分の内側に平和が存在していないからだ"ということを知るべきです。

身勝手な自己を完璧に追放することは、
完璧な心の平和に到達することです。

もしも人々が、
"悪"に対して"悪"で報いることは
やめるべきだということを
知っていさえしたならば……。

　もしも人々が、"他人の悪い行い"を"自分の悪い
行い"でやめさせることは不可能だということを知っ
ていさえしたならば、そして、憎しみによって憎しみ
は増幅し、"悪"は"善"によってのみ滅ぼされると
いうことを知っていさえしたならば、この世からあら
ゆる争い事が消え去っていたことでしょう。

　このことを知っていさえしたならば、人々は意欲的
に、自分の心と行いを浄化したに違いないからです。

　もしも人々が、罪を犯した心は悲しまなくてはなら
ないということ、憎しみに満ちた心はいずれ、それに
相応（ふさわ）しい収穫物──涙、欠乏、不休、不眠──を刈り
取ることになるということを知っていさえしたならば、
この世界は優しさに満ち溢（あふ）れ、人々はお互いを、常に
"思いやりの目"で見るようになっていたことでしょう。

もしも愛の力を知っていさえしたならば、
人々は憎しみを永遠に捨て、
常に愛のなかで生きることになっていたでしょう。
もしも彼らが、知っていさえしたならば……。

8
月

身勝手な自己を捨てることです。

自分本位をやめることです。

自分の心を統治することです。

心を善意で満たすことです。

“無限なるもの”の心に入るための道は、

　これしかありません。

　善意は洞察力をもたらします。身勝手な自己を制圧し、たった
ひとつの心の姿勢──善意に満ちた姿勢──を持つに至った人間
は、神聖な洞察力を授かっていて、本物と偽物を明確に識別する
ことができます。

　よって、最高に善良な人間は、最高に賢い人間です。神聖な人
間でもあり、優れた先見の明を持つ観察者でもあり、“永遠なる
もの”を知る者でもあります。

　もしあなたが、誰かのなかに、絶えることのない優しさと忍耐、
気高い慎み深さ、控えめながらも優雅な語り口、自制（自己制
御）、身勝手さの不在、そして溢れんばかりの深い思いやりを発
見したとしたら、何としてでもその人と友達になることです。

　なぜならば、その人物は最高の知恵の持ち主であり、“神”を
実感し、その“無限なるもの”とひとつになり、その“永遠なる
もの”とともに人生を歩んでいる人間であるからです。

　その人物のように目覚めた心を持つ人たちのみが、“永遠に持
続する現実”を理解してきました。その“現実”のなかでは、あ
らゆる見せかけが霧散していて、夢想も空想も消滅しています。

自分の人生を偉大なる“愛の法則”と調和させることは、

持続する深い心の平和のなかに入ることです。

"永遠にして無限なるもの"を
実感しながら生きることは、
時間を超越して生きることです。

　"悪"や不和との関わりをやめ、"悪"に対する攻撃と"善"への抵抗を放棄し、内側の"神聖な穏やかさ"への揺るぎない忠誠を誓うことは、宇宙のまさに中心に入っていくことであり、単なる鋭敏な知性にとっては神秘的な謎のままであり続ける、あの"永遠にして無限なるもの"を意識的に体験し始めることです。

　これが実感されないかぎり、心が平和のなかに固定されることはなく、これを実感するに至った人間は、真の賢さを持つ人間です。

　それは、一般的な知識を極めた賢さではなく、潔白な心と神聖な生き方の単純さを知っているがゆえの賢さです。

　人間に無条件の服従を求めている"大法則"があります。それは、他のあらゆる法則の基盤となっている統一法則であり、地上のあらゆる問題をたちどころに霧散させてしまう、永遠の"真理"でもあります。

この"法則"、この"統一法則"、この"真理"を実感することが、
"永遠なるもの"とひとつになることです。

光の国の住人になることです。
その国は、永遠の生命、天上の至福、
そして神によってつくられています。

"無限なるもの"との一体化は、単なる理論でも、儚い憧れ
でもありません。それは、心を浄化した人間のみに与えられ
る、生き生きとした"現実"の体験です。

　肉体がもはや、それが存在するしないにかかわらず、人間
の本質ではなくなっているとき、すなわち、あらゆる動物的
欲求が鎮められて浄化され、感情が休息して穏やかになり、
知性の揺れが停止して内側に完全な静けさが訪れているとき。
そのときに初めて、人間の意識は"無限なるもの"とひとつ
になり、純粋な知恵とこのうえなく深い平和に満たされます。

　人々の多くは、人生の様々な難問の闇に飽き飽きし、ある
いはそれらに疲れ果て、それらを未解決のままにして、この
世を去ります。身勝手さの闇から抜け出る方法を、その闇の
様々な限界にしがみついているために、知ることができない
でいるためにです。

人々の多くは、自分たちの身勝手な人生を救おうとして、
それよりもはるかに価値のある、
すべてと調和した"真の人生"を犠牲にし続けています。
滅びゆくものにしがみつくことで、
"永遠なるもの"へと続く道を
自らの手で遮断しているのです。

身勝手な自己と過ちは同義語です。

　過ち、すなわち罪は、不可思議な複雑さの闇のなかで犯されます。一方、"真理"は複雑ではありません。永遠の単純さこそが、"真理"の栄光なのです。

　身勝手な自己への愛は、人々を"真理"から閉め出し、個人的な幸せのみを追求させます。それはそうやって、より深くて、より清らかで、より持続する幸せから、彼らを遠ざけ続けます。

　スコットランドの歴史家、カーライルが語っています。
「人間の内側には幸せ以上のものがある。彼は幸せがなくても生きていける。代わりに彼は、同じ場所で神の深い恵みである至福を見出し……目の前の楽しみばかりを愛してはならない。愛すべきは神である。神を愛することは、永遠に持続する幸せであり、そのなかではあらゆる矛盾が解かれ、誰が歩き、働こうと、そのすべてがうまくいく」

　あの自己、多くの人々がこよなく愛している自己、それゆえに彼らがしつこくしがみつき続けている、あの身勝手な自己。それを放棄するに至ったとき、人間は、あらゆる複雑さを後に残して歩き出し、単純さのなかへと入っていきます。

　その単純さは、愚かさの象徴である過ちの連鎖を見続けてきた世界の目には、まさに常軌を逸した単純さに見えるはずです。

"無限なるもの"のなかで安らぐことです。

237

"永遠の生命" は、すでにあなたの内側にあります。

　不浄な欲望や道徳的過ち（罪）、事実に基づかない持論や偏見などを放棄したとき、あなたは"神"に関する正しい知識のなかへと入っていきます。天国を求める身勝手な願望も、地獄への無知な恐れも、それですべて消え去ります。

　そのときあなたは、目の前の人生への執着がなくなり、至高の幸せと、肉体の生と死を超えて存在する"永遠の生命"を手の内にしていて、その生命の不滅性を実感しています。

　そのときあなたは、身勝手な自己が愛したあらゆるものを捨て去った代わりに、価値のあるあらゆるものを獲得しており、"無限なるもの"の胸に抱かれて平和に休息しています。

　死ぬことからも、生きることからも、同じように満足を感じられるほどに、身勝手な自己から自由になった人間のみが、"無限なるもの"のなかに入ることができます。滅びる運命にある自己を信頼することをやめ、"至高なる善"である"大法則"を完璧に信頼できるようになった人間のみが、不滅の至福を味わえるのです。

身勝手な自己が放棄されると、
あらゆる困難が克服されます。

　洗練された完璧な人生を通じて表現される"愛の力"は"命の冠"であり、その"力"を実感することは、この地球上で知識を増やすことの最終目的です。

　試練や誘惑に直面したとき、人々は、どのように振る舞っているのでしょう？

　多くの人たちが、自分は"真理"を生きていると自慢する一方で、自らの悲しみや落胆、怒りなどによって、常に揺さぶられています。彼らは、どんなに小さな試練にも耐えられないでいます。

　"真理"は、不変不動でなかったとしたら、何の価値もないものです。人間は"真理"の上に身を置き始めると、断固として善を貫くようになります。激しい感情や弱々しい感情、そして常に変化を続ける身勝手な自己などよりも上位に立ち、それらを毅然として否定するようになります。

　人々は、滅びる運命にある教義を考案し、それを"真理"と呼んでいます。しかし"真理"を考案することなど誰にもできません。人間の知性がどんなに手を伸ばしても、届かないところにあるものだからです。

　そもそも"真理"は、どんな本を読んでも、どんな話を聞いても、理解できるものではありません。"真理"は、それと調和した思いと行いを実践することでしか、理解できないものなのです。そしてそれは、一点の汚れもない清らかな心と、完璧な人生のなかでしか、完全には表現されることがありません。

どんな状況においても常に忍耐強く、
穏やかで、寛容な人間は、
"真理"を見事に表現しながら生きています。

あらゆる身勝手さが消え去った場所には、もはや後悔も、落胆も、嘆きも存在していません。

"善"を実践し続け、
謙虚に、熱心に"真理"を追求することです。

"真理"の実在性は、騒々しい議論や学術的論文などによっては決して証明されることがありません。というのも、もしも人々が、無限の忍耐と、不滅の寛容、そしてすべてを抱きしめる思いやりを通じて"真理"を実感するに至らなければ、いかなる言葉にも、その実在を彼らに納得させることはできないからです。

感情的な人々が穏やかで忍耐強くなることは、彼らが穏やかさのど真ん中にいるとき、あるいは独りで静かにしているときには、比較的容易なことです。冷淡な人々が優しく親切になることも、どんな試練のなかでも忍耐と優しさを常に保つことのできる人たちに、親切に扱われているときには、同じくらい容易なことです。

忍耐と優しさを常に保つことのできる人たちは、どんなに厳しい状況に直面しても、柔和さと慎み深さを常に維持することのできる人たちでもあります。彼らこそまさに、"真理の表現者"と呼ばれるに相応しい人たちです。というのも、彼らが示している美徳の数々は、"神"の所有物であるからです。

それらを表現できるのは、最高の知恵を獲得し、身勝手で短気な性格を完全に放棄している人間、永遠に持続する至高の"法則"を実感し、それと調和して生きている人間のみなのです。

すべてを抱きかかえている、ひとつの"大法則"が存在します。
それはこの宇宙を根底で支えている法則で、
"原因と結果の法則"として、また"愛の法則""正義の法則"
および"善の法則"という名でも知られています。

"愛の法則"を実感することは、
それとの意識的な調和を
体験し始めることであり、
不死、不滅、無敵になることです。

　人間が、生き、苦悩し、死ぬことを何度も何度
も繰り返しているのは、この"法則"を実感する
ための努力を続けているからです。この"法則"
が実感されると、苦悩がなくなります。身勝手な
自己が完全に消え去ります。そして肉体の生と死
から解放されることになります。意識が"永遠な
るもの"とひとつになるからです。
　"法則"は完全に非個人的なものであり、それが
外側で如実に表現されている行いが"奉仕"です。
　浄化された心が"真理"を実感すると、それは
続いて、最後にして最大の、最も神聖な自己犠牲
──努力して獲得した"真理に到達した喜び"を
放棄すること──の実践を促されます。この犠牲
の美徳を実践し、神聖に解放された人間のみが、
進んで低俗な人々のなかで暮らし始め、やがて人
類の召使い、すなわち人類に奉仕する者として、
敬われるようになります。

"愛の力"を完璧に表現する人間のみが、
後の世の人々による無制限の崇拝を
受けるに値する存在として選び出されます。

聖者、賢者、あるいは救い主として崇められている人たちに共通の、栄えある特徴はこれです。

彼らはみな、最も深遠な慎み深さと、最も壮麗な愛を実践し、彼ら自身の身勝手な自己を含めて、あらゆる個人的なものへの執着を放棄しています。

そして、彼らの仕事はみな神聖で、永続しています。なぜならば、彼らは、自己のあらゆる汚れから解放されているからです。彼らは与えます。しかし、受け取ることはまったく考えません。彼らは仕事をします。しかし、過去を後悔することも、未来を期待することもなく、決して見返りを求めません。

農民たちは、土地を耕し、肥料を施し、種を蒔いたとき、自分にできることはすべて行ったことと、後のことは自然の力に任せて、季節の訪れとともに収穫物が実るのを辛抱強く待たなくてはならないことを知っています。その"結果"は、彼らのどんなに大きな期待の影響も受けることがありません。

同じように、"真理"を実感している人たちも、善性、清らかさ、愛、そして平和の種の蒔き手として、しかるべき時の訪れとともに豊かな収穫をもたらしてくれる"すべてを統治する大法則"が存在することと、その法則は保存と破壊の双方に関与していることを自覚しながら、結果を期待することも、憂えることもなく、日々を生きていきます。

心の完璧な清らかさは、身勝手な自己を
放棄するための努力を絶え間なく
続けることによってのみ成し遂げられます。

"真理"は、いかなる制限も受けることがありません。

"真理"へと続く道に足を踏み入れた人間は、
手始めに、自身の感情を
制御する作業に取りかかります。

聖者や賢者、救い主たちが成し遂げてきたことは、彼らが歩み、指し示してきた道──身勝手な自己の放棄と、見返りを求めない奉仕の道──を歩みさえすれば、あなたにも成し遂げられることです。"真理"は、一度理解されると、極めて単純です。それは単に、こう語っているだけです。

「身勝手な自己を放棄することです。そして、あらゆる汚れから離れて、私のところに来なさい。そうすれば、私はあなたに大いなる安らぎを与えます」

山のように積み重ねられた雑多な注釈のなかに埋もれている"真理"を、"正義"を熱心に追求する心は簡単に見つけ出してしまいます。"真理"を理解するために学問はいりません。それは教えられて理解するものではなく、体験を通じて理解するものなのです。

無知な心たちによる多くの誤った解釈のなかに埋もれてはいても、"真理"の美しい簡潔性と明瞭な透明性は、損なわれることも色あせることもなく持続していて、清らかな心はそこに向かってまっすぐに歩いて行き、"真理"の燦然（さんぜん）とした輝きを全身に浴びます。

"真理"は、複雑な理論を織り上げたり、難解な哲学を構築したりすることなどによって実感されるものではありません。内なる清らかさの真っ白な衣を織り上げることと、清らかな人生という神殿を構築することによって、"真理"は実感されます。

聖者のように振る舞おうとすることが、気高さへの第一歩です。

あなたは"神"と結びつくことによってのみ、
「服を着なさい。正しい心の服を」
と言われるに相応しくなります。

　"内なる神"こそが、心の平和の住居であり、知恵の神殿であり、永遠性の住処です。この内なる避難所、その"眺望の山"から離れた場所には、真の心の平和も"神"に関する知識もありません。

　そして、もしもその場所に1分、1時間、あるいは丸1日、留まることができたとしたら、あなたはとても幸いです。以後あなたは、毎日、外側で何をしているときにも、そこに留まり続けられるでしょう。

　あなたの過ちと悲しみも、恐れと不安も、すべてがあなた自身のものです。よってあなたは、それらにしがみつくこともできれば、それらを放棄することもできます。

　あなたが自分の心配にしがみついているとしたら、それはあなたが自発的にしていることです。そんなことはもうやめ、持続的な心の平和に自発的に手を伸ばすことです。

　あなたの過ちを、あなたに代わって放棄してくれる人はどこにもいません。それは、あなたが行わなくてはならないのです。

　最も偉大な"教師"であっても、自らが歩んだ"真理"への道を、あなたに示すことしかできません。あなたのためにその道を歩けるのは、あなたのみなのです。

　あなたは真の自由と心の平和を、自らの努力で勝ち取らなくてはなりません。あなた自身が、あなたを束縛し、不自由にしているものたちを、心のなかから追い払うことによってのみ、それは可能になります。

　あらゆる身勝手をやめることです。身勝手な自己を追放することです。そうすれば"神の平和"は、もはやあなたのものです。

さあ、罪と苦悩の嵐から
永遠に避難しましょう。

"真理"を教えようとしている人たちに質問があります。

あなたがたはもう、疑いの砂漠を通り抜けたのでしょうか？　あなたがたはすでに、悲しみの炎によって清められているのでしょうか？　"真理"は、あなたがたの心から偏見の一味を追い払ってくれましたか？　あなたがたの心は、誤った思いが住めないほどに公正なのでしょうか？

"愛"を教えようとしている人たちに質問があります。

あなたがたはもう、絶望の場所を通り抜けたのでしょうか？　悲しみの暗い夜を、涙とともに通り抜けたのでしょうか？　あなたがたは今、悲しみと不安から解放されているのでしょうか？　心を優しさで満たしていますか？　そして、過ちを犯している人たち、憎しみを抱いている人たち、休みなく緊張している人たちに、常に思いやりを向けているでしょうか？

"平和"を教えようとしている人たちに質問があります。

あなたがたはもう、不和の大海原を渡り切ったのでしょうか？　静けさの海岸で、人生のあらゆる不安からの解放を味わっているのでしょうか？　あなたがたの心は、"正義"と"愛"と"平和"で満たされていて、そこではもう、いかなる争い事もなくなっているのでしょうか？

内側にある静かな場所で安らかに休息を取ることです。

清らかで慎み深い人間は誰からも愛されます。

　もしあなたが事業主で、複数の従業員を雇っているとしたら、このようにしてみてください。

　まず、彼らと一緒にいないときには、彼らのことを優しい気持ちで思い浮かべるようにします。そして仕事場では、彼らの幸せと快適さに常に気を配り、彼らに度を超えた要求を、努めてしないようにします。自分が彼らの立場であったならやりたくないと思うことを、彼らにやらせたりしてはいけません。

　するとどんなことが起こるでしょう？　雇い主の予想もしない優しさに接した彼らは、あまりのうれしさに我を失うかもしれません。めったに見られない美しい光景です。

　さらに一歩進んで、もしあなたが心の気高さを発揮し、自分自身の幸せはさておいて、従業員たちの幸せを最優先する姿勢を示し続けたならば、もっとめったに見られない、より素晴らしい光景が展開することになります。

　そしてそれは、あなたの心の内側と外側で展開する光景です。あなたはまず、さておいていたはずの自分の幸せが、以前の10倍にもなっていることに気づくでしょう。そして外側では、あなたが従業員たちに不満を感じることが皆無になるという、これまた素晴らしい光景が展開することになります。

　多くの従業員を抱える、ある著名な事業主がいます。彼は従業員を、これまでに1人も解雇したことがありません。その彼が語っています。

「私はこれまで、従業員たちと、常に最高に幸せな関係であり続けてきました。どうしてそんなことができたのかと、よく聞かれるのですが、私に言えることは、いつもこれだけです。最初から一貫して、自分がされたいと思うことを、彼らにするようにしてきた。それだけのことなんです」

人々にいつも親切にすることです。そうすれば、近い将来、
友人たちが群れをつくってあなたを取り囲むことになります。

心を善良な思いで満たし続けることは、
自分の周囲に魅力的な力の場を
出現させることです。その力の場は、
それに触れるすべての人間を
たちどころに魅了してしまいます。

　無力な夜の闇が、昇る太陽によってあっさりと蹴散らさ
れてしまうように、"悪"の虚弱な力も、"清らかさと信頼
で強化された心"から放たれる"正しい思いの光線"を浴
びると、たちどころに飛散してしまいます。

　"法則"への不動の信頼と"揺るぐことのない清らかさ"
がある場所には、健康と成功、そして強さがあります。そ
のような場所に、病気や失敗、不運などが滞在することは
至難の業です。それらを養う餌が、そこには存在していな
いからです。

　心の在り方は、肉体の健康にさえ大きな影響を及ぼすの
です。今や科学界も、この真実の方向に急速に引き寄せら
れつつあります。「人間は肉体である」という旧来の物質
主義的信念が、「人間は肉体以上の存在であり、思いの力
によって肉体をつくり上げている」という真実によって置
き換えられようとしているのです。

この宇宙には、いかなる悪も存在していません。
唯一の例外は、心のなかに根を張る悪です。
ただしそれは束の間の体験であり、
すぐに消え去る運命にあります。

内側にある悪いものを、すべて放棄しましょう。

心の平和を乱すものたち、たとえば、怒りや不安、嫉妬、強欲などに取り憑かれている人間が、肉体の完璧な健康をいくら望んでも、それが叶うことは永遠にありません。なぜならば、その人間は病気の種を、心のなかに絶えず蒔き続けているからです。

賢い人たちは、常に自分たちの心を監視していて、そのような種が入り込んでくると、速やかに排除します。それらが肉体の健康にとって、不潔な排水溝や病原菌で汚染された家以上に危険なものであることを、よく知っているからです。

もしあなたが、痛みや病気その他の、あらゆる肉体的不調から自由になり、肉体の完璧な健康を楽しみたいのなら、まずは心を健康にすることです。

心を穏やかに保ちましょう。そして、喜びに満ちた思い、愛に満ちた思いを巡らすことです。善意という秘薬を、体中の血管を通じて全身に行き渡らせることです。そうすれば他の薬は必要がなくなります。

あなたの嫉妬心、猜疑心、心配性、憤り、不純な願望を、すべて放棄することです。あなたはそうすることで、自分の消化不良、肝臓病、神経症、関節痛なども放棄することになります。

素晴らしい健康を保つには、
心と人生のなかで
あらゆる不調を解消する必要があります。

248

思いを整えることです。
それは人生を整えることです。

　"感情と偏見の荒波"の上に"静寂の油"を注ぐことです。そうすれば"不運の嵐"がどんなに吹き荒れようと、それはすぐに力を削がれ、"人生の海原"を航行するあなたの"心の帆船"に、何の危害も加えられなくなります。

　そして、その帆船がもし"不動の信頼"によって操縦されたなら、航路は二重に確かなものとなり、いつ襲ってきても不思議のない多くの危険が、あっさりと素通りしていくことになるでしょう。

　"信頼"の力は、どんなに困難な仕事でも成し遂げさせてくれます。"至高なるもの"への信頼、すべてを統治する"法則"への信頼、自分の仕事への信頼、その仕事を成し遂げる自分の力への信頼──これらは、有益な目標の達成を願う人間の誰もが、そこに向かって、途中で倒れることなく、着実に歩み続けたいのなら、常に頼ってしかるべき"不動の岩"たちです。

どんな状況においても、
自分の内側からの最も気高い指示に
従うことです。

心を大きく成長させ、
それを愛と思いやりで満たすことです。
持続する大きな成功と影響力が、
その心を待ち受けています。

　清らかで思いやりのある心を育むことです。"清らかさ"と"法
則への信頼"と"一途な目的"がひとつになったら、あなたの前進
を阻むものはなくなります。あなたは静かな自信とともに、力強く
持続する大きな成功に向かって邁進することになるでしょう。

　もしあなたが今、自分の社会的地位に大きな不満を感じていて、
今の仕事に魅力を感じることもできないでいるとしたら、何はとも
あれ、目の前の職務を誠心誠意、熱心に遂行することです。そして、
仕事から離れたときには、より高い地位とより大きな好機が待ち受
けているというアイディアの上で心を休ませながら、浮上してくる
どんな可能性も見逃すまいと、目を光らせ続けます。

　するといつしか、決定的な瞬間が訪れます。新しい道が姿を現し
てきます。そしてあなたは、新しい仕事への準備をしっかりと整え
ている心とともに、また、自己制御の成果である知恵と洞察力とと
もに、その道に足を踏み入れます。

　あなたの今の仕事が何であれ、それを行うときには、自分の心を
すべてその上に固定し、利用可能なあらゆるエネルギーをそこに注
ぎ込むことです。小さな仕事の完璧な遂行が、より大きな仕事を引
き寄せることは"避け難い現実"です。

資産と能力を賢く管理し、
それらを機を逸することなく集中して用いること。
愛と思いやりに満ちた心で、これを実践し続けることです。

激しい感情や騒々しさは力ではありません。
それらは力の誤用であり、力の拡散です。

　私の知るある若者は、度重なる挫折と不運を克服したあとで、友人たちに
こんなことを言われました。
「お前、よく、へこたれないよな。でも、もういい加減、諦めたほうがいい
んじゃないか？」
　するとその若者は、こう応じました。
「いや、君らが僕の幸運と成功に目を丸くするときが、間近に迫っているんだ」
　そして彼は、それを実現しました。彼がしがみつき続けていた、あの"静
かな不動の力"が、彼をいくつもの試練へと導き、彼にそれらを通過させた
あとで、彼の人生に成功の輝かしい冠を被せてくれたのです。
　あなたも、この力を、もしもまだ持っていないとしたら、彼が実践してき
たことを実践することで、獲得することができます。
　力の始まりは、知恵の始まりと同じです。あなたはまず、無益で有害な思
いと行いを、すべて制圧することから始めなくてはなりません。あなたはこ
れまで、自ら進んで、それらの犠牲になってきました。
　感情的な言動、騒々しい笑い声、誹謗、中傷、無駄話、そして笑いを誘う
だけの下品な冗談——これらのすべてが脇に追いやられねばなりません。あ
なたの貴重なエネルギーは、これらによって激しく浪費されるためにあるの
ではないのですから。

狙いを一点に定めることです。
道理にかなった有益な目標を設定することです。
そして自分自身を余すことなく、その目標の達成に捧げることです。

不純な願望を達成することで得られる満足は、束の間の体験であり、持続性を持ちません。そしてそれは、より大きな満足を要求する新しい不純な願望を常に発生させます。

不純な願望は、荒れ狂う海のように貪欲です。それは、それ自身の要求が聞き入れられるたびに、ますます声を荒らげながら、新たな要求を突きつけてきます。

不純な願望は、それに誑（たぶら）かされている人たちからの、さらなる奉仕を、彼らがやがて心身に不調を来し、苦悩の炎で浄化されるときまで、休みなく要求し続けます。

実は、不純な願望が生き生きと活動している場所、その場所こそが"地獄"なのです。あらゆる苦悩がそこに集結しています。

"天国"は不純な願望が一掃されたあとに姿を現します。そこでは歓喜のあらゆる源たちが、巡礼者の到着を待っています。

ある巡礼者の言葉です。

「私は自分の心を、目に見えない世界に送り出しました。来世からの報（しら）せの意味を知ろうとしてです。しばらくして私の心は戻ってきて、こう囁（ささや）きました。"私が、私自身が、天国であり地獄だったのです"」

天国も地獄も、
外側ではなく内側に出現する状況です。

幸せとは、内側で常に完璧に満足している状態であり、
満足とは、同じ場所で喜びと平和に浸っている状態です。

身勝手に何かを
追い求めることは、
幸せを失うことです。

　身勝手な自己とその満足のなかに沈み込んでいくことで、あなたは地獄に沈み込んでいきます。身勝手な自己を超えて上昇することで、すなわち、身勝手な自己を完全に否定して、それと完全に決別した意識のなかに入っていくことで、あなたは天国に入ります。

　身勝手な自己は見る目がなく、正しい判断力もなく、真の知識も持っておらず、人間を常に苦悩へと導きます。正しい知覚、公正な判断、真の知識は、天性の意識の持ち物です。そして、その意識を実感できるようになって初めて、人間は、真の幸せとは何かを知ることができます。

　あなたが自分だけの幸せを追求し続けているかぎり、幸せはあなたから逃げ続け、あなたは延々と、不運の種を蒔き続けることになります。あなたが自分以外の人たちへの奉仕に専念し続けると、その専念の度合いに相当する幸せがあなたにもたらされ、そのときあなたは、着実に至福の種を蒔いています。

持続する幸せがもたらされるのは、
身勝手な自己にしがみつくのをやめ、それを放棄したときです。

定期的な瞑想(めいそう)のなかで
“善いこと”“善いもの”に思いを巡らし続けることは、
　自分をより善い人間へと成長させることです。

　“真理”に思いを巡らす瞑想は、“神性”へと続く道です。それは、地から天に、偽りから真実に、不和から平和に向かって伸びている神秘的な梯子(はしご)です。

　あらゆる聖者たちがこの梯子を登っていきました。身勝手な人たちのすべてが、遅かれ早かれ、この梯子に呼び寄せられます。

　そして、身勝手さと低俗さに背を向け、強い決意で“父の家”を目指して歩んでいる、あらゆる巡礼者が、たとえどんなに疲れていようとも、この黄金の梯子をしっかりとした足取りで登っていかなくてはなりません。

　この梯子の助けがなければ、私たちは神性のなかにも、天性のなかにも、神の平和のなかにも入っていくことができず、“真理”の陰ることのない栄光と清らかな喜びは、私たちには手の届かないものであり続けることになります。

身勝手で低俗なことに思いを巡らし続ける人間は、いやでも身勝手で低俗な人間になります。

もしあなたが、
持続する深い幸せのなかに
入りたがっているのなら、
さあ、始めましょう。
瞑想の道を
歩み始めようではありませんか。

　瞑想は、毎日、決まった時間帯に行うようにすべきです。それによって瞑想の習慣化が促進されます。
　最適な時間帯は、"静けさの霊"がすべてを包み込んでいる早朝です。
　その時間帯であれば、瞑想に必要なあらゆる条件が整っています。激しい感情は、睡眠中の長い断食のおかげで鎮められています。前日の興奮や不安は、もう残っていません。
　そして、充分に休息を取った心は、安らいでいながらも、気力に満ちていて、気高い助言を知覚するには最適の状態です。
　事実、瞑想の霊から最初に行うよう求められることのひとつが、無気力からの脱却なのです。それに従わなければ、あなたは先に進めません。その霊はどんなときにも、決して妥協しないからです。

無気力で怠惰な人たちは、
"真理"に関する知識を永遠に手にできません。

あなたの瞑想の直接的な結果は、
静かな気高い強さです。

　あなたが今、憎しみや怒りを抱く傾向を捨て切れないでいるとしたら、優しさと寛容さに思いを巡らす瞑想がお勧めです。定期的に、しばらく続けてみてください。

　これを行うことで、あなたはすぐにでも、自分が粗暴で愚かな行為に出そうになったときには、速やかにそれに気づき、それを抑制することができるようになります。と同時に、愛に満ちた思い、優しい思い、寛容な思いを意識的に巡らすようにもなります。

　そして、あなたがこの行程、すなわち「"気高いもの"で"低俗なもの"を次々と制圧していく作業」を進めていくにつれ、あなたの心のなかに、神聖な"愛の法則"に関する知識が徐々に入り込んできます。

　その知識は、"法則"の影響が、複雑な人生内の隅々にまで、どのようにして及んでいるのかについても教えてくれます。そして、その知識を自分のあらゆる思い、言葉、行いに応用していくことで、あなたはますます優しく、ますます愛に満ち、ますます気高くなっていきます。

　瞑想には、このように、あらゆる過ち、あらゆる身勝手な願望、あらゆる人間としての弱さを、制圧する力があるのです。

　それぞれの過ち、それぞれの罪が追い出されるたびに、"真理の光"が輝きを増し、巡礼する心を鼓舞してもくれます。

気高い思いには、すべての悪を追い払う力があります。

瞑想は、不和や悲しみ、
誘惑のなかでも冷静に振る舞える
能力をもたらすことで、
心を豊かにしてくれます。

　瞑想の力を通じて知恵が増大するにつれ、あなたは、ますます多くの身勝手な願望を内側から排除していきます。それらの願望は気紛れで、長くは持続しませんが、悲しみと苦痛の生産能力には目を見張るものがあります。

　あなたはさらに、より確かなものになった不動性と信頼とともに、不滅の"法則"の上に、ますますしっかりと身を置くようにもなるでしょう。そのときあなたは、大きな開放感を味わってもいます。

　瞑想を行うことは、不滅の"法則"に関する知識を求めることです。と同時に、その法則を信頼し、その上で休息する能力を高めることでもあります。その能力は、"永遠なるもの"とひとつになる能力でもあります。

　よって、瞑想の最終目的は、"真理"と"神"を直接知ることと、神聖で深遠な平和を内側で実現することです。

　瞑想は、不完全な神々や仲違いする教義群、そして、怠惰な無知の産物である空文化した伝統への、あらゆる身勝手な執着からも、私たちを自由にしてくれます。

「主は言いました。
あなたがたは、粘り強い努力によって成長を遂げ、
"真理"とひとつになるためにここにいるのです。
これを忘れてはなりません」

完璧に神聖な人生を歩むことは、
誰にでも可能なことです。
これを信じることです。

　それを信じ、それを熱望し、それを瞑想する
ことで、このうえなく愛しく、このうえなく美
しいものを、あなたの心は見るでしょう。その
啓示の輝きに、あなたの内なる目は完全に魅了
されます。

　"神の愛""神の正義""神の完璧な法則"そし
て"神"を実感したとき、あなたはこのうえな
く大きな幸せと、このうえなく深い平和を体験
することになります。

　古いものが過ぎ去り、すべてが新しくなりま
す。世俗的な目には限りなく分厚いものに見え、
"真理"の目には限りなく薄く、ほぼ透明なも
のに見えている物質宇宙のベールが、静かに持
ち上げられ、真の宇宙が露わになります。

　時間はなくなり、あなたは永遠性のなかだけ
で生き始めます。変化や肉体の死が、もはやあ
なたに不安や悲しみをもたらさなくなります。
そのときあなたは、不変であり不滅であるもの
のなかにしっかりと身を置いているからです。

信じる者は、
天国の丘を足早に登って行きます。

身勝手な自己のある場所に〝真理〟はありません。

そして〝真理〟がある場所に、身勝手な自己はありません。

人間の心のなかには2名の王がいて、覇権争いを繰り広げています。片や〝利己の王〟別名〝俗世界の英雄〟で、片や〝真理の王〟別名〝父なる神〟です。

利己の王は反逆者で、彼の武器は、激情、虚栄、強欲、慢心、強情などの〝闇〟の兵器です。〝真理〟の王は柔和で慎み深く、彼の武器は、優しさ、忍耐、清らかさ、思いやり、謙虚さ、愛などの〝光〟の兵器です。

この戦いは、あらゆる心のなかで繰り広げられていて、1人の兵士が敵対するふたつの軍に同時に加わることはできないように、どの心も、〝利己の軍〟か〝真理の軍〟のどちらかにしか加わることができません。どっちつかずの参戦はありえないのです。

〝キリスト〟の表現であるイエスは、かつてこう宣言しました。

「2人の主人に等しく奉仕することは誰にもできません。片方を嫌う一方で、もう片方は愛することになるか、片方を尊敬する一方で、もう片方は軽蔑することになるからです。神と悪霊に等しく奉仕することなど、あなたがたにはできないのです」

〝真理〟の美しい輝きは、
身勝手な自己の目では永遠に
見ることができません。

259

"真理"を愛する人間とは、
身勝手な自己を生け贄として差し出し、
"真理"への忠誠を誓っている人間です。

あなたは"真理"を知り、それを実感したいのでしょうか？ もしそうだとしたら、"生け贄"を差し出す準備をしなくてはなりません。つまり、身勝手な自己を完全に放棄する覚悟を、固めなくてはなりません。

なぜならば、燦然と輝く"真理"は、身勝手な自己の最後の一欠片が消滅するまで、完全には理解されることも実感されることもないからです。

あの"永遠のキリスト"は、"彼"の弟子になりたい者は、「身勝手な自分を毎日、否定しなくてはならない」と宣言しました。

あなたは、身勝手な自分、すなわち、自分の強欲、偏見、根拠のない持論などを、意欲的に否定して放棄することができますか？ これができるならば、あなたも、"真理"への狭い道をたどり、物質世界に執着している人間には体験することのできない完璧な"心の平和"のなかに入っていくことができます。

身勝手な自己の完全な否定、徹底的な放棄が、"真理"との完全な調和を果たすための必須条件です。そして、この至高の達成を支援することこそが、あらゆる宗教と哲学の、そもそもの目的なのです。

あなたは身勝手な自分を死なせたとき、
"真理"のなかに生まれ変わることになります。

心の清らかな
人間のすべてが、
人類の救い主です。

　人類は、偽りと身勝手さの不浄な脇道に迷い込んで我を忘れ、自分たちの神聖な誕生に関する真実、すなわち、人間はみな最初から神の子であるという事実から遠ざかり、お互いを裁くための様々な基準を創作するとともに、“真理”を説明する推論的神学を乱立させてきました。

　その結果、人類は互いに分離して敵対することになり、止まるところを知らない憎悪と不和、そして終わりを知らない悲しみと苦悩が、この世界に蔓延<ruby>蔓延<rt>まんえん</rt></ruby>することになってしまったのです。

　あなたは“真理”のなかに生まれ変わりたいのでしょうか？　もしも本気でそう願っているのなら、それを実現する方法はひとつしかありません。身勝手な自己を死なせることです。

　あなたがこれまでしがみついてきた、理性を欠いた感情や身勝手な願望、低俗な欲望や根拠のない持論、偏見などのすべてを、あなたのなかから追い払うことです。それらによる束縛から自由になることです。“真理”を理解し、それとひとつになる方法は、これしかありません。

　あなた自身の宗教を、他のあらゆる宗教よりも正しいものとして見ることをやめ、謙虚な姿勢で慈善を追求することです。

この世界にはいるが、この世界のものではない存在となることが、人間として最高に成熟することです。

あらゆる強さが、
あらゆる弱さ同様、
内側で育まれます。

　宇宙を貫いて機能している"原因と結果の法則"を理解した人間には、"信頼"という心の姿勢がもたらされます。

　正義、善、調和、そして愛こそが、この宇宙内で最も重要なものである、ということを知ることは、それらと相反する、苦悩をもたらす思いのすべてが、この"大法則"に対する"不信"の表れである、ということを知ることでもあります。

　この知識は人間に強さと力をもたらし、この知識を通じてのみ、真の人生を生きることと、持続的な成功と幸せの獲得が可能になります。

　この知識の上に立ち、どのような状況下でも忍耐を保つこと、そして、あらゆる状況を、自分を強化するための貴重な機会として捉えることは、あらゆる痛みを伴う状況の上位に立つことであり、それらを次々と克服していくことであり、それらがたとえ戻ってきたとしても、恐れなくなることです。"法則"を信頼することでもたらされる力に対して、それらは完全に無力であるからです。

　人間が達成するあらゆる成功が内側から始まります。

正しい知識を獲得しないかぎり、
持続する繁栄も、
永続する心の平和も獲得できません。

　あなたが今、貧しさのなかでもがき続けていると仮定
してみましょう。

　あなたは友人がおらず、孤独でもあります。そして、
どうにかして貧しさから抜け出したいと願っています。
しかし貧しさは、あなたをしっかりと捕まえて放しませ
ん。あなたはまるで、暗さを増し続ける闇に、すっぽり
と包み込まれているかのようです。

　そこであなたは不平を言います。自分の運命を嘆きま
す。自分の貧しさの責任を、自分の生まれてきた環境、
両親、雇い主などに負わせます。他の人たちには豊かさ
と安らぎをもたらしているのに、自分には貧しさと苦悩
しかもたらしていない、不公正な力を呪います。

　しかし、それでは何も解決しません。あなたが今、何
よりも行う必要のあることは、不平を言ったり嘆いたり
することをやめることです。あなたが責任を負わせてい
るものの何ひとつとして、あなたの貧しさの原因にはな
っていません。その原因はあなたの内側にあります。そ
して、そこに原因があるということは、そこに行けば、
原因を取り除けるということでもあります。

法則が支配するこの宇宙には、
不平を言う人間のための場所は存在しません。
責任の転嫁は、心の自滅行為です。

あなたが見ているこの世界のあらゆるものが、生物であれ無生物であれ、あなたの思いが反映された外観を呈しています。

そしてあなたは、ずばり、あなたの思いの結果です。

「今の私たちは、私たちがこれまで考えてきたことの結果です。それは、私たちの思いの上に、私たちの思いによってつくり上げられています」と語ったのは仏陀でした。

これは言い換えるなら、幸せな人間は、活気に満ちた明るい思いを巡らし続けていて、不幸せな人間は、活気のない陰鬱な思いを巡らし続けている、ということに他なりません。あなたが怖がりでも勇敢でも、愚かでも賢くても、気難しくても穏やかでも、その原因はすべて、あなたの外側にではなく、あなたの内側に横たわっているのです。

私の耳に今、多くの人たちからの、こんな反論が聞こえてきたような気がします。

「君は本気でそんなことを言っているのかい？　外側の状況は、本当に僕らの心に影響を与えないのかい？」

私はそうは言っていません。私が言っていることはこれです。そして私は、これが不動の真実であることを知っています。

外側の状況は、それがあなたに影響を及ぼすことを、
あなたが許したときだけ、
あなたに影響を及ぼすことができます。
あなたが外側の状況に振り回されているとしたら、
それは、思いの性質、力、
およびその利用法に関する正しい知識を、
あなたが持っていないからです。

あなたが何を考えているかが、あなたがどんな人間であるかです。

264

9月

充実した幸せな人生を
健康に依存して築こうとすることは、
物質を心よりも優先することであり、
心を肉体に従属させることです。

　強い心の持ち主は、肉体の健康に必要以上に執着
することがなく、多少の不調が生じても、それを無
視して、まるで何事もないかのように働き続け、生
き続けます。この肉体の無視は、心の正常な働きと
強さを保つことに寄与するのみならず、それ自体が
肉体を癒やすための最善の手段でもあります。

　私たちは、完璧に健康な肉体をすぐには持てなく
ても、完璧に健康な心はすぐに持つことができます。
そして健康な心を持つことは、健康な肉体を得るた
めの最善の手段です。

　心の不調は、肉体の不調よりも悲しむべきことで
あり、肉体の深刻な病気を誘発してしまいがちです。
心の病人は、肉体の病人よりもはるかに深刻な状況
に陥っていると言っていいでしょう。

　あらゆる医師たちが知るように、強く、気高く、
幸せな心の枠組み内に自分自身を持ち上げるだけで、
肉体の完全な健康を取り戻した人たちが、この世に
は数え切れないほどいます。

気高い "道徳の法則" は、
単に幸せに寄与するばかりでなく、
健康にも同じように寄与してくれるのです。

貧しい人たちが不幸せになるのは、
貧しいからではありません。
彼らが不幸せであるとしたら、
それは、彼らが自分の貧しさの原因から目をそらし、
闇雲に富を渇望しているからです。

"原因と結果の法則"は、常に厳格に機能しています。

　もしも裕福であることが幸せの原因で、貧しさが不幸せの原因だとしたら、あらゆる金持ちが幸せであり、あらゆる貧しい人たちが不幸せだということになってしまいます。

　しかしこの"法則"は、裕福は幸せの原因でなく、貧しさも不幸せの原因ではないと、一貫して主張し続けています。

　不正な心の持ち主たちは、裕福であろうと貧しかろうと、あるいはそれらの中間に身を置こうと、どんな状況においても不正を行い、幸せを感じられないでいます。

　正しい心の持ち主たちは、どんな状況下でも常に正しいことを行い、幸せを感じています。何らかの極限的な状況が、彼らに不正を行うよう、強く促してきたとしても、彼らはその誘惑に屈しません。不正の原因を内側で発生させることが、彼らにはできないからです。

　貧しさは、財布のなかよりも心のなかで、より頻繁に発生します。貪欲にお金を稼ごうとしている人たちは、自分を貧しい人間として捉えています。そして実際に、彼らは貧者です。貪欲は心の貧しさの典型であるからです。

守銭奴たちは、たとえ億万長者になろうとも、
一文無しであった頃と同じくらいに貧しい人たちです。

あなたが
自分をどれほど
制御しているかが、
あなたの知識、人格、
成功のレベルを
決定しています。

　自然の力の壮大さには、目を見張らされることがしばしばです。しかしその力も、私たちの心の知性的な力と比べると、ひどく見劣りがしてしまいます。心の力は、常に、自然の力の上位にあります。人間の意識には、自然界の機械的な力を賢く制御し、導く能力があるからです。

　心にはとてつもない力が秘められているのです。感情、願望、意志、知性といった内なる力をよく理解し、制御し、指揮できるようになることで、人間は、自分の人生を変えることはおろか、社会や国家、ひいては世界の運命に、少なからぬ影響を及ぼすことさえできるようになります。

　自然の力を理解し、その活用法を追求している人たちが自然科学者だとすると、心の力を理解し、その活用法を追求している人たちは、さしずめ精神科学者ということになります。そこで興味深いことは、自然科学者たちによる"外側の現象群に関する知識"の獲得に貢献している法則群が、精神科学者たちによる"内側の現象群に関する知識"の獲得にも、まったく同じように貢献しているという事実です。

　知識を獲得することの最終目的は、それを活用することで、世界の平和と幸せに貢献することです。

この宇宙の万物が、
目に見えるものであろうとなかろうと、
無限にして永遠なる"原因と結果の法則"の
勢力範囲内にいて、
その支配を受け続けています。

　完璧な正義が、宇宙を支えています。完璧な正義が、人間の体験を調整しています。私たちの人生内で発生するあらゆる物事が、この"法則"が私たちの行いに反応することで生じた結果です。

　私たちは、この"調整装置"のなかに入れる原因を選択することができます。そして現実に、常にそうしています。しかしながら、その結果を調整することは、私たちにはできません。

　私たちは、自分がどんな思いを巡らし、どんな行いをするかを決定することができます。しかし、自分の思いと行いの結果には、いかなる力も及ぼせないのです。結果はすべて、この"すべてを統治する法則"によって調整されています。

　私たちは行動するための力をたっぷりと持っています。しかしその力は、行動がなされた瞬間に、使えなくなります。そしてその行動の結果は、変えられることも、取り消されることも、逃走を許されることもありません。それは必ず、"法則"通りに出現しなくてはならないのです。

悪い思いと悪い行いは、苦悩に満ちた体験を生み出し、
善い思いと善い行いは、
喜びに満ちた体験の出現を決定づけます。

あなたを
強くするのも弱くするのも、
幸せにするのも不幸せにするのも、
あなた自身の行いです。

　人生は数学の高度な計算問題に準（なぞら）えることができます。正解を導くための鍵をまだ知らないでいる生徒にとって、それはうろたえてしまうほど複雑で難解ですが、一度その鍵を知ったならば、その複雑で難解だったものが、驚くほど単純で容易なものになってしまいます。

　この相対的な単純さと複雑さのアイディアが、人生にどのように当てはまるかは、多くの、おそらく数百通りの、誤った計算法があるなかで、正しい計算法はひとつしかなく、その正しい計算法が現れると、生徒はそれが正しいことを即座に知り、それまでの混乱から解放された心で、自分がその問題をマスターしたことを知ることになる、という事実に思いを巡らすことで、容易に理解することができるはずです。

　人生のなかに偽りの結果は存在しません。
"大法則"が常に監視していて、
正しい結果を必ず発生させるからです。

身勝手な思いと悪い行いは、
充実した美しい人生を
決して生み出しません。

　個人の人生は、布に編み込まれた1本の糸のようなもの
です。布は無数の糸で編まれていますが、それぞれの糸は
独立していて、他の糸と同化することはありません。

　それぞれの糸が、独自の道筋を持っています。人間はそ
れぞれ、他人の行いの結果ではなく、自分自身の行いの結
果を、ときに喜び、ときに悲しみながら体験しつつ、独自
の人生、独自の道筋を歩んでいきます。

　それぞれの道筋は、他の道筋と複雑に絡み合いながらも、
独自性を保ち続けます。そしてどの道筋も、一連の原因と
結果の調和の取れた集合体です。どの道筋の上にも、いく
つもの作用と反作用、あるいは原因と結果が存在していて、
どの反作用、あるいは結果も、その源である作用、あるい
は原因と、常に完璧に釣り合っています。

人間はみな、自らの行いと
完璧に釣り合った体験を積み重ねながら、
それぞれが独自の人生を歩んでいきます。

不運は、個人の悪い行いのなかから出現します。よって、個人の悪い行いが浄化されると、不運は消え去ります。フランスの思想家、ルソーが語っています。

「人間よ、不運の起源を探すのはもうやめることだ。汝（なんじ）が、汝のみが、その起源なのだから」

結果が原因から分離されることは絶対にありません。結果が原因とは違う性質を持つものになることは、ありえないのです。米国の哲学者、エマソンは言いました。

「正義は決して蔑（ないがし）ろにされない。完璧な公正さが、人生内のあらゆる場所において、物事の均衡が保たれるよう常に取り計らっているからだ」

「原因と結果は、ひとつの完璧な全体から同時に発生する」という概念には、深い真実性があります。

たとえば、ある人間が意地悪な思いを巡らしたとしたら、その人間は、まさにその瞬間に、自分自身の心を傷つけたことになります。彼はもはや、その瞬間以前の彼ではありません。今や彼は、直前よりも少し劣った、少し不幸せな人間になっています。そしてもし、その種の思いが繰り返され、それに行いが伴ったとしたら、そのときには、まさに意地の悪い、極めて不幸せな人間が、つくられることになります。

親切な思いと親切な行いが
実践されるたびに、より幸せで、
より気高い人間がつくられていきます。

あなたを管理できる人間は、あなたしかいません。よってあなたは、あなたの行いに関する全責任を負っています。

272

心の強さがなければ、
価値のある物事は
何ひとつ達成されることがありません。

"意志の強さ"とも呼ばれる"心の不動性"を養うことは、人間の最も重要な義務のひとつです。というのも、これを所持することは、一時的な幸せと持続的な幸せのどちらを獲得するうえでも、極めて重要なことであるからです。

目的の上に心を固定することは、その目的が世俗的なものであれ、精神的なものであれ、その達成に向けたあらゆる努力の起爆剤であり、これなくしては人間は、道に迷い、周囲からの支援を期待する一方で、自分が行うべきことを行わず、その結果として幸せから遠ざかり続けるしかありません。

意志の強さを育む機会は、日常のありふれた暮らしのなかに山ほどあります。その機会は、あまりにもありふれた、単純なものであるために、人々の多くは、もっと複雑で深遠なものを探そうとするあまり、それと気づかないまま通り過ぎてしまいます。

意志を強化するための直接的かつ唯一の方法は、
日々の生活のなかで、
自身の弱さと戦い、それを制圧することです。

意志の強化に向かう
最初の一歩は、
悪い習慣から
抜け出ることです。

　この単純で初歩的な真実を理解するに至った人間は、意志を強化するために行うべきことのすべてが、以下の7つのルールに集約されていることを知っています。

① 悪い習慣を破棄する。
② 善い習慣を構築する。
③ 目の前にある義務に、しっかりと注意を向ける。
④ 行うべきことを、それが何であっても意欲的に、
　速やかに行う。
⑤ 規則正しく生きる。
⑥ 言葉を制御する。
⑦ 心を制御する。

この7つのルールに思いを巡らす瞑想（めいそう）を真剣に行い、
すべてのルールを熱心に実践する人間のすべてが、
目的の清らかさと意志の強さを育むことに成功し、
それらとともに、あらゆる困難に勇敢に立ち向かい、
あらゆる危機を意気揚々と
乗り越えていけるようになります。

悪い習慣に屈服することは、自分自身を統治する権利を放棄することです。

　自分の思いと行いを制御することを諦めて、もっと簡単に意志の力を強化できる方法はないものかと考え、それを探し求めることは、自分自身に幻想を強いることであり、すでに持っている意志の力を弱めることに他なりません。

　悪い習慣を捨て去ることで強化された意志の力は、善い習慣の構築を強く支援してくれます。悪い習慣の放棄は単に意志の強さのみを要求してきますが、新しい習慣の構築は、意志の知性的な方向づけも要求してきます。これを行うには、心をより強く活発な状態に保ち、自分自身をより注意深く見張り続けなくてはなりません。

意志の強さを育むためには、
目の前の仕事に集中して
取り組み続ける必要があります。
集中を欠いた雑な仕事は、
弱さの表れです。

どんなに小さなことも、
常に完璧に行うよう努めることです。

　行う必要のあることに優先順位をつけ、それに
従って、それぞれの作業をひとつひとつ、集中を
切らさずに精力的に行うようにすることです。こ
れによって、目標を一途に目指す力と、心を徹底
して集中する力が、徐々に培われます。このふた
つの心の力は、人格に重みを加え、その価値を高
めるとともに、その所有者に安らぎと喜びをもた
らします。

　何事も躊躇することなく速やかに行うように
することも、同じくらい重要なことです。怠惰と
強い意志は永遠に共存できません。遅延癖は、目
標に向けた力強い歩みを、他の何よりも激しく妨
害します。いかなることも、実行を先に延ばすべ
きではありません。僅か数分でもです。行うべき
ことは、可能なかぎり速やかに行うことです。

　些細なことのように見えますが、このふたつの
心がけの影響は極めて広範囲に及びます。あなた
の"強さ"と"成功"と"心の平和"の達成が、
これにかかっているとさえ言えるのです。

"法則"に従って生きることです。
理性を欠いた感情に従ってはいけません。

緻密さを追求することです。
あらゆる小さな作業を、
この世界で最も重要なことを
行うかのように行うことです。

　人生内の小さなことこそが最も重要なことである、とい
うアイディアは、一般的には理解されていない真実です。
そして、小さなことは無視してもかまわない、投げ捨てて
もかまわない、あるいは、あっさりと片づけてしまえばい
い、という考え方は、極めて一般的ではあるものの、緻密
さの価値を否定するものであり、不完全な仕事と不幸せな
人生への最も確かな近道です。
　この世界で達成された大きな業績は、どれもが小さな業
績の集大成であり、小さな業績が積み重ねられなかったな
らば、達成されることがなかった、ということを理解する
と、人々は、それまでは些細なこととして軽視していたこ
とに強い関心を向け始めます。

緻密な努力を続ける人間には、能力の著しい向上と、
大きな影響力が保証されます。

束の間の喜びへの執着こそが、
緻密さ欠如の主要原因です。

　仕事に熱心に取り組み、それを完璧に行える人間は、極めて僅かです。そのような人間を見つけ出すことが、どんなに困難なことかは、従業員を抱える事業主たちのすべてが知っています。この社会は、仕事を充分にこなせない人間で溢れていると言っていいでしょう。

　不誠実と軽率と怠惰が、その理由です。それらがあまりにも一般的であるため、"社会改革"が推し進められているにもかかわらず、失業者の数が今後も増えると予想されていることは、決して不思議なことではありません。

　手抜き仕事を続けている人たちは、明日にでも、いつになっても見つかりそうにない新しい仕事を探し始めることになるでしょう。

　"適者生存"の法則は、無慈悲な法則ではなく、正義の法則です。これは、あらゆる場所で機能している"完璧な公正さ"の一側面に他なりません。

「悪は鞭で打たれなくてはならない」のです。そうでなければ、"善"が生き残っていくことはできなくなってしまいます。

　軽率で怠惰な人たちは、勤勉で思慮深い人たちの上に立つことはもとより、彼らと並んで立つことさえできません。

一時的な喜びを得ることに専念していながら、
義務の完璧な遂行にも専念することは、
どんな心にとっても不可能なことです。

日常の義務のなかで緻密さを欠いている人間は、
心のなかの作業でも同じものを欠いています。

　緻密さとは、細部に至るまで完璧であり、完全であることです。そして緻密さを実践するということは、仕事や義務をとてもうまく遂行して、やり残しがまったくないことです。たとえ他の誰よりも素晴らしい仕事はできなくても、少なくとも、他の人たちの最高の仕事以下の仕事はしないということです。

　それは、多くの思いを巡らすことであり、多くのエネルギーを注ぎ込むことであり、心の力を総動員することであり、忍耐力と持久力、そして高い倫理観を養うことでもあります。

　ある古代の教師は言いました。

「誰かが何かを行おうとしていたら、その人間には、すぐに行うよう言いなさい。そして、それに死に物狂いで襲いかかるよう言いなさい」

　別のある教師はこう言っています。

「あなたの手が行うべきことを見つけたら、それが何であっても、あなたの力を総動員してそれを行うことです」

熱心な俗人のほうが、
不熱心な宗教人よりもはるかに生産的です。

優しくすること、愛すること、
幸せになることについて
学んでこなかった人間は、
ほとんど何も学んでこなかった人間です。

　失望、短気、不安、不平、非難、小言──これらのすべ
てが、思いの害毒であり、心の病気です。これらは、心の
誤った在り方の表れであり、これらに"苦しんでいる"人
たちは、自分たちの思いと行いの矯正を、とてもうまく行
えるはずです。
「この世界には多くの過ちと不幸せがあり、それゆえに私
たちの多くの愛と思いやりが必要とされている」という指
摘は真実です。
　ただし、私たちの不幸せは、一切必要とされていません。
すでに不幸せは有り余っているからです。この世界で必要
とされているのは、それではなく、私たちの明るさと、私
たちの幸せです。これらは、あまりにも少ないからです。
　私たちが世界に与えられる最高のものは、人生と人格の
美しさです。これがなければ、他のあらゆるものが虚しい
ものになってしまいます。
　これは、特別に素晴らしい贈り物です。内側に永続的な
喜びと至福を住まわせていて、強い伝染性があるからです。

あなたの環境は、
決してあなたに意地悪ではありません。
それは、あなたを助けるために
そこにあるのですから。

自分自身を変える
意欲のある人間は、
周囲のあらゆるものを
変えることができます。

　外側のどんな敵意に晒されても微動だにしない"美しい振る舞い"は、身勝手な自己を制圧した心の完璧な表れであり、知恵を活用して"真理"とともに生きていることの明確な証明です。

　美しく幸せな心は、知恵の成熟した果実です。それは、どこにいるときにも常に、影響力の芳香を周囲に発散し、人々の心を喜ばせ、世界を浄化しています。

　もしあなたが、善良な人たちに囲まれたいと思っているなら、自分がもっともっと善良になることです。世界が罪と不幸せから解放されることを願っているのなら、まずは自分をそれらから解放することです。あなたの家庭と周囲の環境を幸せで満たしたいのなら、あなた自身が幸せになることです。

　あなたはやがて、自身の内側に"善"を定着させ、これらのことを、意識することなく、極めて自然に行うようになるでしょう。

あらゆる偽りと悪から自由の身になる努力を続けることです。
"真理"へと続く道を歩み続けることです。
心の平和と真の社会改革が、その道の先に横たわっています。

永遠の生命は、
墓の向こうにある
神秘的な何かなどではありません。
それは永遠の現実であり、
今、ここに存在しています。

　永遠の生命は時間に囚（とら）われていません。よって、それを時間のなかで見つけることはできません。それは"永遠なるもの"の持ち物です。そしてそれは、時間が今、ここにあるように、今、ここに存在しています。

　人間がそれを発見し、そのなかに身を置くことができるようになるためには、身勝手な自己を打破し、放棄しなくてはなりません。身勝手な自己の生命は、"時間に囚われた、真の満足を得ることのない、滅びる運命にあるもの"のなかから派生しているからです。

　世俗的な興奮や欲望の充足、一過性の喜びや楽しみなどを追求し続け、それを行っている実体こそが自分の本質だと考えている人たちは、永遠の生命に関するいかなる知識も手に入れられません。

　そのような人たちが欲しがっている永遠の生命は、"利己的執着"の産物であり、幻想以外の何物でもありません。束の間の興奮や喜びなどへの執着が、彼らを永遠の生命から遠ざけているのです。

利己的執着と永遠の生命は
水と油の関係にあります。

肉体の死が
人間に永遠の生命を授けるという
指摘は誤りです。

　死を恐れている人間の心は、肉体から離れても、永
遠の生命を実感することがありません。その心は、肉
体の死後、不完全な意識のなかを、次の肉体を求めて
さまよいながら、なおも変化と死すべき運命のなかに
浸り続けます。

　世俗的な喜びに執着している人たちは、死んだあと
でも、死すべき運命から逃れられないのです。永遠の
生命を知らない彼らは、やがて、過去の記憶も未来に
関する知識もないまま、始まりと終わりのある次の人
生を生き始めます。

　死を超越している人たちとは、永遠に現実であり続
ける意識のなかに上昇することによって、自分自身を、
時間に囚われた人生から切り離した人たちであり、も
はや彼らは、束の間の体験による悪影響を受けること
がありません。

　彼らにとって、時間に囚われた人生は夢のようなも
のです。夢は持続する現実ではなく、過ぎ去っていく、
束の間の現象です。彼らは、"執着"と"永遠の生命"
の双方に関する、深い知識を持つ人たちです。

自分自身を正しく制御している人間のみが、
永遠の生命を実感することができます。

永遠の生命を知らない人間は、
時間のなか、すなわち、
始まりと終わりのある
世俗的な意識のなかで生きています。

　死を超越している人たちは、いかなる変化のなかでも決して動ずることがなく、常に冷静です。彼らの心は、"永遠に持続する意識"のなかに住み着いていて、その意識は、彼らの肉体の死によるいかなる影響も受けることがありません。
「彼が死を味わうことはないだろう」という言葉は、彼らのような人間を描写したものです。
　なぜならば、彼らはすでに、死すべき運命の流れから抜け出ていて、自分たちを"真理"の住処のなかに住み着かせているからです。肉体、身勝手な自己、国家、そして世界は過ぎ去り、栄光に包まれた"真理"のみがそこにはあります。その光の輝きが、時間によって鈍らされたりすることは永遠にありません。
　永遠の生命を実感し、死を超越している人たちとは、身勝手な自分を完全に制覇した人間です。彼らはもはや、自分を身勝手な自己と同一視したりすることがありません。そればかりか、すでに彼らは、自分の身勝手な自己が用いていた様々な力を、"真理"と調和した力に変換することにも、見事に成功しています。

人間は死すべき運命から抜け出ると、
宇宙意識、天国意識、神の意識のなかで生き始めます。
その意識のなかには始まりも終わりもなく、
あるのは永遠の今のみです。

284

「自己を滅却せよ」という教義は、
「心のなかにある〝悲しみを生み出す要素〟のすべてを滅ぼしなさい」
という意味です。

「自己を放棄せよ」あるいは「自己を滅却せよ」という教義は、素直に考えれば極めて単純な教えです。事実、あまりにも単純で、現実的で、すぐにでも実行が可能なものであるために、神学的議論や哲学的推理などによって心がまだ混乱させられていない５歳の子どものほうが、複雑な理論群を受け入れることで、単純で美しい真実を見ることができなくなっている大人たちよりも、はるかに容易に、はるかに正しく理解する傾向にあります。

　自己放棄、あるいは自己滅却とは、心のなかから、分離、不和、苦悩、病気、悲しみなどを生み出す要素群をすべて取り払い、それらを破壊すること、すなわち身勝手な自己を破壊することに他ならないのです。この教義は、心の平和へとつながる、善良で美しい心の要素群まで破壊することなど、まったく求めていません。

自己放棄とは、
身勝手な自己を放棄することであり、
同時に、心のなかの
あらゆる神聖な要素を育むことに
他ならないのです。

285

誘惑という敵を討ち果たしたいのなら、
まず、自分の身を守るための
強固な砦(とりで)を見つけ出すことです。
そしてその砦に入ったら、
敵の侵入を容易にする
無防備な門がないかどうかを、
よく確かめることです。

　あなたは、あなたを罪のなかに引き込もうとする"誘惑"という敵を、それに随行するあらゆる痛みもろとも、ここで、今すぐにでも討ち果たすことができます。ただし、そのためには知識が必要です。

　誘惑とは闇のようなものです。それは光には刃向かえません。"真理の光"を身に纏(まと)った心は、いかなる誘惑もたちどころに霧散させてしまいます。

　もしも人々が、誘惑の源、性質、そして意味を充分に理解したならば、次の瞬間にはそれを討ち果たし、それまでの苦悩の連続から解放されて、大きな安らぎを覚えることになるでしょう。

　しかしながら、もしも彼らが無知のなかに留(とど)まり続けたとしたら、宗教的な儀式にどんなに参加しても、どんなに頻繁に祈ったとしても、聖書をどんなによく読んだとしても、彼らに心の平和は訪れません。

誘惑との戦いは、聖者となるための崇高な戦いです。

誘惑はすべて内側からやってきます。

　人々の多くは、誘惑に打ち勝つことができないまま、それとの不毛な戦いを延々と続けています。というのも、彼らはほぼ全員が、ふたつの幻想とともに、それに臨んでいるからです。ひとつは、「誘惑はすべて外側からやってくる」という幻想で、もうひとつは、「自分たちが誘惑されるのは、自分たちが善良であるからだ」という幻想です。

　これらの幻想に縛られているかぎり、彼らは一歩も前に進めません。逆に、これらを振り払ったならば、彼らの勝利が約束されます。そのときから彼らは勝利に勝利を重ね、気高い喜びと深い安らぎのなかへと突き進むことになります。

　あらゆる誘惑の源は、内側にある身勝手な願望のなかにあります。それが浄化されたならば、外側のどんな状況も、心を誘惑する力——心を罪へと突き動かす力——を完全に失います。

　あなたを誘惑しているかのように見える外側の状況は、誘惑の単なる"媒体"であり、誘惑そのものでも、その原因でもありません。それらは誘惑される人間の願望のなかにあるのです。

あなたが誘惑されるのは、
あなたが不浄なものだと考えるようになった願望や姿勢が、
あなたの心のなかに存在しているからです。

人間のなかにある〝善〟は、決して誘惑されません。
〝善〟は誘惑をたちどころに追い払ってしまいます。

　刺激を受けて誘惑されるのは、人間のなかにある〝悪〟のみです。誘惑の規模は、心の不浄さの規模と正確に一致しています。人間が心を浄化すると、誘惑はやってこなくなります。特定の不浄な願望が心から消えると、それまで魅力的に見えていた特定の誘惑の媒体が、その魅力を完全に失うことになるからです。なぜ魅力を失うかというと、もはや心のなかに、それに反応できるものが残っていないからです。

　正直な人たちが、盗みを働くよう誘惑されることは決してなく、彼らはどんなに厳しい状況をも、自分の正直さをよりいっそう磨くための機会に変えてしまいます。

　正しい食欲の持ち主が暴飲暴食に走るよう誘惑されることも、決してありません。

　気高い強さを持つ穏やかな人たちが、怒りを発するよう誘惑されることも決してありません。ふしだらな者たちの罠（わな）や謀略も、清らかな心の目には、虚しく意味のない影として映るのみです。

誘惑は、あなたに、
あなたがどこにいるのかを
教えてくれます。

"大法則"のなんと素晴らしいことでしょう。
　気高い人間は常に、恐れよりも、
　失敗よりも、貧しさよりも、恥辱よりも、
　不名誉よりも、はるかに高いところにいます。

　もしも誰かが、自分の幸せが他人によって傷つけられ、奪われ、貶められ、踏みにじられることを恐れているとしたら、それは、その人物がこれまで、自分の"気高い自己"を、傷つけ、奪い、貶め、踏みにじってきたからです。

　この事実を突きつけられても、目の前の喜びや物質的な富の喪失を恐れている人たちは、決して認めようとしません。

　しかし、不動の善意と誠意の持ち主たちにとって、これは当たり前の事実です。そして彼らは、いかなる恐れも抱くことがありません。なぜならば、すでに彼らは、内側の"臆病な自己"を追い払っていて、"真理"という持続的な"休息の地"を確保しているからです。

　人々を恐れの奴隷にしているのは、鞭や鎖ではなく、"彼らが自らその奴隷になっている"という事実なのです。

いかなる非難、中傷、悪意にも、
"正義の人"たちを傷つけることはできません。
彼らの怒りを誘発することも、反撃を促すこともできません。
彼らが、自身の潔白を証明するために
何かをする必要はありません。
彼らの振る舞いが醸し出す潔白さと気高さに触れるだけで、
様々な形で攻撃を仕掛けてくる敵意や悪意は、
一瞬にしてその力を失うことになるからです。

気高い心の持ち主たちは、
悪いことのすべてを、
善いことに変えてしまいます。

　気高い心の持ち主たちは、どんなに厳しい攻撃に晒されよう
とも、それを、"善の法則"に対する自身の忠誠を証明するた
めの好機として捉え、感謝と喜びとともに、それに立ち向かい
ます。
「今や、神聖な好機が訪れた！　"真理"のための勝利が、今
や目の前にある！　たとえ世界を失うことがあっても、私はこ
の機会を逃さない！」
　彼らは心のなかでそう宣言して、"悪"に対して"善"で立
ち向かい、"悪"の実行者に深い思いやりを示します。
　誹謗、中傷、敵意の実行者たちが、勝利を収めたかのように
見えることもあります。しかしそれは、仮初めの勝利であり、
長くは続きません。"正義の法則"は、活動を永遠に停止しな
いのです。
　気高い心の持ち主たちは、一時的に敗北したかに見えること
はあっても、無敵の人間たちであり、最終的な勝利は常に彼ら
のものです。彼らを倒すことのできる武器は、内側の世界にも
外側の世界にも、ひとつとして存在していないからです。

気高い心の持ち主たちが、
闇の力に屈服することはありえません。
"真理"への忠誠を貫き通している人たちであるからです。

私たちの心と人生は、
混乱から常に解放されていて
しかるべきです。

　よって、私たちは常に、あらゆる困難に直面する準備を
整えておく必要があります。遭遇するかもしれないあらゆ
る危機に備えて、自身の心の強さと判断力を、充分に育ん
でおかなくてはなりません。

　不測の困難が発生したときに、疑いや優柔不断、不確か
さなどの網に捕らわれて身動きが取れなくなるような事態
に陥るのを、避けるためにです。

　しかし、そのために必要な判断力と心の強さを育むため
には、似て非なるものを識別する能力が不可欠です。

　識別能力は、吟味し、熟慮する能力であり、"真理"へ
の道を歩んでいくために不可欠な能力でもあります。

　この能力は用いられるたびに向上し、その都度心は強化
されていきます。

心も筋肉同様、用いられることによって鍛えられます。

混乱、苦悩、心の闇は、
思慮不足から生まれます。

　自分の心の中身を注意深く吟味し、それを批判的に検証するには、勇気が必要です。人間は、"真理"の純粋な"法則"を理解し、"真理"の"すべてを露わにする光"を受け取れるようになるためには、まず最初に、自分自身に正直になり、自分自身に対して勇敢に立ち向かえるようにならなくてはならないのです。

　ただし、勇気がいるのは最初だけです。この作業を行うたびに、人間は強さを増していくからです。しかもこの作業は、一度始めてしまえば、それほど難しいものではありません。

　善いものは、吟味されればされるほど、輝きが増してきます。それは、どんな試験にも、どんな分析にも、悩まされることがありません。悪いものは、吟味されればされるほど、暗さが増してきます。それは、清らかな探究心の光を浴び続けると、生き延びることが不可能にさえなります。

　この識別作業の目的は、善いものと悪いものを見分けて、悪いものを捨てることです。

　識別能力は、"吟味"する能力と"熟慮"する能力でもあります。どの能力も、持続して用いられることによって向上します。そして、これらの能力を向上させるたびに、人間は"真理"へと近づいていきます。

思慮深い人間には、心の平和、至福、
そして"真理"の光が足早に近づいてきます。

あなたが何を信じているかが、
あなたがどんな
生き方をしているかです。

　信念はあらゆる行動の基盤です。そしてそれゆ
えに、心を支配している信念は、人生のなかに如
実に表れます。
　すべての人間が、内側の深いところにある信念
に、完璧に従って考え、行動し、生きています。
　そして、すべてを統治している“法則”の正確
無比な性質ゆえに、ふたつの相反するもの──た
とえば、正義と不正義、嫌悪と愛、平和と不和、
善と悪など──の双方を信じることは、誰にとっ
ても不可能なことです。
　すべての人間が、これらの相反するものの、双
方ではなく、どちらかを信じていて、それぞれが
所持しているその信念の性質を如実に表現しなが
ら、毎日を生きているのです。

信念と行動は分離されることがありません。
片方が知られると、
常にもう片方も知られることになります。

正義が統治しています。
よって、不正義と呼ばれるものはみな、
すぐに消え去る運命にある
束の間の現象です。

　他人の不正な行為にいつも腹を立てている人たち、
自分がひどい扱いを受けたと言いふらす人たち、世界
の不正義をいつも嘆いている人たちは、その振る舞い
によって、不正義を信じていることを明らかにしてい
ます。
　彼らは、そんなことはないと言い張るかもしれませ
ん。しかし、いくら否定しようとも、心の奥では、こ
の宇宙は混乱と混沌によって支配されていると信じて
います。そして、その結果として、誤った振る舞いを
続けながら、不安と不幸せのなかを生きているのです。
　その一方で、愛を信じている人たちは幸いです。彼
らは、愛の永続する力を実感しながら、その力をいか
なる状況下でも行使します。彼らが愛から離れること
はありません。彼らの愛は、友人たちばかりでなく敵
たちにも、同じように与えられます。

正義を信じる人たちは幸いです。
彼らは、いかなる試練や困難のなかでも、
穏やかさを保つことができます。

あらゆる思い、
あらゆる行い、
あらゆる習慣が、
信念の直接的な結果です。

　人間は、"真理"の絶対的な優位性を信じることによって、過ちから救われます。"善"の素晴らしさと力を信じることによって、"悪"から救われます。なぜならば、あらゆる支配的な信念が人生のなかで如実に表現されることになるからです。

　人々に神学的信念を尋ねる必要はありません。そんなことをしても、ほとんど、あるいはまったく意味がないからです。

　彼らが、たとえば「イエスは私たちのために死んだ」「イエスは神である」「私たちは信仰によって義とされる」といったことを信じていると答えたとします。でも、その一方で、もし彼らが、低俗で罪深い生き方を続けているとしたら、そんな答えを聞くことに何の意味があるでしょう。

　彼らが何を信じているかを知るには、こう尋ねるのがいちばんです。「あなたがたは、どんな生き方をしているのですか？　困難な状況に陥ったときに、どのように振る舞っているのでしょうか？」

　彼らが"悪"の力を信じているのか、"善"の力を信じているのかが、これだけで明らかになります。

"悪"の力を信じることをやめると、人間はそれにしがみつくことも、それを実践することもできなくなります。

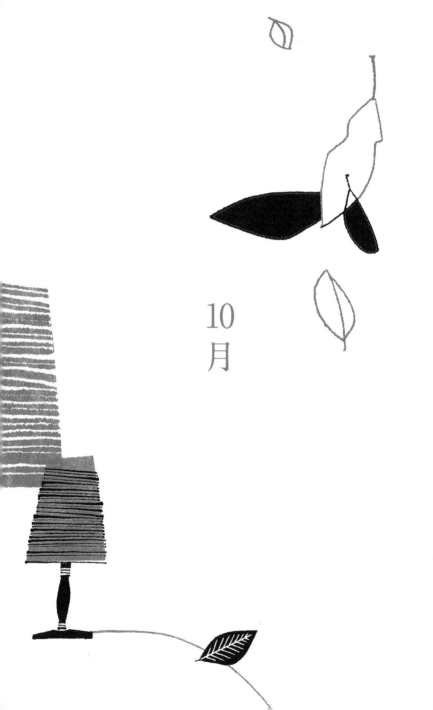

10
月

私たちは、自分にとって
価値があると強く信じているものにしか、
しがみつきません。
信念は常に行いに先行します。
よって、私たちの行いと人生は、
私たちの信念の果実です。

　善い行いの価値を信じている人たちは、それを愛し、それを
実践しながら生きています。
　不浄な行い、身勝手な行いの価値を信じている人たちは、そ
れを愛し、それを実践しながら生きています。
　そして人間の価値は、行いによって知られます。
　人々が、神やイエス、あるいは聖書に関して抱いていると主
張する信念と、彼らが人生に関して、とりわけ、自分たちの行
いに関して抱いている信念は、まったく異なったものであるこ
とがほとんどです。よって、彼らの神学的信念を聞いても、彼
らがどんな生き方をしているのかは判明することがありません。
　彼らの人生をつくり上げているのは、彼らの心のなかで、正
義か不正義のどちらかの上に固定されている彼らの信念です。
彼らが巡らす思いも、彼らの行動も、周囲の人たちに対する彼
らの姿勢も、すべてがその信念から出ているのです。

人生に重大な影響を及ぼしている信念は、
実質、ふたつしかありません。
ひとつは"善"の力を信じている心の姿勢であり、
もうひとつは"悪"の力を信じている心の姿勢です。

果実には木があり、
泉には水があるように、
行いには思いがあります。

　断固として正道を歩んでいると信じられ、自分でもそう
信じていた人物が突然、強い誘惑に負けて、ひどい罪のな
かへと転落する、という話はよく聞きます。

　しかしそれは、そこに至るまでの思いの推移が露わにな
ると、"突然"のことでも、不思議なことでもなくなりま
す。その"転落"は、彼の心のなかでおそらく何年も前に
始まった変化の、最終結果に他ならないからです。

　その人物は、あるとき、ある悪い思いが心のなかに入る
のを許してしまいました。そしてその思いが二度目にやっ
てきたときも、三度目にやってきたときも、それを歓迎し
ました。以後も同じことが繰り返され、それはある頃から、
その人物の心に住み着くようになりました。

　さらにその人物は、その思いと一緒に暮らすことに徐々
に慣れてきて、それを抱きしめ、可愛がり、世話をするよ
うにさえなりました。するとその思いは、どんどん成長し、
ある"好機"を引き寄せる力を身につけました。成熟した
それ自身を、行動として一気に噴出させる機会をです。

あらゆる罪と誘惑が、
個人によって巡らされる思いの自然な結果です。

自分が巡らす思いを、しっかりと監視することです。

今日の隠された思いのなかにいるあなたが、

そのまま、外側で行動する明日のあなたになるのですから。

隠されているもので露わにされないものは、ひとつもありません。心のなかに隠されている思いも、この宇宙を貫いて機能している"法則"に従って、そのすべてが、それぞれの性質に応じて、善い行いか悪い行いとして、やがて必ず開花することになります。

神聖な"教師"も官能主義者も、彼ら自身の思いの産物であるという点では同じです。彼らがそれぞれ心のなかに蒔いた、あるいはそこに落下するのを許した、思いという種が、彼らによって水を与えられ、世話をされ、育まれた結果として、一方は"教師"になり、もう一方は官能主義者になったのです。

外側の状況といくら格闘しても、誘惑と罪を克服することは、誰にもできません。それらを克服するには、誰もが、自分の思いを浄化するしかないのです。

人間が自分に引き寄せられるのは、
心の中身と調和したものだけです。

あなたは、
自らが頻繁に巡らしている
思いによって、
自らの人生を形づくっています。

　あなたの思いを巡らしているのは、あなたです。
　ゆえにあなたは、あなたの人格と人生のつくり手
です。
　思いには、原因として機能する力と創造性があり、
人生と人格のなかに必ず“結果”としてそれ自身を
出現させます。
　あなたの人生内には、いかなる偶然もありません。
そこで発生する美しい和音も、不協和音も、あなた
の思いの反響です。
　人は考え、それに従って人生は現れます。
　あなたの支配的な心の姿勢が、平和を好み、愛に
満ちているなら、幸せと喜びが、あなたの後ろに付
き従います。もしもそれが嫌悪と敵意に満ちたもの
であるなら、不運と苦悩があなたの道を曇らせます。
　悪意からは悲しみと不幸せが、善意からは喜びと
幸せが生まれます。

あなたの思いの境界線は、
あなたの思いが自ら築いているフェンスです。

苦悩、嘆き、悲しみ、
不幸せを実らせる木の"花"は、
理性を欠いた感情です。

　感情的になりやすい人たちが不正義しか見ていない場所で、感情を制御することのできる善良な人たちは、"正義の法則"を見ています。

　善良な人たちにとって、不当な扱いを受けることは不可能なことです。というのも、すでに彼らは不正義を見ることをやめているからです。

　彼らを傷つけたり欺いたりすることは、誰にもできません。そして彼らは、そのことをよく知っています。すでに自分自身を傷つけたり欺いたりすることを、やめているからです。

　人々が彼らに対して、どんなに感情的で、どんなに侮辱的な態度を示してきたとしても、それによって彼らが傷つくことはありません。というのも、自分のところにやってくるものは、それが何であっても（たとえ虐待であっても、迫害であっても）、自分が以前に送り出したものの結果に他ならないことを、彼らはよく知っているからです。

　そのために彼らは、あらゆる物事を善いものとして捉え、喜んで受け入れます。彼らは敵さえも愛します。罵ってくる人々にさえ感謝します。それらの人々は、彼らにとっては、無知ではあるものの、"大法則"に対する彼らの道徳的負債の支払いを仲立ちしてくれる、情け深い媒体に他ならないのです。

"正義の法則"と"愛の法則"は同じものです。

国の歴史は、
国民の無数の行いによって
築かれてきた建造物です。

　肉体が無数の細胞によってつくられているように、家は無数のレンガによって、人間の心は無数の思いによってつくられています。

　個々の人格は、その持ち主が頻繁に巡らしてきた様々な思いの集大成に他なりません。

　「人は誰も、内側で考えている通りのものである」という古来の金言は、まさにこのことを語っているのです。

　個人の性格的特徴群は、そのそれぞれが"固定された思いの流れ"です。

　この"固定された"は、それらの特徴が、今の人格内で、中心的かつ不可欠な部分を構成するに至っている、という意味です。

　そのために、それらを変える、あるいは取り除くためには、意志の力の持続的な行使と、徹底した自己制御が必要になります。

　人格は、家と同じようにして、新しい素材が次々と加えられることで築かれます。人格の素材は、言うまでもなく"思い"です。

無数のレンガが用いられて都市が建設されるように、
無数の思いが用いられて、人格、すなわち心は築き上げられます。

心の建築家です。
すべての人間が

　賢く選ばれ、正しく配置される"清らかな思い"の集団は、決して砕け散ることのない"高い耐久性を持つレンガ"の集まりであり、人間はそれらを用いて、居住者に安らぎと安全を提供する美しい建物を、速やかに築くことができます。

　全体の強度を高める強い思い、信頼する思い、義務の完璧な遂行を決意する思い、さらには、思いやりに満ちた自由で壮大な人生を熱望して躍動する思いなども、この堅牢（けんろう）な心の神殿を築くために必要とされるレンガたちです。

　そして、新しくこのような神殿を建設するためには、古くて無益な"思いの習慣"の数々を粉砕し、跡形もなくする必要があります。

人間はみな、
自らが自らのつくり手です。

宇宙の基本法則と
調和して生きる。
これがすべてです。

　成功に満ちた力強い堂々とした人生——逆境や誘惑の猛烈な嵐に晒されてもまったく動じない人生——を築き上げるためには、４つの単純な、しかし決して揺らぐことのない、神聖な"道徳の法則"による支えが不可欠です。

　"正義""正直""誠実""思いやり"が、その４つです。これら４つの倫理的美徳は、人生にとって、家を支える四隅の柱ほどに重要なものです。

　この真実を無視し、不正義、策略、身勝手などによって成功を勝ち取ろうとすることは、建築家が四隅の柱を設けずに、充分な耐久力を持つ強固な家を建てようとすることと同じです。

　そのような試みの先には、失敗と落胆のみが待ち受けています。

人生の優れた建築家
となることです。

あまりにも多くの人たちが、
大きなことのほうが重要なのだから、
小さなことは見過ごしてもかまわない、
という偽りを受け入れています。

　4つの"道徳の法則"を人生の基盤として受け入れている人たち。
　それらを土台として人格を築き上げようとしている人たち。
　思いと言葉と行いを、常にそれらと調和させている人たち。
　日常の義務や細かい作業も、それらの指示に忠実に従って遂行している人たち。
　このような人たちは、"正義""正直""誠実""思いやり"の頑丈な基礎を、しっかりと設置している人たちであり、周囲の手本となる人生の見事な建物を、いずれ間違いなく築くことのできる人たちです。
　彼らが築きつつある建物は、彼らが住み着き、平和と至福と安らぎに浸るための神殿です。その人生の神殿は、このうえなく美しく、このうえなく強い建物でもあります。

強くて美しい至福の人生を築きたいならば、
人生のどんなに小さな部分においても
道徳的美徳の実践を心がけることです。

向上心が思いの集中と
結びついたものが、
正しい瞑想（めいそう）です。

　一時的な喜びを追求するだけの世俗的な人生に
飽き足らず、より気高く、より清らかで、より輝
かしい人生の実現を強く願い始めたとき、人々は
眠っていた向上心を目覚めさせます。そして、そ
の人生を手に入れることに強く思いを集中してい
るとき、彼らは瞑想しています。

　向上心がなければ、瞑想は意味をなしません。
無気力や無関心は、瞑想を気怠（けだる）い物思いに変えて
しまいます。

　そして、集中する力が強ければ強いほど、より
容易に瞑想に入ることができて、より成功裏にそ
れを実践することができます。

　向上心が充分に目覚めていれば、後は強い集中
力が、瞑想する人間を急速に"真理"の高みへと
押し上げてくれます。

実現可能な最高の人生を目指す人間にとって、
瞑想はなくてはならないものです。

"真理"を追求し始めると、人間は自然に、道徳的な振る舞いに関心を向けるようになります。

　人間は思いの集中によって、天才の高みへと上っていくことができます。しかしそれだけでは、"真理"の神聖な高みには上っていけません。これを達成するには瞑想が必要なのです。

　思いの集中は、"シーザーの素晴らしい理解力と巨大な力"の獲得を可能にします。

　瞑想は、"仏陀の神聖な知恵と完璧な心の平和"への到達を可能にします。

　思いの集中がもたらすものは"力"です。そして瞑想がもたらすものは"知恵"です。思いの集中によって、人間は、人生内の活動分野──科学、芸術、商売等々──で必要となるあらゆる能力を獲得することができます。しかし瞑想は、人生の"本質"を改善するための能力──正しい生き方、悟り、知恵等々──を獲得させてくれます。

　聖者たち、賢者たち、救い主たち──この世界に生きた、あるいは生きている本当に賢い人たち、神聖な教師たち──はみな、神聖な瞑想の成熟した果実たちです。

"真理"を徹底して愛すことです。
そのなかに吸収されて
しまいそうになるくらい、
熱心に愛すことです。

瞑想の目的は神聖な悟りです。
あなたは考える存在であり、
あなたの人生と人格は、
あなたが何度も繰り返して巡らす
思いによってつくり上げられます。

　実際に瞑想に費やされる時間は、最初はおそらく、早朝の
30分程度と、短いものかもしれません。しかし、その30分
のあいだに、活発な向上心と思いの集中によってもたらされ
る成果は、その後、眠りに就くまで、実際の人生のなかで実
践されることになります。

　これはある意味、瞑想を行う人たちにとっては、人生内の
あらゆる時間が瞑想の時間に他ならないということでもあり
ます。

　そして彼らは、その成果を実践し続けていくうちに、自分
たちの人生内に存在する様々な義務が、日を追うごとに、よ
り楽しめるものになってきていることに気づくことになりま
す。彼ら自身が、日を追うごとに、より強く、より気高く、
より穏やかに、より賢くなっていくことが、その理由です。

　瞑想の直接的な効果はこのふたつです。
① 清らかな願望や清らかな行い、あるいは完璧に
　清らかな人たちに、繰り返し思いを巡らすことで、
　心がより清らかになること。
② 清らかさが増した心を
　外側の人生のなかで行動にして表現することで、
　瞑想の成果が定着すること。

思いは、意図的に繰り返し巡らされ、
同じ性質の思いと関連づけられた結果として、
やがて習慣となり、そのときから、
それ自身を自ら繰り返すようになります。

日々の瞑想の助けを得て、清らかな思いとの関わりを深め続けていくと、やがて瞑想者は、清らかで賢い考え方の習慣を形成します。

それは同時に、清らかで賢い行動と、意欲的な義務の遂行が習慣化することでもあります。

清らかな思いの不断の繰り返しにより、それを習慣化したときから、人間は清らかな思いとひとつになります。

そのときから人間は、内側におけるその達成を清らかな行動で表現しながら、浄化された存在として、穏やかで賢い人生を送り始めます。

人々の多くは、一連の身勝手な願望、欲望、感情、憶測などのなかで生きています。そのために、彼らには不安、疑念、悲しみが、常に付き纏っています。

しかし人間は、瞑想を通じて自分自身を鍛え続けることで——自分の思いを清らかさに集中して向け続けることで——内側の身勝手な自己を徐々に制圧していくことができます。

瞑想は物思いに耽ることではありません。

身勝手さは、
無知の暗い土壌から
養分を吸い上げている
"悪"の木の根っこであり、
あらゆる苦悩の源です。

　身勝手さは、裕福な人々にも貧しい人々にも、同じように苦悩をもたらします。

　この仕組みから逃れられる人間は1人もいません。

　裕福で身勝手な人々には彼ら特有の苦悩があり、貧しくて身勝手な人々にも彼ら特有の苦悩があります。

　裕福な人々は持続的に彼らの富を失う傾向にあり、貧しい人々は持続的にそれを獲得する傾向にある、という側面もあります。今日の貧しい人々は、明日の裕福な人々かもしれません。逆も真なりです。

　恐れもまた、大きな暗い影として、あらゆる身勝手な人々に付き纏っています。

　富を身勝手な方法で獲得して、身勝手な意図で保持している人間は、不安定さを常に感じ、その富の喪失を常に恐れています。

　その一方で、貧しさの原因を追求することなく、物質的な富を闇雲に追求する貧しい人たちは、極貧への転落を常に恐れています。

　そして、不和が蔓延（はびこ）るこの世界に住む、ほぼすべての人間が、一つの大きな恐れ——死の恐怖——を共有しています。

人間はみな、自らの身勝手さゆえに苦悩するのです。

気高さに思いを巡らす瞑想は、
心を強くし、
生まれ変わらせます。

　あなたは３つの"放棄の門"を通り抜けなくてはなりません。最初の門には"不純な願望の放棄"、ふたつ目の門には"根拠のない持論の放棄"、そして最後の門には"身勝手な自己の放棄"という文字群が刻まれています。

　あなたは瞑想に入り、自分の不純な願望の数々を吟味し始めます。心のなかでそれらを徹底して追跡し、それらが自分の人生と人格に、どのような影響を及ぼしているかを突き止めます。

　すぐにあなたは、人間は不純な願望を放棄しないかぎり、自分自身と環境双方の奴隷であり続けなくてはならない、ということに気づきます。

　あなたはこれに気づいたとき、"不純な願望の放棄"と記された門に足を踏み入れます。そして、心の浄化に不可欠な自己制御の行程を歩み続ける決意を固めて、その門を通過します。

"信頼の光"を放つランプは、持続的に燃料が補給され、間断なく手入れされなくてはなりません。

身勝手な自己を放棄する決意を
固めた人間にとって、
"今日の喪失"は"明日の獲得"を
大幅に増やすことに他なりません。

　勇気を持って前に進み続けることです。
　外側の友人たちの雑音も、内なる敵たちの雄叫（おたけ）
びも気に止めることなく、自分の理想を常に見据
え、そこに至るための努力を続けることです。
　毎日、心のなかから身勝手な動機と不純な願望
を取り除くことに努め、ときには躓（つまず）き、ときに
は倒れようと、常に上に向かって、より高いとこ
ろを目指して旅を続けることです。
　そして毎晩、静かな心のなかに、その日の旅を
記録し、どんなに失敗が続いていても落胆しない
ことです。神聖な戦いの数々を、たとえ敗北した
としても記録し続け、静かな勝利の数々を、たと
え取り逃がしたとしても記録し続けることです。

真実と偽り、実体と影を、
しっかりと識別できるようになることです。

識別能力の価値は計り知れません。

　ついにあなたは、不純な願望を放棄することに成功し、透き通った"慎み深さの衣"を心に纏い、自分のあらゆるエネルギーを傾けて、これまで自分が抱きしめてきた"根拠のない持論"を、根こそぎ葬り去ろうとしています。

　すでにあなたは、ひとつの不変の"真理"と、いくつもあって常に変化する、あなた自身や他の人たちの"真理に関する持論"を識別し、善性、清らかさ、思いやり、愛などに関して自分が抱いてきた"持論"の内容は、それらの真の性質とは大きく異なったものであることを知るに至っています。

　そして、実現可能な最高の人生を生きるには、その持論にではなく、不変の"真理"に従って生きなくてはならないことも知っています。

　以前のあなたは、自分の持論に大きな価値を持たせてきました。しかし今や、その持論を主張することも、それを他の人たちの持論と戦わせることも、やめようとしています。根拠のない持論は価値がないばかりか、有害でさえあることを知るに至っているからです。

"清らかさ""知恵""思いやり"そして"愛"こそが、あなたが頼るべきものです。

さあ、
内側の神聖な中心に
入りましょう。

　持論を放棄し、以後も粘り強く自分を制御し続けることで、心を完全に浄化するに至ったあなたは、いよいよ"永遠に持続する現実"のなかへと入っていきます。

　そうやってあなたは、真の人生を生き始めます。

　あなたはすでに、かつての自分が見続けていた、実体を持たないあらゆる影、あらゆる幻想、あらゆる空想から自由になっています。

　もはやあなたは、感情の奴隷ではありません。いかなる持論の召使いでもありません。独りよがりな罪の愛好家でもありません。

　すでにあなたは、自分の心の内側で"神聖な中心"を発見しています。

　今やあなたは、完璧に浄化された、清らかで穏やかで強くて賢い人間として、"天国の生命"を周囲に休みなく放射しながら生き始めています。

　今やあなたは、その"生命"のなかで生きていて、その"生命"は、あなた自身でもあります。

人間にとって、内側にある"永遠に変わることがなく、
時間と死による制限をまったく受けることのないもの"を
知らないことは、何も知らないことに等しく、
そのままで生き続けることは、
時間の鏡に反射する"実体のない映像"と
無意味に遊び続けることに他なりません。

内側の神聖な避難所のなかに入り、
そこに留(とど)まっているとき、
あなたは、あらゆる罪から自由になっています。
そこでは、いかなる疑いも
あなたの信頼を揺るがさず、
いかなる不安も
あなたの安らぎを盗むことがありません。

　人々の多くは、彼ら自身の不純な願望を愛しています。束の間(つか)の喜びを、彼らは、たまらなく好きなようです。しかし、その喜びのあとには、必ず苦悩と虚(むな)しさが訪れます。

　彼らはまた、知性を駆使した激しい論争も愛しています。彼らはどうやら、身勝手さを人間的な魅力のひとつだと考えているようです。しかし身勝手な論争の果実は、常に、屈辱と悲しみです。

　人間の心は、束の間の喜びの最終結果に到達して、身勝手さの苦い果実をたっぷりと収穫すると、"神聖な知恵"を受け取る準備を整え始めます。そしてやがて、その知恵を受け取り、それとともに"神聖な人生"へと入っていきます。

　"磔(はりつけ)にされし者"のみが、神聖な変容を果たすことができます。"身勝手な自己の死"によってのみ、心の"主"は、永遠の生命のなかに復活し、その輝かしい容姿を"知恵の山"の頂に現すことができるのです。

身勝手な自己が存在しない場所には、
このうえなく美しい人生の花園があります。

生命は流れ以上のものです。
それは音楽でもあり、平和でもあり、
責務でもあり、愛でもあります。

　不浄な人たちは、自らを浄化することで清らかになります。
弱い人たちは、自らを強化することで強くなります。無知な人
たちは、自ら知識を得ることで、賢くなります。

　そして、そのあらゆる成果が彼らのものであり、彼らが何を
手に入れるのかを選択するのは彼ら自身です。

　人間はみな、今は無知のなかで選択していても、いずれは知
識のなかで選択するようになります。そしていつしか、自らを
自らの手で救済します。

　あなたが信じようが信じまいが、人間は自らの手でそれを行
います。

　というのも、人間は自分の責任から逃れることができないか
らです。言い換えるなら、自分の心の責務を、他の誰か、ある
いは何かに果たしてもらうことはできないからです。

　神学的な策略をどんなに駆使しても、人間を存在させている
“法則”を誑かすことは不可能なことです。“法則”は何が起こ
ろうとも、人間の身勝手な思いと行いを、正しい思いと正しい
行いに変えたりはしてくれません。それは、人間の心が、自ら
の手で行わなくてはならないことなのです。

生命は喜び以上のものです。それはこのうえない恵みです。

このうえない恵みを体験したいのなら、自分の素性を突き止めることです。

　人々は信条から信条へと渡り歩いては、不安を発見しています。様々な土地を旅しては、落胆を発見しています。大邸宅を建て、美しい庭をつくっては、退屈と不満を刈り取っています。

　人間は、内側にある"真理"を信頼し始めるまでは、真の安らぎと満足を得ることはできないのです。

　そして、人間が終わりのない不滅の喜びを完全に味わうことができるのは、内側に"気高い振る舞いの邸宅"を建てたときからです。

　しかし人間はみな、いつかはその喜びを体験し、その喜びを、自身のあらゆる行いと所有物のなかに注ぎ込むことになります。

　いくつもの罪の重荷をもはや背負わなくなると、人間は"キリスト"のところに飛んでいきます。"彼"の住処は、人間の心のど真ん中にあり、そこに入った人間は、このうえなく深い安らぎで満たされ、死を超越している存在たちの仲間に、嬉々として加わることになります。

気高い心は人間の天性の心です。

あらゆる力、あらゆる可能性、あらゆる行いが、今のなかにのみ存在しています。

　人々の多くは、過去か未来のなかに住んでいて、現在にはいません。今を生きることを忘れているのです。あらゆることが、今において"のみ"可能だというのにです。

　自分たちを導く知恵を欠いているために、そして非現実を現実と取り違えているために、彼らは言います。

「先週、先月、あるいは去年、これ、これ、こういうことをしていれば、今の状況はずっと善いものになっていただろうに。何をしたらいいかは、わかっている。でも、それは明日やることにする」

　身勝手な人たちは、現在のとてつもない重要性と価値を理解していないために、それを実体を持った現実として見ることができないでいるのです。過去と未来は、現在の虚しい影に過ぎないというのにです。

　過去と未来は、影として以外は存在していません。過去と未来に住むこと──後悔と不安のなかにいること──は、現実の人生から目をそらすことです。

過去への後悔と未来への不安を一掃し、
行う必要のあることを、今、ここで行うこと。
これこそが知恵です。

気高さは、罪との持続的な戦いの成果です。

　優柔不断のあらゆる脇道──過去と未来の影の国に住むよう
あなたを誘惑する、曲がりくねったあらゆる脇道──を歩むの
をやめ、あなたの天性である強さを、今、表現することです。
そうやって自由な"本道"に戻ることです。

　あなたがなりたいと願う人間に、あなたは、今、なり始める
ことができます。実行の先延ばしは、いかなる達成にも寄与し
ません。

　もしあなたが、行うべきことを持続的に先に延ばす力を持っ
ているとしたら、それは、あなたが、価値のある物事を持続的
に達成する力も持っている、ということに他ならないのです。

　この真実を理解することです。あなたは、今、あなたが夢見
てきた理想的な人間への道を歩み始められるのです。

　今、行うことだ。そして見よ！　あらゆる物事が成し遂げら
れるのを。

　今を生きることだ。そして見よ！　汝がすでに豊かさのど真
ん中にいるのを。

　今に居続けることだ。そして知るのだ！　汝はすでに完璧な
のだということを。

神聖さとは、あらゆる罪を道端に捨て、
それらを絶対に振り返らなくなることで 蘇 ってくる、
心の状態です。

「明日、清らかになる」ではなく、
「今、清らかになる」と宣言することです。

　"明日"は、何をするにも遅すぎます。明日の支援や救いを期待する人々は、失敗と堕落の今日を生きます。

　彼らは今日、考えます。

「自分は昨日、何てことをしたんだ！　あんな過ちを、何で犯したんだ！」

　あなたがもし、過去の過ちを悔やんでいるとしたら、その後悔は即座に、そして永遠に捨て去ることです。そして今日、過ちを犯さないようにすることです。あなたが過去を悔やみ続けているかぎり、あなたの心のあらゆる門が、今日の過ちの侵入に対して無防備な状態であり続けます。

　愚かな人たちは、"今日の努力"という成功の王道よりも、"遅延の気怠い快適さ"を愛しているために、こんなことを言います。

「明日は必ず、早起きをする」「借りを返すのは、明日にしよう」「明日には必ず意思を貫徹する」

　しかし賢い人たちは、"永遠の今"の掛け替えのない重要性を認識しているために、今日、早起きをし、今日、借りを返し、今日、意思を貫徹します。そしてそのために、心の平和と強さと実りある行動から、決して遠ざかることがありません。

何もせずに未来を期待することも、
癒やすことのできない過去を嘆くこともやめ、
今に全エネルギーを注ぎ込むことです。
これは、あらゆる成功の秘訣（ひけつ）です。

幸せな始まりを振り返り、
悲しい終わりを
展望することで、
人間は心の視力を失い、
自身の永遠性を
見られなくなります。

　起こるかどうかもわからないこととの関わりと、後悔のなかへの無意味な避難をきっぱりとやめ、今、ここにあるものに、身も心も集中して捧げ(ささ)ること。これこそが賢い人間の生き方です。

　身勝手な自己がつくり上げた多くの幻想によって心の目を曇らされている人たちは、こう言います。

　「私たちは、何年と何か月前に誕生し、やがてそれぞれに割り振られた時期が訪れると、死んでいきます」

　しかし現実には、彼らはそのときに誕生してもいなければ、時期の訪れとともに死んでいくこともありません。永遠の生命を持つ存在たちが、いったいどうやったら誕生と死の対象になどなれるのでしょう？

　彼らは多くの幻想から解放されなくてはなりません。それらから自由になったとき、彼らは知ります。彼らの今の肉体の誕生と死は、永遠に続く彼らの旅のなかで発生する無数の出来事のうちのふたつに過ぎず、その旅の始まりと終わりではないということを。

宇宙は、それを構成するあらゆるものとともに、
今、存在しています。

人間は身勝手さを放棄することで、
純真で無垢な、それゆえにこのうえなく美しい、
宇宙の真の姿を見られるようになります。

　人生を生命の断片として生きるのではなく、生命の"完璧な全体"として生きられるようになることです。そうすればあなたは、宇宙の完璧さとその純真さを理解できるようになります。

　断片は、いったいどうやったら完璧な全体を理解することができるのでしょう。その一方で、完璧な全体にとって、断片を理解することはどんなに容易なことでしょう。

　罪人は、偉大な人間をどうやったら理解できるのでしょう？その一方で、偉大な人間にとって、罪人を理解することはどんなに容易なことでしょう。罪人が偉大な人間を理解するには、あらゆる罪を放棄すること以外に方法はありません。

　いかなる断片のなかにも完璧な全体は収容されていません。しかし完璧な全体のなかには、あらゆる断片が収容されています。

　どんな色のなかにも、まばゆい光は閉じ込められていません。しかし、まばゆい光のなかには、あらゆる色が収められています。

　あなたは、自分のあらゆる身勝手さを排除することで、"完璧な全体"とひとつになり、その全体を理解できるようになります。

人間は、自身の身勝手な自己を全滅させたときから、
宇宙の"永遠に持続する現実"を
完璧に反射する鏡として生き始めます。

美しい和音を構成するひとつの音は、
たとえ顧みられることがなくても、
間違いなくそのなかに含まれています。
そして一滴の水は、海の一部となることで、
海の持つあらゆる力を獲得することになります。

あなた自身の心を、深い思いやりで満たし、人類の心
とひとつにすることです。それによってあなたは、"天
国"の美しい音楽を再び奏で始めることになります。

あなた自身を、すべてに対する無限の愛のなかに浸し
切ることです。そのときからあなたは、永遠なる至福の
海とひとつになり、実現可能な最高の人生を歩み始める
ことになります。

人間は複雑な表面へと出かけていき、続いて、単純な
中心へと戻ってきます。

自分自身の真実を知るまでは、宇宙の真実を知ること
は不可能であるということに気づいたとき、人間は"原
初の純真さ"のなかへと戻って行きます。そしてそのな
かに入った人間は、内側から自身を大きく広げていき、
宇宙を抱きかかえることになります。

"神"を空想することはもうやめ、あなたの内側で、
すべてを抱きかかえている"神"を見出すことです。

清らかな人間は、自分が清らかであることを知っています。

　自分の内側から、怒り、貪欲、淫らな欲望、根拠のない持論などを放棄しようとしていない人間は、見ることも、知ることも、決して正しくは行えません。そのような人間は、たとえ大学で多くを学んでいても、知恵の学校では完全な落第生です。

　知恵への鍵を知りたがっている人たちがいたら、彼ら自身をよく知るよう、教えてやってください。

　彼らの過ちは、彼ら自身ではありません。それは、彼らの一部などではないのです。彼らの様々な過ちはみな、彼らが愛するようになった、彼らの病気です。彼らがそれらにしがみつかなくなれば、それらも彼らにしがみつかなくなります。

　それらの罪を、すべて捨て去るよう、彼らに教えてあげてください。それらを完全に捨て去ったときから、彼らは、彼ら自身を正しく表現しながら生き始めます。

　そのとき彼らは、自分たちが"理想的な人間""不滅の法則""永遠の生命"そして"永遠なる善"であることを知っています。

清らかさは極めて単純であり、それを擁護するための、いかなる議論も必要としません。

〝真理〟を生きることです。

"柔和""忍耐""愛""思いやり"そして"知恵"——これらは"原初の純真さ"に特有の資質群です。

よって、不完全な人たちは、これらを正しく理解することができません。"知恵"を理解できるのは"知恵"の持ち主のみであるからです。

そのために愚かな人たちは、「賢い人間なんてどこにもいない」と言い放ちます。彼らはまた、「誰だって完璧な人間になんか、なれるはずがない」とも言い切ります。

よって彼らは、完璧な人間とともに一生を過ごしたとしても、その人間のなかに完璧さを見出すことができません。彼らにとっては、"柔和"は臆病であり、"忍耐""愛""思いやり"は弱さであり、"知恵"は愚かさです。

完璧な識別能力は"完璧な人間"のみが持つものであり、不完全な人間がそれを持つことは不可能です。よって人間は、"完璧な人生"を実現するまでは、人生のあちらこちらで、誤った判断を頻繁に下してしまう傾向にあります。

完璧な人生のみが、"真理"とひとつになっていることの証です。

"内なる現実"を発見することは、
"純粋な善性"を発見することに他なりません。

　内なる"神の心"を知るに至った人間は、周囲にいるすべての人間の心を、即座に変えてしまいます。周囲のあらゆる人々の思いが、その人間——神の心を知り、自分自身の思いの完璧な主人となった人間——のものと同じになります。よって、完璧に善良な人間は自分自身を防御する必要がありません。周囲の人たちの心を、自分の心とそっくりなものにつくり替えてしまうからです。

　困難な問題が未熟な知性を圧倒するように、"純粋な善性"はどんなに困難な問題をも圧倒します。"純粋な善性"が近寄るだけで、あらゆる問題が消え去ります。善良な人間が"幻想の殺し屋"と呼ばれていることの理由が、ここにあります。罪が存在しないところに問題が居続けることは、不可能なことです。

　問題と騒々しく格闘している人たち、そのために心が安まらないでいる人たちには、こう言ってやりましょう。

　あなたがたの内側にある、神聖な静寂のなかに入っていくことです。そしてそのなかに心を住まわせた状態で、日々を生きることです。

　やがてあなたがたは、内側の同じ場所で"純粋な善性"を発見します。そのときあなたがたは、"幻想の神殿のベール"を真っぷたつに引き裂き、"忍耐"や"平和"そして"完全なるもの"の美しい輝きのなかへと入っていくことになります。

　"純粋な善性"と"原初の純真さ"は、言うまでもなく、同じものです。

"原初の純真さ"は極端に単純であるために、
人間がそれを知覚できるようになるには、
外側の物事へのあらゆる執着を放棄しなくてはなりません。

周囲からの承認を追求する人間には、苦悩と不安が延々と付き纏います。

　外側のあらゆる物事への執着を断ち切り、内なる善の上で安らかに休息を取ることは、誰にとっても、まさに賢いことです。この"究極の知恵"も、他のあらゆる知恵同様、裕福な人間と貧しい人間の双方に分け隔てなく貢献します。この知恵も、これを用いるあらゆる人間の心を強化し、安らかさを増大することになります。

　いかなる富も、内側のあらゆる不浄なものを洗い流した人間を、不浄にすることはできません。いかなる富の欠如も、心の神殿を劣化させることをやめた人間を、劣化させることはできません。

　外側のいかなる状況や出来事の奴隷となることも拒絶し、それらの状況や出来事のすべてを、学習の機会、あるいは自分にとって有益なこととして捉えることは、"知恵"の素晴らしい活用です。

　真に賢い人たちにとっては、あらゆる出来事が"善"であり、"悪"を見る目が彼らにはありません。そのために彼らは、日を追うごとに、より賢くなり続けます。

　"神の秩序"のなかに真の失敗はひとつもないということを知っている彼らは、自分たちのどんな失敗にも即座に気づき、それらを価値のある教訓として受け入れます。

　彼らは、自分たちが体験するあらゆる状況を常に活用していて、常にそれらの上位に立っている人たちです。彼らがそれらの奴隷となることは、もはや永遠にありません。

自分が愛されていない場所でも愛すこと。
このなかにこそ、人間を最終的に必ず
成功へと連れていく強さが横たわっています。

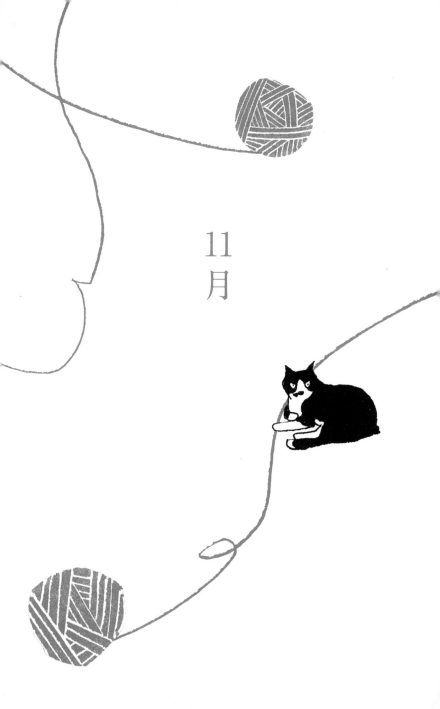

11
月

賢い人たちは、
真の自分自身を知ることには貪欲です。

あらゆる"強さ""知恵""力""知識"を、私たちは内側で発見することができます。しかしこれは、自惚れの強い身勝手な人たちには不可能なことです。これは、謙虚な心の姿勢と、真の自分自身を知る意欲を持つ人間のみが、行えることなのです。

私たちは、自分たちよりも上位の存在である"大法則"に、謙虚に従わなくてはなりません。それをさておいて、下位の存在である身勝手な自己を愛することは、明らかな過ちです。

自惚れの強い身勝手な人たちは、他人の親切な提言も、賢い助言も、自分の経験が提供してくれる教訓さえも、受け入れを拒絶します。それでは、真の自分自身を知ることは永遠に不可能です。

ある偉大な教師が、弟子たちにこう言いました。

「自らが自らの灯りとなることです。自分のみを頼りにし、外側からの助けには一切頼らないことです。"真理"を自分の灯りとして、それにしがみつき、"真理"のなかでのみ、自らの救いを追求することです。これを行える人たちこそが、私の弟子たちのなかで、最高の高みへと至ることのできる人たちです。ただし、これを行えるようになりたい人間は、内側で意欲的に学び続けなくてはなりません」

真の教師は、あらゆる人間の心のなかにいます。

思いの分散は
弱さを育み、
思いの集中は
強さを育みます。

　決意は強い意志であり、高い集中状態
にある思いです。目標の達成が決意され
ると、心のあらゆるエネルギーがその方
向に導かれ、決意の持ち主と目標のあい
だに存在する様々な障害物が、次々と破
壊され、克服されていきます。

　決意は"達成の神殿"の建築主任です。
それは、単体では役に立たないかもしれ
ない様々なものを関連づけて１か所に集
めることで、"完璧な全体"の構築に力
を尽くします。この行程のなかに、儚
い気紛れ、虚しい空想、曖昧な願望、持
続力のない決意擬きなどが入り込む余地
は、まったくありません。

　決意のなかには無敵の力があり、それ
があらゆる不安を蹴散らしながら、その
持ち主の勝利に向かう力強い歩みを後押
しすることになります。

成功者たちのすべてが、
強い意志の持ち主たちです。

あなたを幸せにするのも不幸せにするのも、あなた自身です。

　疑い、恐れ、不安は、身勝手な自己内の実体を持たない影であり、静寂な心の高地に到達している人たちにとっては、もはや無縁のものになっています。

　悲しみもまた、"大法則"を実感している人たちにとっては、永遠に体験することのないものです。

　彼らは、その"法則"が不滅の"愛"であることを知っている人たちです。彼らはその"愛"とひとつになっていて、すべての人間を愛しています。あらゆる怒りや愚かさから解放されている彼らは、"愛"によってもたらされる無敵の保護を受け取ってもいます。

　彼らは何も要求しません。しかし彼らには、必要なものが常にもたらされます。

　彼らが一時的な喜びを追求することは、もはや永遠にありません。しかし彼らは、もはや悲しみを知らず、自分たちのあらゆる力を、奉仕のための道具として用いながら、永遠に続く最高の恵みと至福のなかを、静かに穏やかに生きています。

身勝手な心の奴隷として生きている人たちのすべてが、
心の主人として生きていくことを強く決意することで、
いつの日にか完璧な自由を獲得することになります。

柔和になった人間は、神性を表現し始めた人間です。

　山はどんなに激しい嵐にも屈することなく、ひな鳥や子羊たちを守ります。それはまた、人間たちにどんなに踏みつけられようとも、彼らのこともしっかりと嵐から守り、その不滅の胸に抱きかかえます。

　柔和な人たちとは、この山のような人たちです。彼らは何があっても動ずることがなく、常に冷静です。

　と同時に、彼らはこの上なく情け深い人たちであり、深い思いやりとともに身をかがめ、弱いものたちを守ります。

　彼らはまた、たとえ見下され、どんなに嘲笑を浴びようと、その静かな威厳によって人々の心を鼓舞し、その深い愛によって人々を癒やします。

　柔和さは神性の表れであり、山の静かな強さに似ています。柔和な人たちの深い思いやりは、山の裾野のようにどこまでも延びています。

　彼らはまた、山のように、常にどっしりと身構えている一方で、その心は天の高みに到達していて、その場所の栄光と深い静寂に浸り続けています。

柔和な人間は神の意識を実現している人間であり、
自分が天国にいることを知っています。

柔和な人たちは、
恐れを知らず、至高を知る、
このうえなく慎み深い人たちです。

　柔和な人たちは闇のなかで輝きを放ち、ひっそりと繁栄します。

　柔和さは、大口を叩くことができません。それは、それ自身を宣伝することもなく、世俗的な人気を博すことはありません。

　それはただ "実践" されます。そして、その価値を知られることもあれば、知られないこともあります。柔和さは気高い心の姿勢であるために、その価値を知ることができるのは、気高い心のみであるからです。

　"真理" に目覚めていない人たちは、柔和さの価値を知りません。よって彼らは、それを愛していません。世俗的な見世物や宣伝に心を奪われ、柔和さの価値を見出すことができなくなっているからです。

　しかしながら、いかにひっそりと生きていようと、彼らが隠されたままで居続けることはできません。光が隠れ続けることなど、どうしたらできるでしょう。彼らは、この世界から身を引いたあとでも輝き続け、後の時代の無数の人々によって賛美されることになります。

柔和な人たちは、
苦境のなかでその存在が明らかになります。
他の人たちが倒れている場所で、
彼らは立っているからです。

柔和な人たちは決して反撃しません。
そしてそれゆえに、
いかなる攻撃も難なく克服してしまいます。

　他人に傷つけられたと考えて防御姿勢を固め、その姿勢を正当化しようとする人間は、"柔和さ"をまったく理解していません。人生の本質と意味も、まったく理解していません。

「あの人は私を虐待した」「連中は私を傷つけた」「彼は私を中傷した」「彼女は私から大切なものを奪った」

　この種の思いを手放さないかぎり、人間は敵意に晒され続けます。敵意を敵意で消滅させることは、絶対に不可能なことであるからです。敵意を消滅に追い込むことができるのは、愛のみです。

　ある偉大な教師が語っています。

「あなたは今、何と言ったのですか？　あなたの隣人が、あなたに関する偽りを語った？　なるほど。でも、だから何だというのですか？　あなたに関する偽りが、あなたを傷つけることなどできるのでしょうか？　偽りは偽りなのです。それは、それでお仕舞いです。それは真実ではないのです。それに命はないのです。ですから、それには、あなたを傷つける力などないのです。ただしそれは、もしあなたが、その隣人に反撃を企て、自分のその行為を正当化しようとしたならば、あなたにとって重要な意味を持つものになります。なぜならば、そうすることであなたは、その隣人が語った偽りに、命を与えることになるからです。その結果、あなたは傷つき、苦悩することになるでしょう」

あなた自身の心のなかから、あらゆる"悪"を追い払うことです。
これを拒否することの愚かさは、
周囲を見回すことで、すぐに理解できるはずです。

意志の力の偉大さを知ることです。

意志は知性を伴っています。

意志には弱いものと強いものがありますが、それを決めるのが知性です。

偉大な知性は常に強い意志を所持しています。しかし卑小な知性は、自分の意志を持たないことさえあります。強い意志を持たない心は、未熟な達成を嘆くのみです。

人類の運命を切り開いてきた人たちは、とてつもなく強い意志の持ち主たちでした。道路網を建設したローマ人たちのように、彼らは明確な道を思い描いてその上を歩き続け、拷問のなかでも、死の危険に晒されている最中においてさえも、その道から離れることを拒絶しました。

人類の偉大な先導者たちは、心の道の建設者たちです。人類は今、彼らが開拓し、踏み固めてきた、その気高い心の道の上を、目的地に向かって少しずつ、しかし着実に、歩を進めています。

環境はそれ自身を動かす力を持たないために、人間の意志の力を常に必要としています。

あらゆる物事が最終的には、
静かな、抗し難い、
すべてを克服する"意志の力"に
身を任せてきます。

　弱い人間、たとえば、自分は誤解されていると嘆くような人間は、偉大なことを達成しません。

　無分別な人間、たとえば、周囲の人たちを喜ばせようとして、あるいは彼らの賞賛を得ようとして、最初の決意から離れてしまうような人間も、大きなことは達成しません。

　優柔不断な人間、すなわち、何をすることも決意できない人間は、何も成し遂げられません。

　強い意志の持ち主、すなわち、自分の身に何が降りかかってこようと（たとえそれが、誤解であれ、言いがかりであれ、お世辞であれ、公正な提案であれ）、自分の決意をほんの一部さえも変えることのない人間は、卓越、達成、成功、偉大さ、そして強さの権化として生きることになります。

　意志の強い人たちにとって、妨害は励ましです。困難は、さらなる努力への勇気づけです。

　失敗や喪失、痛みなどに彼らが屈服することは、ありえないことです。最終的な達成を信じて疑わない彼らにとって、失敗は、そのひとつひとつが、成功へと続く梯子の一段に他ならないからです。

意志の強さは、立ちはだかってくる障害物を
打破するたびに増してきます。

全力で成し遂げられた仕事は
常に喜びを伴っています。

　あらゆる不幸せな人たちのなかで最も不幸せなのは、努力を省いて善い結果を得ようとする人たちです。

　もしあなたが今、努力を必要とする困難な作業を省略して、幸せと安らぎを得ようとしているとしたら、あなたの心は常に落ち着かない状態にあるはずです。そして遅かれ早かれ、あなたは恥辱感に苛まれる（さいな）ようになり、気高さと自尊心を大きく損なうことになるでしょう。

　「自分の能力を充分に発揮して働かない人間は、省いた努力の量に準じて衰退することになる」と語ったのはカーライルでした。

　これは“道徳の法則”です。努力を回避し、自分の能力を最大限に用いて働くことを拒否する人間は、まさしく衰退する運命にあるのです。まず人格が衰退し、肉体と環境の衰退がそれに続きます。

　人生は思いと行いでつくられています。よって人間は、単に努力を回避しようと考えるだけでも、肉体的にも、精神的にも、衰退への道を歩み始めることになります。

真の満足と安らぎを得たいのなら、
行うべきことのすべてを、
大きな仕事であれ、小さな義務であれ、
精魂込めて行うことです。

努力は人生の代価です。

　あらゆる目標の達成が、たとえ世俗的な目標の達成であっても、その内容に相応（ふさわ）しい規模の確かな喜びを達成者にもたらします。

　ただし、精神面の目標を達成することで得られる喜びは格別です。強い意志を貫き通した結果として発生するその喜びは、より確かで、より深いうえに、永続的です。

　表面的には失敗したかに見えるいくつもの試みのあとで、人格面の特定の欠点が取り除かれ、それがもはや、かつての犠牲者と世界を苦しませなくなったときに、心の奥で感じられる深い喜びは、まさに格別であるとしか言いようがありません。

　気高い人格の構築を目指して努力を続ける人たちのすべてが、ひとつの欠点を克服するたびに、彼らの心の不可欠な一部として定着し、彼らから永遠に離れることのない喜びを、もたらされることになります。

あらゆる達成が喜びという報酬を伴っています。

発生することのすべてが
公正です。

　あなたは考え、旅に出ます。あなたは愛し、引き寄せます。あなたは今、あなたの思いの数々があなたを運んできた場所にいます。明日のあなたは、あなたの思いの数々があなたを運んでいく場所にいるでしょう。あなたが、あなたの思いの結果から逃げることは、不可能なことです。しかしあなたは、辛抱し、学ぶことができます。受け入れ、満足することができます。

　あなたは、常に、あなたが抱いている"愛"の規模に準じた満足を感じられる場所に行きます。あなたの愛は、あなたの最も持続する濃密な思いです。あなたの愛が貧弱であるならば、あなたは陰鬱な場所に行きます。それがもし豊かで美しいならば、あなたは豊かで美しい場所に行きます。

　あなたは、あなたの思いを変えることができます。そしてその結果として、あなたの人生を変えることができます。あなたには強い力があるのです。あなたは決して無力ではありません。

運命づけられていることは何ひとつありません。
すべてが必然の結果です。

誠実に考え、誠実に語り、
誠実に振る舞う人間は、
常に誠実な友人たちに囲まれます。
しかし不誠実な人間を取り囲むのは、
常に不誠実な友人たちです。

　自然界に存在するあらゆる事実や移り変わりの行程が、賢い人間のための道徳的教訓を内側に収めています。そこで機能している法則のすべてが、人間の心と人生のなかでも、まったく同じように、完璧な正確さを持って機能しているのです。

　イエスが語った譬えのすべてが、この真実を例証するものであり、自然界に存在する単純な事実群から抽出されたものです。

　心と人生のなかにも、種蒔きと収穫の行程が存在しています。そこに蒔かれる種も、それに相応しい収穫物を実らせることになります。思い、言葉、そして行いが、蒔かれる種であり、それらは、"原因と結果の法則"に正確に従って、それらと同種の体験を生み出すことになります。

　敵意に満ちた思いを巡らす人間は、自分への敵意を引き寄せます。愛に満ちた思いを巡らす人間は愛されます。

自分の心と人生をよく観察することです。
そうすれば、人生内のあらゆる出来事に、
誤ることを知らない"公正さの天秤"による
計量がなされていることを、
きっとあなたは知るでしょう。

恵みが欲しいなら、恵みを撒き散らすことです。

　農民たちは、自分が持っている種のすべてを畑に撒き散らさなくてはなりません。そうすれば、その後のことは自然の力が行ってくれます。

　そこでもし彼らが、強欲ゆえに種を失いたくなくて、すべてをどこかに蓄えておいたとしたら、どうなるでしょう？　それによって彼らは、種と収穫物の双方を失うことになってしまいます。蒔かれない種は、いずれ枯れ果て、失われることになるからです。

　種を畑に蒔いたときにも、農民たちはそれを失うことになります。しかしその喪失は、すぐに、種よりもはるかに価値のある収穫物を彼らにもたらします。

　人生のなかで、私たちは与えることによって獲得します。私たちは、自分が持っているものを意欲的に撒き散らすことによって裕福になります。

　「自分はある重要な知識を持っているが、世界がまだそれを受け取れるレベルに達していないために、公表することができない」と言う人間がいたとしたら、その人間は、実際にはそんな知識を所持していない公算が大です。たとえ所持していたとしても、いずれ奪われてしまうことになってしまいます。遅かれ早かれ、他の誰かが、同じ知識、あるいはもっと有益な知識を公表することになるからです。

　貪欲に貯め込むこと、何も手放そうとしないことは、すべてを失うことです。

幸せになりたいのなら、周囲の人たちを幸せにすることです。

私たちは常に、自分が蒔いたものを刈り取らなくてはなりません。

　苦悩を抱えている人たち、途方に暮れている人たち、悲しそうな人たち、不幸せそうな人たちがいたら、このように自問してみるよう勧めてください。
　「私はこれまで、心にどんな種を蒔いてきたのだろう？」
　「私は今、どんな種から成長したものを刈り取っているのだろう？」
　「私は周囲の人たちに、どんな心の姿勢で接しているのだろう？」
　「いったい私は、苦悩と悲しみと不幸せのどんな種を蒔いてきたために、こんな苦い雑草を刈り取っているのだろう？」
　そして、彼らが内側を探索して、身勝手な自己から生まれたそれらの種を見つけ出したなら、それらをすべて捨て去るよう勧めてください。
　そして、これからは"真理"の種だけを蒔き続けるよう──農民たちが従っている単純な"法則"に同じように従い、優しさと思いやりと愛の種を撒き散らし続けるよう──強く勧めてください。

心の平和と幸せを手に入れたいのなら、
愛と優しさに満ちた思い、
言葉、行いを撒き散らすことです。

343

人間は、身勝手な自己がつくり上げた
偶像を破壊するたびに、
偉大にして静かなる"愛の心"へと
着実に近づいていきます。

　私たちは今、偽りの神々が消え去っていくのを人類が
目撃する、もうひとつの時代——人類の進歩を加速する
輝かしい時代のひとつ——に足を踏み入れています。そ
れらの神々は、人類の身勝手さと幻想による産物でした。

　ひとつの不変の"真理"を啓示する、新しくも古い光
が、再びこの世界を照らし始めています。その光は、身
勝手な自己の影を隠れ家にしている神々、滅びる運命に
あるそれらの神々が、恐れ戦く光でもあります。

　人類は、"貢ぎ物や甘言に目がない神""横暴で気紛れ
な神""崇拝者たちの願いを叶えるためなら、物事のあ
らゆる条理を破壊することも厭わない神"たちへの信頼
を、徐々に低下させてきました。そして今や、彼らの目
は、彼らの心を照らす新しい光に導かれて、"法則の神"
へと向けられつつあります。

　ただし、人類がその内なる"神"に目を転じ始めたの
は、利己的な幸せや満足を求めてではありません。人類
が"彼"に願い求めているのは、知識と理解力と知恵の
獲得、および、身勝手な自己による束縛からの解放です。

"法則"への服従の道に、足を踏み入れることです。

"法則"への完璧な服従によって
　達成される人格の"完全性"は、
　それを熱心に追求する人間と
　ひとつになる準備を常に整えています。

　　その"道"──至高なる"法則"への服従の道──を
歩み始めた人たちは、もはや糾弾することも、疑うこと
もなく、思い悩むことも、落胆することもありません。
今や彼らは、"神"は常に正しいこと、不変の"法則"
は常に正しいこと、"宇宙"は常に正しいことを知って
いるからです。

　　よって彼らは、彼らに何か悪いことが起こったとした
ら、それは彼ら自身が悪いからだということも知ってい
ます。

　　彼らはさらに、彼らの救済は彼ら自身の手に──内側
の"悪"を放棄して"善"を実践する彼ら自身の個人的
な努力に──完全に委ねられているということも知っ
ています。"善"を意図的に否定することこそが"悪"
なのだということも、当然、彼らは知っています。

　　もはや彼らは、"言葉"の単なる聞き手ではありませ
ん。今や彼らは、その"実践者"として、充分な知識と、
高い理解力、そして増え続ける知恵とともに、身勝手な
自己の束縛から解き放たれた輝かしい人生のなかに、足
を踏み入れようとしています。

身勝手な自己のいない人生を、
自分のものにすることです。

"神"が人間のために変わることはありません。
　それが変わるということは、"完全なるもの"が
　不完全になることを意味するからです。
"神"は永遠に完全であり、
　私たちがそれとの調和を果たすには、
　私たち自身が変わらなくてはならないのです。

　この世界には少ないながらも相当数の"真理の子ども"たちがいます。彼らは考え、書き、話し、行動しています。そうなのです。預言者たちさえ、私たちに混じってここにいます。
　そして、彼らの影響は地球全体に及んでいます。神聖な喜びの発生を促しているのが、この世界にいる彼らの集結した力の流れです。この世界の男たちも女たちも、その流れの影響を受けて、新しい向上心、新しい希望へと駆り立てられています。"聞く耳"と"見る目"を持たない人たちでさえ、より善い、より満ち足りた人生への奇妙な憧れを、内側の深いところで感じています。
　"法則"が統治しています。人々の心と人生のなかで統治しています。
　より多くの人たちが、"法則"による統治を理解し始めています。彼らは、思いやりの公正な小道を旅しながら、真の"神"の住処を探し求めてきた人たちです。

"法則"が人間の都合で破壊されることはありえません。
そのようなことになれば、混乱がこの世界を席巻して
しまうことになります。"法則"は永遠に不滅にして不変であり、
人々を調和と秩序と正義へと、永遠に駆り立て続けます。

身勝手に生きることほどに痛ましい不自由は、どこを探しても見つかりません。

　"法則"は、「身勝手な自己が死に、愛がすべてを包み込むまで、愛を意識的に実践し続けるように」と私たちに語っています。"法則"による統治は、"愛"による統治であるからです。

　"愛"は、あらゆる人間を待っています。それは、いかなる人間をも拒絶しません。"愛"のなかには、条件さえ満たせば、誰もが、今すぐにでも入ることができます。"愛"のなかで生きることは、すべての人間の既得権であるからです。

　"愛"はそもそも、私たちの"天性"でもあります。言い換えるなら、"神"からの継承物です。人間は今すぐにでも、"愛"に包まれて、"天国"に入ることができます。何と美しい真実でしょう！

　その一方で、身勝手な自己を愛するがために、そうすることを拒絶している人たちが、まだまだ、たくさんいます。何と悲しい過ちでしょう！

　身勝手な好き嫌いに服従することは、心に苦悩と悲しみの雲を引き込み、"真理"の光を見えなくすることであり、自分自身を、本物のあらゆる恵みから閉め出すことです。

　というのも、「人はみな、自分が蒔いたものを刈り取ることになる」からです。

至高の"法則"に
完全に従うことよりも大きな自由は、
どこを探しても見つかりません。

宇宙は正義の
法則によって支えられ、
保護されています。

　ということは、宇宙には不正義が存在しないのでしょうか？
存在するとも、存在しないとも言えます。これは、個人が、どんな種類の人生を送っているか、すなわち、どんな状態の意識を用いて世界を見ているか、で決まってきます。

　感情の奴隷になっている人たちは、不正義をあらゆる場所で見ています。

　一方、感情を正しく制御している人たちは、あらゆる場所で正義を見ています。

　不正義は、激しい感情によって発生を促された夢（高熱を出した人間が見るような、混乱した夢）のなかでの出来事です。この夢を見ている人間にとって、不正義は充分に現実です。

　一方、正義は、この宇宙内で常に機能している、永遠の現実です。身勝手さの悪夢から目覚めた人たちは、この輝かしい現実を、人生内の至る所で見ています。不正義は、彼らにとっては、幻想以外の何物でもありません。

宇宙は常に調和が保たれています。
よって不調和は、
たとえ発生したとしても常に束の間の現象です。

"神の秩序"を実感できるのは、
　理性を欠いた感情と身勝手な思いを
　放棄した人間のみです。

　　自分は軽んじられてきた、傷つけられてきた、侮辱
されてきた、不当な扱いを受けてきた。
　　このような思いを巡らしている人たちは、正義とは
何かを知ることができません。身勝手な自己に心の目
を曇らされているために、"真理"の純粋な"法則"
を知覚することができないでいるからです。このまま
では、これからも自分の不運を嘆きながら、絶え間の
ない苦悩のなかを生きていかなくてはなりません。
　　理性を欠いた激しい感情の領域では、異なった力同
士の衝突が繰り返されていて、それに関わっているす
べての人間に苦悩をもたらしています。
　　作用があり、反作用があります。行いがあり、帰結
があります。原因があり、結果があります。そして、
心の内側においても、外側においても、常に、神聖な
"正義"が力同士の衝突を数学的厳密さで見極め、原
因と結果の正確な平衡を取り続けています。

争い事に従事している人間にとって、
正義の法則を知覚することは不可能なことです。

"原因と結果の法則"は、
人々を"真の人生"へと
常に導いています。

　人々の多くは、感情を抑え切れずに、す
ぐに怒りや敵意を抱き、それによって自ら
を頻繁に苦しめ続けています。"真の人生"
を知らないことがその原因です。

　敵意は敵意で返されます。怒りは怒りで、
攻撃は攻撃で返されます。殺す人間は自分
が殺されます。他人から盗むことで生計を
立てる泥棒は、自分が盗まれます（すべて
を失います）。

　他人を餌食にする野獣は、捕らえられ檻
に入れられ、ときには殺されます。非難す
る人間は非難されます。糾弾する人間は糾
弾されます。虐げる人間は虐げられます。

　この意味で、殺人犯のナイフは彼自身を
突き刺します。不公正な裁判官は、自分の
地位を失うために、誤った裁きを行います。
強奪者は、奪われるために奪います。

　これが"法則"です。

"法則"に関する無知は
憎しみと争いを生み続けます。

350

"原因と結果の法則"から
逃れることは誰にもできません。
結果は必ず現れてきます。

完璧に善良な人たち、すなわち、敵意、悪意、報復、自惚れ、身勝手さ、およびその他のあらゆる"悪"から自由になっている人たちの心は、神聖な平衡状態に到達していて、"宇宙の永遠にして不変なる平衡"と一体化するに至っています。

彼らは、理性を欠いた感情の見境のない力のなかから抜け出て、高く上昇した人たちであるため、その力をよく理解しており、それが周囲の人たちの人生のなかで暴れている様子を、山頂に独りで静かに立ち、下方で荒れ狂っている嵐を超然と見下ろす孤高の賢者のごとく、静かに注意深く観察することができるようになっています。

彼らにとって不正義はもう存在しません。彼らにとっては、人々が体験する苦悩も至福も、片や無知の、片や悟りの、公正な帰結です。

彼らは思いやりの達人たちでもあります。彼らの思いやりは、感情の奴隷として悲しい人生を歩んでいる人たちばかりでなく、彼らを騙そうとする人たちや、彼らを攻撃してくる人たちにも、常に同等に向けられています。

"完璧な正義"が
すべてを統治しています。

理性の光を
灯さないかぎり、
"真理の光"は
遠ざかるのみです。

　理性の光を灯しながら"真理"への道を歩む人間は、悲しみの闇を足早に通り抜けていきます。

　「主は言いました。さあ、来るのです。ともに理性を働かせましょう。あなたの罪深い心は、今は真っ赤な色をしていても、すぐに雪のように真っ白になるでしょう」

　無数の苦悩を体験したあとで、自らのいくつもの罪を抱えたまま死んでいく人たちが、後を絶ちません。彼らは理性を働かせることを怠っていました。理性の光が当たるだけで一瞬にして飛散してしまう"幻想の闇"にしがみつき続けていました。

　人間が感情の奴隷でいるのをやめて、"真の人生"を生き始めるためには、理性を、惜しむことなく、充分に、たっぷりと働かせる必要があります。"罪と苦悩の真っ赤な衣"を脱ぎ捨て、"恵みと平和の真っ白な衣"を身に纏うには、理性の活用が不可欠なのです。

　これは、人間であれば誰にでもできることです。理性は人間の天性なのですから。

　理性の光を嫌う人間は、"真理の光"を嫌う人間です。

人間は、
自らを躾け始めるまでは生きておらず、
ただ存在しているのみです。

　あなたがこの世界で持続的な成功を収めるためには、
それがどんな種類のどんな規模のものであれ、何より
もまず、自分の心を躾けること、すなわち制御するこ
とに、それ相応の成功を収めなくてはなりません。

　これは、2と2を足すと4になるのと同じくらい確
かなことです。「人生で体験することはすべて、心の
なかから出現してくる」のですから。

　人間は、内側の目に見えない活動を制御できるよう
になって初めて、外側の目に見える活動を制御できる
ようになります。

　心を正しく制御できるようになることは、人間にと
って、この世界における自分の"力"と"価値"と
"成功"のレベルを、飛躍的に上昇させることに他な
りません。

　そしてそれは、これまでは目的も意味も見出せなか
ったかもしれない人生に、確かな目的と意味を見出せ
るようになることでもあり、自らの運命を意識的に構
築し始めることでもあります。

　これが、「正しい心の服を着る」ことです。

自らの心を制御し始めたときから、
人間は生き始めます。

あなたがまだ自己制御を苦手にしていると仮定して、お話しします。

あなたは、怒りその他の激しい感情を“抑制”することによって、自分の心を制御し始めます。

あなたはまた、あらゆる誘惑に抵抗し始めます。それによって、身勝手な満足を求めるあらゆる性癖から自分自身を守り始めます。それらの性癖は、あなたにとってあまりにも自然で実行が容易なものであり続けてきました。裏を返せば、あなたがそれらに支配されてきたということになります。

あなたは、自己制御の対象として自分の食欲にも目を向け、理性を持つ人間として食べ始めます。思慮深く食べ物を選ぶようにし、暴飲暴食は二度としないと誓います。あなたがそうする目的は、自分の肉体を、真の人間として行動し、生きるために用いることのできる、清らな乗り物につくり替えることです。肉体を味覚の奴隷にしたりは、もはや決してしなくなることです。

あなたはこのようにして、自分のあらゆる思い、あらゆる言葉、あらゆる行いを、チェックし始めます。言い換えるなら、自分の動物的な願望と性癖のすべてを抑制し始め。

あらゆる人間の心のなかに、
無私無欲の中心があります。

自己制御は、“抑制”と“浄化”を経て“放棄”へと至る行程です。

神聖にして永遠なる
"千歳の岩""内なるキリスト"は、
すべての人間のなかに存在しています。

　身勝手な自己の性癖を抑制し続けていくことで、あなたは内側の"永遠に持続する現実"に着実に近づいていき、激しい感情や悲しみ、分別のない喜びや苦悩などによって、徐々に振り回されなくなってきます。

　そこに至ったあなたは、以前よりも地に足の着いた、より気高い人生を歩み始めていて、それがあなたの強さと忍耐として露わになっています。

　ただし、身勝手な性癖群の抑制は、自己制御の最初の段階に過ぎません。よってあなたは、速やかに、次の"浄化"の段階に歩を進めなくてはなりません。激しい感情が心のなかで発生することができなくなるまで、自分自身を浄化する必要があるのです。

　あなたは、発生した激しい感情を抑制するだけではなく、その発生を止められるようにならなくてはなりません。激しい感情を抑制するだけでは、完璧な心の平和に到達することも、理想を実現することもできません。それらを達成するには、その種の感情を浄化しなくてはならないのです。

自らの低俗な性質を浄化することで、
人間は強さを増し、
神のようになることができます。

"浄化"は、思慮深い注意、
熱心な瞑想、
そして不動の向上心によって
成し遂げられます。

　自己浄化は、心の不動性と強さを育むととも
に、あらゆる能力を向上させます。というのも、
浄化された動物的な力（低俗な力）は、消滅す
るのではなく、知性的で気高いエネルギーに変
換されることになるからです。

　清らかな人生は、"エネルギー保存"の人生
です。一方、不純な人生は"エネルギー浪費"
の人生です。

　清らかな人たちは、不純な人たちよりも有能
であり、より容易に様々な計画の達成に成功し、
より確実に人生の目的に到達することができま
す。

　不純な人たちが失敗する場所に、清らかな人
たちは臆することなく足を踏み入れ、そこで見
事に成功を収めます。

　というのも、彼らは自分たちのエネルギーを、
より穏やかな心と、より強い意志の力によって、
より正しい方向に導くことができるからです。

清らかさが増すと、
気高く強い人間性を構成する
あらゆる要素が強化されます。

自己制御によって
人間は上昇を続け、
神との距離を
縮めていきます。

　持続的な自己制御によって"浄化"を完成させることが"放棄"です。あなたの身勝手な自己が、そのとき放棄されます。

　そのときあなたは、あらゆる"悪"が無力であり、それらが力を持つのは、自分がそれらを鼓舞したときのみである、ということを知っています。よってそれ以降、あなたはそれらを常に無視するようになります。するとそれらは、速やかに、あなたの人生のなかから出ていきます。

　あなたが神聖な人生に入り、それを実感するのは、自己制御をここまで推し進めたときです。そのときからあなたは、神聖な資質群、たとえば知恵、忍耐、無抵抗、思いやり、愛などを、如実に表現しながら生きていきます。

　そして、あなたが自分の永遠の命をしっかりと実感し、揺らぐことのない心の平和に包まれながら、人生のあらゆる変動と不確かさを超越して生き始めるのも、このときからです。

人間は自己制御を続けることによって、
自身の神聖さをどこまでも高め続け、
やがては完璧に浄化された"神の子"となり、
万物の中心との一体化を実現することになります。

決意のない人生は
目的のない人生であり、
目的のない人生は、
流れに身を任せて漂うだけの、
不安定な人生です。

　私たちは何かを強く決意したとき、自分の現状に満足していないために、自分の人格と人生をつくり上げている、心のあらゆる成分を材料にして、より善い状況という作品を生み出す展望とともに、自分自身を制御し始めています。

　そして私たちは、もしもその決意に最後まで忠実に従い続けたならば、より善い状況という目的を間違いなく達成することになります。

　聖者となるための誓いは、身勝手な自己に対する勝利を目指す、神聖な決意です。そして、心の清らかな人たちが成し遂げてきた美しい人格の形成と、"神聖な教師たち"の輝かしい業績はすべて、彼らの不動の決意が可能にし、実現させたものです。

決意を伴わないかぎり、
気高い目標も、崇高な理想も、
ただの目標と理想のままであり続けます。

強い決意は
長い熟慮の成果です。

　早すぎる安易な決意は、決意ではありません。そのような決意は、最初の困難に遭遇した瞬間に、砕け散ってしまいます。

　決意は、ゆっくりと固められるべきものです。

　たとえば、あなたが何らかの目標を定め、その達成を決意するとします。その際にあなたは、まず、自分の現状を注意深く吟味して理解し、続いて、難しい判断が必要となりそうな、あらゆる状況、あらゆる困難を予想し、それらに対処する準備を充分に整えるべきです。

　そしてあなたは、自分の決意の質を、しっかりと確かめるべきです。自分の心が、最終的にしっかりと固まったこと、そして、目標を達成することに関して、自分がまったく疑いを抱いていないことを、確認する必要があります。

　これらの作業を通じて固められた、あなたの決意は、決してあなたから離れることがなく、あなたはその助けを得て、正しい時期の訪れとともに、必ず目標を達成することになるでしょう。

急いでなされる決意には、何の力もありません。

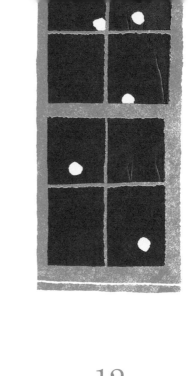

12
月

怠惰は無関心の双子の姉妹であり、彼女の得意技は何もしないで満足を得ようとすることです。

真の満足は美徳です。それは、どんな状況のなかでも"法則"の導きに忠実に従っている心によって感じられる、気高い喜びです。

真の満足を得ることは、努力をやめることではありません。それは、"努力を苦悩から解放する"ことです。

それは、過ちに満足することではありません。無知や愚かさに満足することでもありません。それは、義務や仕事を精力的に遂行することによってもたらされる、幸せな安らぎです。この満足には持続性があります。

罪と負債にまみれた怠惰な人生に満足していると言う人たちもいます。しかしながら、彼らの言う満足は、自分たちの義務、行うべき仕事、そして友人たちからの正しい忠告に対する無関心であり、無関心は言うまでもなく美徳ではありません。

真の満足は持続する清らかな喜びであり、精力的な努力の成果としてのみ、もたらされうるものなのです。

真の満足は、誠実な努力と正しい生き方の結果です。

真の満足を得ている人間は、
誠実に、精力的に働き、
あらゆる結果を
穏やかに受け入れます。

　自己制御を推し進めている人たちが満足してしかるべき、３つのものがあります。

　人生内で発生するあらゆる物事。自分の友人たちと所有物。自分が巡らす清らかな思い。この３つです。

　発生するあらゆる物事に満足することで、彼らは悲しみから逃れられます。友人たちと所有物に満足することで、不安や不幸せから遠ざかります。自分が巡らす清らかな思いに満足することで、苦悩に満ちた不純な人生に戻ってしまう確率が激減します。

　彼らが満足してはならない、３つのものがあります。

　自分の知識。自分の能力。自分の人格。この３つです。

　自分の知識に満足しないことで、彼らは持続的に知性を向上させることができます。自分の能力に満足しないことで、それを持続的に高めていくことができます。自分の人格に満足しないことで、強さと善性を休みなく増大させ、毎日、より広大な知恵と、より多くの恵みのなかへと入っていくことができます。

結果は常に原因と調和しています。

友愛精神に満ちた世界は、
人類にとって理想の世界です。
そしてこの世界は、少しずつ、しかし確実に、
その方向に動いています。

　この世界には、"友愛組織"を自認する団体がいくつも存在しています。しかしながら、友愛精神を旗印に掲げるいかなる組織も、それを構成する人々の心がほんの少しでも身勝手さに汚されていたとしたら、決して長くは続きません。彼らがいかに固い絆で結ばれているように見えても、その絆が彼らの身勝手さによって、最終的には引き裂かれてしまうことになるからです。

　この種の組織が長く存続することは、まだまだこの世界では困難なことのようです。しかし私たちは、個人的になら、友愛精神をいつでも完璧に実現し、その精神のこのうえない美しさと完全性を、たっぷりと味わうことができます。

　ただしそれも、私たちが、自分の心からあらゆる不和の要素を排除し、自分自身を、知恵と、清らかさと、愛で満ちた人間にすることができればの話です。

　これらの神聖な心の要素が表現されないかぎり、友愛精神は単なる理論、持論、あるいは、実体のない夢であり続けるしかありません。

不和が人々の心を支配しているかぎり、
友愛精神に満ちた世界は実現しません。

友愛精神は、個人の心のなかで発生し、その自然な結果として、外の世界で表現されるものです。

　　友愛精神を構成する心の姿勢の主なものは、"謙虚さ""無私無欲""愛""思いやり"です。"謙虚さ"からは、柔和さと穏やかさが生じます。"無私無欲"からは、忍耐と知恵と正しい判断が、"愛"からは、優しさと喜び、心の平和が、そして"思いやり"からは、優雅さと寛大さが生じます。

　　これら４つの姿勢を内側に定着させている人たちは、神聖な悟りを得ています。彼らは、人間の様々な行動がどこから生じて、どんな結果を発生させるのかをしっかりと学んでいるために、もはや身勝手に振る舞うことができなくなっています。

　　そして彼らは、内側にある完璧な友愛精神を、悪意、羨望、恨み、争い、非難癖などから完全に解き放たれている心の姿勢として実感しています。過ちと苦悩のなかで生きている人たちも、清らかな心を表現しながら生きている人たちも含めて、世界中のあらゆる人間が、彼らの兄弟・姉妹たちです。

　　彼らの心の姿勢は常に、善意がその中心にあります。

友愛精神は、優越感、利己心、嫌悪感、非難癖が存在する場所では永遠に生まれません。

友愛精神は、他のどの場所よりも先に、身勝手さが排除された個人の心のなかで発生します。

友愛精神を普及させるための理論や活動は山のようにあります。しかし友愛精神自体はひとつであり、常に不変です。

そしてそれは、身勝手さが完璧に排除された心で、善意と愛を熱心に実践し続けることに他なりません。友愛精神は理論ではなく、実践されるべきものであるからです。"無私無欲"と"善意"が、その守護天使たちであり、"心の平和"がその住処です。

２人の人間が相反する持論を主張し続けている場所には、身勝手さへの執着と敵意が存在するのみで、友愛精神は存在していません。

一方、双方が相手を思いやり、相手のなかに悪を見出すことなく、相手に対する攻撃ではなく奉仕を心がけている場所には、"愛"と"善意"があり、友愛精神も明らかに存在しています。

友愛精神とは、
心の内側で人類全体との
平和な関係を築いている
人間によってのみ、
実践され、実感されるものです。

誰かを非難したくなったときには、
その人の心の痛みに思いを馳せ、
非難したがっている思いを
"同情"で速やかに置き換えることです。

　ただし同情は、自分よりも賢い人たちに対して示すべきものではありません。彼らに対して示す思いやりは、同情ではなく"敬意"であってしかるべきです。敬意は、それを抱く人間の向上心を刺激し、その人間をより充実した人生の構築へと駆り立てます。

　自分よりも賢い人間の言動を充分に理解することは、誰にとっても難しいことです。

　よって誰もが、他人を非難したくなったときには、「自分はそもそも、この人物よりも賢いのだろうか」と真剣に自問すべきです。

　そして、もしもそうだと判断したならば、その人物には"同情"を、そうではないと判断したならば"敬意"を示すことが、誰にとっても賢いことです。

他人を厳しく裁き、
痛烈に非難する性癖を持っている人間は、
自分がどれほど未熟な人間であるかを
探求すべきです。

反感、怒り、非難癖、そして敵意は、
どれもが"悪意"の一形態であり、
これらが心から排除されないかぎり、
人生内の"悪"は
いつになってもなくなりません。

　心の傷を忘れることは、初歩的な知恵の活用に過ぎません。心の傷に対処するための、もっと効果的で気高い方法があります。

　その方法とは、心を"真理"の光で浄化することです。あなたがこれを行うと、あなたの心には、思い出すことのできる傷が存在しなくなります。それを思い出そうにも、思い出せなくなるのです。

　というのも、他人の行動や態度によって傷つけられるのは、身勝手な自己のみであるからです。傲慢さや過度の自負心から自由になると、人間は、「自分は他人に傷つけられてきた」あるいは「不当に扱われてきた」といった思いを巡らすことができなくなります。

　浄化された心からは、物事を正しく理解する力が生まれます。そして物事の正しい理解からは、苦悩と悲しみから解き放たれた、平和で穏やかで賢い人生が生まれてきます。

他人の過ちによって悩まされ、揺さぶられている人間は、"真理"から遠く離れた場所で生きています。

自分の過ちに苦悩し、動揺している人たちは、"知恵の門" のすぐ近くまで来ています。

　心のなかで怒りの炎を燃やし続けている人たちは、心の平和を知ることも、"真理" を理解することもできません。しかし彼らも、心のなかから怒りを追放すると、それらを知り、理解できるようになります。

　自分の心から "悪" を取り除いた人たちは、他人が行う "悪" に対して、憤慨することも反抗することもできません。なぜならば、彼らはすでに、その源と性質に関する知識をしっかりと所持しているからです。彼らにとって、それは、他人の心のなかの "無知ゆえの過ち" が表現されたものに過ぎないのです。

　悟り、すなわち "真理に関する理解" が増すにつれ、"罪" は存在が不可能なものになります。"罪" を犯す人間は "真理" を理解しておらず、それを理解している人間は "罪" を犯しません。

　清らかな人たちは、無知ゆえに彼らを傷つけられると考えている人たちにも、常に柔和な心で接します。他人の誤った心の姿勢が彼らを悩ますことは、もはや決してありません。彼らの心は常に、"思いやり" と "愛" のなかで休息を取っています。

自分の過ちに苦悩する人たちは幸いです。
その苦悩は彼らに、同じ過ちを犯さなければ、
二度とやってこないと語っているのですから。

清らかな心と正義の人生は、
どちらも偉大にして
このうえなく重要なものです。

　苦悩につながる思いと行いは、身勝手な自己から生まれ、幸せを生み出す思いと行いは、"真理"を生きることから生まれてきます。

　心が身勝手さから"真理"へと移動する行程は、"瞑想"と"表現"のふたつの作業で構成されています。静かな"瞑想"によって、正しい行いの源と理由が追究されます。そして、その瞑想の結果が外側で"表現"されることによって、正しい行いが日常の人生のなかに出現します。

　"真理"は本を読んで実感できるものではありません。知性的な推理や議論を通じて理解できるものでもありません。それは、正しい行いに思いを巡らす瞑想と、その行いの外側での実践を続けていくうちに、自然に実感できるようになるものなのです。

本を読むだけで"真理"を
理解しようとしても無駄なことです。
それは、内側と外側で"善いこと"を
実践し続ける人間のみが、理解し、
実感できるものであるからです。

　私たち人間は、もしも"真理"を理解したいのなら、"善いこと"を実践し続けなくてはなりません。

　私たちはまず、自己制御の最初の段階から始めなくてはなりません。そしてそれがすんだら、次の段階、そしてまた次の段階へと歩を進め、最終的に、自分たちが狙いを定めた道徳的完全性へと到達しなくてはなりません。

　人々の多くは、"真理"を理解するには、それに関する解説書や研究書から学ぶのがいちばんだと考えています。そして彼らは、多くの専門書を読み、そのあとで、彼らが"真理"と呼ぶ特定の持論、あるいは見解を構築します。彼らがそのあとで行うことは、その持論の正しさを証明しようとして、仲間たちとの議論を開始することです。

　世俗的なことを行うときには、人々は概ね賢明です。彼らは欲しいものを手に入れるために、必要なことを行います。しかし心の分野においては、とても愚かです。なぜならば、彼らはただ読むだけで、必要なことを行おうとはしないからです。そして何も行わないまま、"真理"を理解したと思い込みます。

"真理"を正しく理解しているのは、
自分の人生を
清らかで非の打ち所のない行いで
満たしている人間のみです。

“愛”はすべてを包み込んでいます。

“愛”はその性質ゆえに、いかなる宗教、宗派、神学校、あるいは、いかなる友愛組織によっても、独占的に所有されうるものなどではありません。よって、それらの組織が頻繁に行っている、「自分たちの教義が述べている真理こそが“唯一”の真理である」という主張は、“愛”を否定する行為に他ならないことになります。

“真理”は“愛”であり、永遠に持続する気高い現実です。よって、様々な教義を通じてその一部が表現されてはいても、特定の教義がそれを独り占めにすることなど絶対にできないことです。

“愛”は翼を持った天使であり、文書化されたいかなる教義による束縛も受けることがありません。“愛”は、人間たちのあらゆる持論、教義、そして哲学などをはるかに凌ぐ、はるかに偉大な霊的実体なのです。

そしてそれは、すべてを包み込んでいます。正しい人間も悪い人間も、公正な人間も不公正な人間も、清らかな人間も不浄な人間も、同じように抱きかかえています。

あらゆる宗派のあらゆる人間を包み込むほどに深くて広大な“愛”の表現者は、この世界のほぼすべての宗教と知性から愛されます。

“嫌悪”は“愛”を否定することです。よって、
愛と調和するあらゆるものから遠ざかることでもあります。

人間の心は、"愛"の力を得ることで、
人類のすべてを
優しく包み込めるようになるまで拡大します。

"愛"へと続く道は、"永遠の生命"へと続く道です。

　そして、その道の始まりは、毒舌、言い争い、あら探し、疑いなど
を排除することです。

　もしあなたが、これらの小さな"悪"に支配されていることに気づ
いたとしたら、とにもかくにも、自分自身を偽らないことです。正直
に、「自分には"愛"がない」ということを認めるべきです。

　このように自分自身に正直になることで、"愛"のある人間になる
準備が整います。自分を偽ることは、"愛"から閉め出されることです。

　私たちは、もしも自分を愛で満たしたいのなら、そこに向かう道の
第一歩から始めなくてはなりません。自分の心から、仕事仲間たちや、
周囲にいるその他のあらゆる人たちに対する意地悪な思い、疑う思い
を、すべて取り除くことが、その第一歩です。

　そして私たちは、広い心で彼らと交流できるようにならなくてはな
りません。彼らの持論、仕事の仕方、行動などが、私たちのものとは
異なるものであっても、彼らの個人的な権利と個人的な自由を尊重し、
彼らに優しく接することができるようにならなくてはなりません。彼
らの言動の"理由"を正しく知覚できるようになることも大切です。

　これを行い続けることで、私たちは最終的に、聖パウロが語った
「永遠の法則である愛」によって、彼らを愛せるようになります。

"愛"で心を満たしている人間は、
どんな教義を信じていようが、何の教義も信じていまいが、
"真理の光"による確かな導きを得ています。

"真理"と調和した人生のなかでは、
　誤った思いと誤った行いが放棄され、
　正しい思いと正しい行いが
　抱きしめられています。

　この世界のあらゆる不幸せが、人間の誤った行いによってもたらされています。そして、そのあらゆる不幸せを幸せに変えることができるのは、正しい行いのみです。誤った行いによって、私たちは悲しみに沈み、正しい行いによって、私たちは至福へと上昇します。

　ここで注意すべきことは、「自分を不幸せにしているのは、"自分以外"の誰かの悪い行いである」という"誤った"仮定の罠に落ちないようにすることです。その仮定には、自分の"悪"を増強するだけの効果しかないからです。

　私たちの不幸せは、すべて、私たちが内側で犯している何らかの過ちが原因となって発生しています。これを忘れないことです。自分の不幸せは、自分がまだ不完全であること——強化されるべき何らかの弱点が、自分の内側にまだ残っていること——のサインなのです。

自分の誤った行いの責任を他人に負わせることは、
厳に慎まなくてはなりません。
心を"真理"へと続く道の上に固定し、強化し続けることです。
その道の上を、確かな足取りで謙虚に歩み続けることです。

"大法則" は
不動にして永遠であり、
新しくつくられることも
破壊されることも
ありません。

　偉大な先人たちは、"大法則" を自らの向上心と実体験を通じて知るに至り、"真理" に至るその道を、"真理" を追求する後人たちにとって、より平坦な道となるように整理して、人々に語りました。そしてその道の上を、罪から潔白へ、偽りから真実へと移動することに成功した、あらゆる人々が歩いてきました。

　これは、あらゆる聖者、あらゆる仏陀、あらゆるキリストが完全性を目指して歩み切った、古来の神聖な "道" です。

　そしてこれは、未来のあらゆる不完全な人たちが、"真理" という輝かしい目的地を目指して歩んでいくことになる道でもあります。

　あなたがどんな宗教に属していようが、何の宗教にも属していまいが、この道はひとつです。自分の罪と毎日格闘し、自分の心を浄化し続けているとき、あなたはこの道の上を歩んでいます。なぜならば、持論、神学、宗教は異なっていようと、罪は罪であり、罪の克服は罪の克服であり、"真理" は "真理" であるからです。

宗教は時代とともに変化します。しかし、
神聖にして善なる "法則" は、永遠に変わることがありません。

375

"真理"は、様々な側面を持ってはいてもひとつであり、あらゆる成長段階にある人々がその恩恵を受けられます。

私たちはこれまで、この世界が生んだ、あらゆる"偉大な教師"たちの教えに耳を傾けてきました。そして言葉では言い尽くせない歓喜を覚えてきました。というのも、"イエス・キリスト"の人格を飾る一連の神聖な美徳と、"彼"が語った一連の教訓的真実と同じものを、インドや中国の気高い"教師"たちの人生と教えのなかでも発見してきたからです。

彼らのすべてが、私たちにとっては、驚嘆と敬慕に値する存在たちです。彼らがあまりにも偉大で、あまりにも善良で、あまりにも知恵に秀でているために、私たちにできることはただ、畏敬の念とともに、彼らの教えに耳を傾け、それに従うことのみです。

彼らはまた、それぞれがまったく同じように、自分たちが姿を現した地域の多様な人々に素晴らしい影響を及ぼしたうえに、後の世の人類による不滅の崇拝を呼び起こしてもいます。

偉大な教師たちは人類の花々であり、
すべての人間がいつかは
見習うことになる手本たちです。

完璧な清らかさは、
あらゆる身勝手な思いから
解放されている心の状態です。

　世俗的な人生と神聖な人生の違いは明確です。自分の不純な性癖群に毎日従い、それらを放棄する意欲を持っていない人間は、世俗的な人生を送っています。一方、自分の不純な性癖群に毎日立ち向かい、それらを追放しようと努めている人間は、神聖な人生を歩んでいます。神聖な人生とは、宗教家たちの言う"信仰の人生"と同じものです。

　神聖な人生を歩んでいる人たちは、自分の激しい感情と不純な願望を毎日チェックし、それらの追放に努めています。それが、神聖さとは何か、真の信仰とは何かであるからです。

　彼らはまた、周囲の人々や物事を、正しく"ありのまま"に見ようと心がけ続けてもいます。人間は誰もが、自分の性質に従って生きているのだということ、そして、すべての人間が、知性を持つ存在として、自分の生き方を選択する権利を持っているのだということを、彼らは知っています。

　よって彼らは、自分の生き方を決して周囲の人たちに押しつけません。自分とは違う生き方をしている人たちよりも、自分のほうが"偉い"などという思いを抱くことも決してありません。自分以外の人たちの立場に自らを立たせて、その場所からも世界を見ることができるようになっているからです。

"真理"を愛していると言うことのできる人間は、
あらゆる人々を愛している人間でなくてはなりません。
自分の愛を、出し惜しみすることなく、
無制限に撒き散らしている人間でなくてはなりません。

持続的な変化のなかで、
人間はどうやったら安らぎを得ることが
できるのでしょう?

　誰の人生も変化の連続です。新しい出来事が次々と発生し、周囲の状況は刻々と変わり続けています。まるで不確かさと慌ただしさが、私たちの人生を席巻しているかのようです。

　そんななか、幸せと心の平和を維持するために安心して頼ることのできる"確かな拠り所"を、誰もが欲しがっています。「そんなもの、どこを探したってあるわけないじゃないか」という声が聞こえてきそうです。

　でも安心してください。その拠り所は存在します。ただしひとつだけです。

　その唯一の拠り所とは、そうです。"大法則"をおいて他にはありません。最終的にはすべての人間がこの法則を理解することになります。

　そしてこの法則は、"神の正義"という別名も持っています。

　人間の正義は、個人によって異なります。それは、個々の人間が自分の光、あるいは闇に従って定義するものであるからです。しかし"神の正義"には、いかなる異形もありません。それはこの宇宙の果てしない存続を支えている、永遠にして不変の法則であるからです。

　"神の正義"は、数学的な正確さで常に完璧に機能しており、2と2を足すと4になるのと同じ確かさで、人間の思いと行いから、それらと同種の状況を、常に発生させています。

"法則"は、同じ原因からは、
常に同じ結果しか発生させません。

"神の正義"は
"道徳的正義"でもあります。

　この根源的な"道徳的正義"がなければ、いかなる人間社会も存続できなかったはずです。というのも、社会を崩壊から守っているのは、それを構成する個人たちの行いの総合的な正しさであるからです。それが正確に反映された結果として、社会は存続しているのです。

　これは人生の不平等──幸せと苦悩の不均等な配分──についても言えることです。幸せも苦悩も、あらゆる人生のなかで完璧な正確さで機能している"道徳的正義"の力によってもたらされるものです。

　この完璧な正確さで機能している力──この完璧な法則──は、変動する人生のなかで私たちが安心して頼ることのできる、唯一の、完璧に確かな拠り所です。

　これに頼り始めることは、私たちにとって、完璧な知恵と悟りに近づくことであり、自分の完全性の達成を保証することであり、自分自身を歓喜と平和で満たし始めることに他なりません。

宇宙の道徳的秩序は、永遠に乱されることがありません。
その乱れは、宇宙の崩壊を意味するからです。

正義を超越するものは何ひとつありません。

　私たちにとって、この不動の"法則"への信頼を欠くことは、自らが創造した偶然性の海を、舵も、海図も、羅針盤も持たずに漂流するようなものです。

　そのとき私たちは、より善い人格と人生を築くための土台を持っていません。

　そのとき私たちは、気高い行いの動機を見つけられず、道徳的な行いの拠点を持てないでいます。

　そのとき私たちは、安らぎを得るための平和な島も、嵐から避難するための安全な港も持っていません。

　広く流布している、神に関するひどく荒削りなアイディアでさえ、完璧な心の偉大な人間──いかなる過ちも犯すことがなく、何があっても動揺の影さえ見せることのない不動の心の持ち主──が抱いているものには及ばないものの、この根源的な法則である"神の正義"をそれなりに表現しています。

　この法則が機能している場所には、不公平や偶然は存在しません。存在するのは不変の正義のみです。よって、人間が体験する苦悩のすべてが、正しく導かれた正しい結果なのです。それらの原因は無知ゆえの過ちであり、正しくも苦い結果として体験されることになります。

過ちをまったく犯さない人間は、
苦悩することができません。
原因なくして結果のみが出現することは、
ありえないことだからです。

才能、天才、善良さ、偉大さは、
最初からそれとして世界に
出現するのではありません。
それらはみな、
いくつもの原因と結果からなる
長い行程を経て達成されます。

　心の成長行程は、花の成長行程のようには見ることができません。しかしそれは明らかに存在していて、心の科学者たち——心を観察することに長けた人たち——は、彼らの心の目を通じて、それをしっかりと見ることができます。

　自然科学者たちが（そして一般の観察者たちも）、自然界において機能している"原因と結果の法則"を熟知しているように、心の科学者たちも、心のなかで機能している"原因と結果の法則"を熟知しています。

　そのために彼らは、人々のなかで気高い人格や才能が形成されていく行程を、自然科学者たちが植物の生長行程を観察するときと同じように、しっかりと観察することができます。

　さらに彼らは、人々のなかに天才や美徳の花々を見出したとき、それらが、心に蒔かれたどんな種から芽生え、静かな成長の長い期間をどのように過ごして開花するに至ったのかを、つぶさに知ることもできます。

心の成長は一夜にしてはなされえません。
それは常に、前向きな変化の長い行程を
必要としています。

"真理"は私たちを、
常に、より気高い人生へと
導こうとしています。

　私たちは、ふたつの国に同時に住むことはできません。どちらの国に住むためにも、別のもうひとつの国を離れなくてはなりません。

　そして私たちは、心のなかでも、ふたつの国に同時に住むことはできません。"真理"の国で平和に暮らすためには、"罪"の国を離れなくてはならないのです。

　私たちは、生まれた国を離れて新しい国で暮らし始めるとき、それまで愛してきた、あらゆる人間関係──あらゆる知人、あらゆる友人、あらゆる親類たち──からも、離れなくてはなりません。

　同じように、もし私たちが、これまでの"罪"の世界を出て、"真理"の世界という新天地で生きることを決意したならば、これまで愛してきた"束の間の喜び"や"過ち""不毛な思いとの親交"などを、すべて放棄しなくてはならないのです。

　そしてこの放棄には、素晴らしい結果が寄り添っています。

　まず私たち自身が成長します。ひいては人類が成長します。そしてこの宇宙が、より明るい、より美しい居住地になります。

山頂の静寂に浸りたいのなら、
まずは自分の足を谷底の泥のなかから引き抜くことです。

正しい思いは
正しい心の姿勢から芽生え、
正しい行いへと成長します。

　正しい心の姿勢とは、人生のなかで体験するあらゆる
物事のなかに“善”を見出すことのできる心の姿勢です。
言い換えるなら、自分のあらゆる体験を、強さと知識と
知恵の供給源として認識している心の姿勢です。

　正しい思いとは、正義を貫く思い、活気のある思い、
喜びに満ちた思い、希望に満ちた思い、自信に満ちた思
い、勇気に満ちた思い、持続的な愛に満ちた思い、寛容
で寛大な思い、“法則”を強く信頼する思いなどです。
これらは、強い人格と、有意義な気高い人生の構築を保
証し、この世界の進歩に貢献する個人的な成功を確約す
る思いたちです。

　この種の思いのあとには、常に、正しい行動が付き従
っています。これは職場において、また、何らかの正当
な目標の達成過程においては、誠実で熱心な努力、ある
いは、行うべきことへの徹底したエネルギー集中として
現れます。

　活気に溢れた誠実で疲れを知らない努力家は、優れた
登山家が最終的には必ず山頂に立つことになるように、
自分の目標に、最終的には必ず到達することになります。

あらゆる成功者たちが、いつの時代においても、
必要な努力を絶え間なく続けることによって、
それぞれの成功を達成してきました。

苦悩は心の浄化を助け、
人間を完全性に向かう道の上に乗せてくれます。
人間はまさしく、
「苦悩を通じて神への服従を決意する」のです。

　他人を苦悩させることは、より深く無知と関わることです。しかし自分が苦悩することは、悟りに近づくことです。

　苦悩の体験は、私たちに、どうやったら、優しい、思いやりのある人間になれるのかを教えてくれます。それは私たちを、苦悩する他人を深く思いやることのできる、優しい心の持ち主に変えてくれます。

　人々の多くは、他人を傷つけるようなことを行ってしまったとき、無知ゆえに、それはそこで終了すると考えます。しかしそこは、単なる出発点に過ぎないのです。その行為には、彼らを苦悩の拷問地獄へと投げ込むことになる結果が常に付随しているからです。

　人間は、誤った思いを抱くか、誤ったことを行うと、何らかの形の心の痛みに、ときには肉体の痛みにさえ、苛まれるようにできているのです。その痛みの強さと持続性は、原因となった思い、あるいは行いの種類に準じています。

自らの痛みを体験することで、
人間は他人の痛みを感じられるようになります。

あなたが体験することのすべてが、
その根っこを
あなたの内側に持っています。

　あなたがどんな人間であるかは、あなたが小さ
な義務をどのようにして実行しているかで、おお
よそ判明します。あなたの行動は、常に、あなた
の人格に準じたものであるからです。小さな義務
を力強く行う人間は強い人間であり、小さな義務
を弱々しく行う人間は弱い人間です。

　心の弱さも、罪同様、人間に苦悩をもたらしま
す。自分の人格を充分に強化しないかぎり、人間
は真の幸せを味わえません。

　しかし人間は、どんなに弱くても、小さな義務
に価値を見出し、それを誠心誠意、行い続けるこ
とによって、強くなることができます。

　小さな義務を手を抜いて行ったり、無視したり
することは、強い人間にとっては弱くなることで
あり、弱い人間にとっては、ますます弱くなるこ
とです。これはまさに、単純な知恵から遠ざかり、
エネルギーを浪費することに他ならないからです。

強さと知恵を育む方法は、
今の瞬間のなかで、力強く、
賢く行動すること以外には存在しません。

1年が過ぎ去ろうとしています。
自分の失敗や傷、過ちなどを、
永遠に過ぎ去らせ、
忘却の彼方（かなた）へと
追いやることのできる人たちは幸いです。

　過去は死んでいて、変えることができません。そんなものは忘却の淵（ふち）に沈めてしまうことです。

　ただし、貴重な教訓の数々だけは抜き取り、しっかりと手もとに取っておく必要があります。それらは、あなたの強さを着実に育んでくれます。増大した強さとともに、より気高く、より清らかで、より完全な人生を築き始めてください。

　そして、怒り、敵意、悪意、恨みなどに満ちた思いはすべて、死んでいく年とともに死なせてしまいましょう。心のなかから、あらゆる悪意の記憶、あらゆる不浄な恨みを、きれいに取り払うことです。

「地球に平和を！　人々に善意を！」

　この季節に無数の口から出て世界中に響き渡るこの叫びを、口先だけの陳腐な決まり文句のままにしておくのは、もったいなさすぎます。これを文字通りのものとして、心のなかで唱えようではありませんか。"真理"と調和したこの文言を、日々の行いを通じて実践し、心のなかに住まわせ続けましょう。

過去の過ちから完全に解放されている人たちは幸いです。
彼らの清らかな心のなかでは、
他人への悪意が根づくことも花開くこともできません。

いかなる人間も、
自らの力で克服が不可能な障害物には
出会うことができません。

　人生のなかで遭遇する難題、難問、障害物などを、不運の前兆として
捉えたりはしないことです。そんなことをしたら、それらは本当に不吉
な出来事になってしまいます。

　そうではなく、あなたはそれらを、たとえどんなに克服が困難そうに
見えたとしても、幸運の前兆として捉えるべきです。事実、それらはそ
の通りのものなのです。

　ただし、自分は難問や障害物を"回避"できる、などとは考えないこ
とです。それは誰にもできないことであるからです。それらから逃げよ
うとしても無駄なことです。あなたがどこに行こうとも、難問や障害物
は常にあなたについて回ります。

　それらが立ちはだかってきたら、穏やかに、勇敢に、それらに立ち向
かうべきです。自分が招集を命ずることのできる、あらゆる冷静さと威
厳とともに、それらと対峙することです。そしてまず、それらの品定め
を行います。それらの力を推し量り、それらを理解します。続いてそれ
らに攻撃を仕掛け、最終的にそれらを打ち負かします。

　あなたはこの行程を通じて、強さと知恵を育むことができます。間も
なくあなたは難題や障害物から逃げてばかりいる人間には見ることので
きない、あの"恵みの小道"に足を踏み入れることになるでしょう。

罪のなかには、いかなる平和もありません。
誤りのなかには、いかなる休息もありません。
安全を保障してくれる避難所は知恵のなか以外にはないのです。

387

心のなかを愛で満たして仕事に向かいましょう。
そうすればあなたは、
楽しく陽気に仕事を進められます。

　弱い思いや身勝手な願望によって、重くて耐え難いものに変えられないかぎり、人生内のいかなる義務も重荷にはなりえません。

　あなたの周囲の状況が、あなたにとって"厳しい"ものだとしたら、それは、あなたがその状況を必要としているからです。あなたは、それを"厳しくない"状況に変えることで、あなた自身を強化することができるのです。

　あなたの環境が、あなたにとって厳しいものであるのは、あなたのなかに何らかの弱点があるからです。その弱点が取り払われないかぎり、あなたの環境は厳しいものであり続けます。でも喜んでください。あなたの環境が厳しいということは、あなたが今、より強く、より賢くなるための絶好の機会を手にしている、ということに他ならないのです。

　いかなる環境も、"知恵"を苦しめることはできません。どんなにつらい仕事も義務も、"愛"を疲れさせることはできません。

　自分の厳しい環境を嘆くことはやめて、周囲で幸せに生きている人たちに目をやり、彼らの生き方をよく観察してみることです。どんな環境のなかでも、幸せに生きている人たちは必ずいるはずです。

あなたが疎んじている日常の義務は、
あなたを窘（たしな）めて天国に導こうとしている、
あなたの天使であり、あなたが追い回している束の間の喜びは、
あなたを甘やかして堕落させようとしている、あなたの悪魔です。

動物的な満足を
追求することは、
自らを"真理"から
遠ざけることです。

　身勝手な欲望には、身勝手さがあまり目立たないものもたくさんあります。そのなかにはまったく無害であるかのように見えるものさえあり、人々の多くは、その一見無害な欲望を無頓着に満たそうとし続けています。

　しかしながら、有害でない身勝手な欲望はひとつとして存在しません。だというのに、人々の多くは、それによって自分たちが何を失うことになるのかをまったく知らないまま、束の間の低俗で身勝手な満足に、習慣的に屈服し続けています。

　人間の内側にいる"神"が力強く堂々と立ち上がるためには、そこにいる"野獣"が死ななくてはなりません。動物的な性癖に屈して何かを行うことは、たとえそれが罪のない愛くるしい行為に見えたとしても、"真理"と恵みから確実に遠ざかることです。

　あなたが内側の野獣に屈し、それに餌を与え、それを満足させるたびに、その野獣はますます強くなり、ますます手に負えなくなり、あなたの心をますますしっかりと制御し、あなたをますます"真理"から遠ざけることになります。

低俗な欲望に屈しなくなることは、
人生から無駄と不確かさを一掃することです。

あらゆる怒り、
憎しみ、悪意を
生け贄として差し出し、
献身の祭壇上で
死滅させることです。

　周囲の人たちがあなたに関するどんなことを言おうとも、また、彼らがあなたに対して何をしようとも、決して腹を立てないことです。

　もしも誰かが、あなたを嫌っているとしたら、その原因は、あなたがどこかで、意識的に、あるいは無意識のうちに犯した過ちにあります。あるいは、その人間とあなたのあいだに存在する、何らかの誤解——ほんの少しの優しさと理性によって取り除くことのできる、相反した理解——が原因かもしれません。

　そして、どんなときにも、「父よ、彼らを許してください」のほうが、「彼らとはもう、一切関わらない」よりも、無限に正しい心の姿勢です。

　憎しみは、卑小で貧しい、心の目をひどく曇らせる、とても不幸せな感情です。一方、愛は、偉大で豊かな、心の目をきれいに透き通らせる、とても幸せな感情です。

心の水門を開き、優しくて大きくて、
このうえなく美しい愛——すべてを包み込む愛——を、
心のなかに止めどなく流れ込ませることです。

"思いやりの門"の内側には、
"永続する喜び"の理想郷が
広がっています。

　私たちの身勝手さは悲しみに通じ、思いやりは喜びに通じています。これを知った今、私たちは、持続的な思いやりによって持続的な喜びを得る道を選択しています。

　しかしこの喜びは、単に私たちだけが味わうためのものではありません。もしもそうだとしたら、私たちの努力はほとんど価値がないものになってしまいます。この喜びは、世界全体のための喜びでもあるのです。

　私たちがともに生き、接触する人たちのすべてが、私たちとともに、より幸せになり、より思いやりに満ちてきます。そしてそもそも、人類はひとつであり、1人の喜びを、全員がどこかで感じ取ることができるはずです。

　これらのことを知っている私たちが、今、行うべきことは、日々の生活のなかで、身勝手さの茨ではなく、思いやりの花を撒き散らし続けることです。

　敵たちが行進する道路の上にも、思いやりに満ちた愛の花々を隈なく撒き散らそうではありませんか。そうすれば、彼らの行進の圧力で、神聖な香水が大気中に飛散し、その思いやりの芳香が世界を喜ばせることになるでしょう。

最高の"善"を追求することです。
間もなくあなたは、最も深く、
最も甘い喜びを味わうことになるでしょう。

宇宙は"えこひいき"をしません。
それはこのうえなく公正であり、
すべての人間に、
それぞれの働きに相応（ふさわ）しい報酬を、
正確に手渡してきます。

　身勝手な思いをまったく巡らさなくなった人たちは幸い
です。彼らは"永遠の幸せ"を味わっています。彼らはす
でに、今、現世を生きながら"天国"に入っていて、"無
限なるもの"の胸のなかで休息しています。

　自分の心を強欲、憎しみ、不浄な願望から、完全に解放
した人たちは、幸いです。彼らは甘い休息と深い至福を味
わっています。彼らの心のなかには、苦悩や身勝手さの影
さえも存在せず、そのなかで彼らは、天の恵みを胸いっぱ
いに吸い込んでいます。

　生きとし生けるものに、完璧に分け隔てなく、深い思い
やりを示している人たちは、幸いです。彼らは、このうえ
なく幸せな結末に至っている人たちです。その結末は誰に
も、何にも、奪われることがありません。"心の平和の極
致"と"完璧な恵み"が、すでに彼らの手の内にあります。

あなたは人生の
正しい道を見つけ出すことができます。
そしてその道を歩むことで、
持続的な喜びと深い心の平和を
体験することができます。

訳者あとがき

アレンの遺作となった本書は、彼が亡くなった翌年（1913年）に、妻のリリーが編集し、出版したものです。

　編集者の鈴木七沖さんから、興味深いアレンの作品が見つかったのでやってみませんか、というメッセージを受け取ったのは、昨年（2020年）9月のことでした。彼の感性をよく知る私に断る理由はありません。私はすぐに原書を読み始めました。

　これはすごい、というのが素直な感想でした。というのも、これまでに私が読んだアレンの本のなかで、人間の生まれ変わりがこれほどストレートに論じられているものはなかったからです。人間の持つ永遠の命が前面に押し出されることで、彼のメッセージは輝きを増します。これまでアレンの作品に向けられてきたいちばんの疑問が、それで氷解することになるからです。

　「悪い環境に生まれてきた人たちや、生まれながらにして病弱な人たちに、その原因もあなたにあるんだよと言うことは、ひどく理不尽なことではないか」という指摘がなされてきました。しかしこの疑問も、アレンが本書のなかで力説していること、つまり、「人間はそもそも永遠の命を持っていて、この人生で体験することの原因は、この人生のなかにだけあるわけではない」ということが理解されると、一気に吹き飛びます。

　また、「アレンは47歳という若さでこの世を去っている。ということは、彼が自分の言っていることを実行していなかったということではないのか」という指摘もなされてきました。本書は、この疑問に対する明快な回答でもあると私は考えています。

　『「原因」と「結果」の法則』が出版されてからほぼ18年になります。当時（2003年）はまだ、アレンに関する情報が少なく、彼には"謎"の偉人、"謎"の作家といった代名詞がつけられて

いたものです。しかしその後、ネット上で徐々に情報が増え、今では、彼の人生を詳細に紹介するサイトがいくつも存在しています。

近年の情報から新たにわかった、アレンに関する興味深いことが、いくつかあります。まず、2003年当時の資料には、アレンの作家としての収入は乏しかったと記されていたのですが、実は、彼の本はイギリス内だけでも、かなり売れたようです。特に1901年から1903年にかけて出版された最初の三冊（『From Poverty to Power』『All These Things Added』『As a Man Thinketh』）は、重版に重版を重ね、爆発的に売れたということです。

アレンの家族が最後に移り住んだ（1902年）家を見ると、彼が物質的にも確かな成功を収めていたことが如実に見て取れます。その家はなかなかの豪邸で、今でも当時の姿をほぼ完璧に留めており、二家族がゆったりと暮らせる家として、また、B＆B（宿泊と朝食を提供する簡易ホテル）としても利用可能な家として、少し前に売りに出されています。興味のある方は、グーグルアースでその家の住所（33 Broad Park Avenue, Ilfracombe）を入れて検索してみてください。ストリートビューを使うと、様々な角度からその家の全容を見ることができます。ちなみに、アレン夫婦はその家に"ブリンゴライ（光の丘）"という名をつけていました。

彼はまた、ちょうどその頃に月刊誌を発行し始めてもいます。『理性の光』と名づけられたその雑誌は、アレンの論説と、著名な作家たちや地方の無名な論客たちから寄せられた、多くの記事で構成されていて、国内外の多くの定期購読者に支持されていたようです。アレンの死後は、『新時代』と名を変えていたその雑誌を、妻のリリーが長年にわたって発行し続けました。ちなみに

彼女は84歳まで生きています。

　さらにアレンは、その月刊誌の定期購読者たちが各地域につくったグループの集会に、リリーと一緒に頻繁に出かけていって、講演を行ったりもしています。彼はこれらのことを、年平均２冊もの本を書きながら行っていたのです。

　アレン夫婦の絆はとても深かったようです。リリーはアレンを、夫としてのみならず、教師としても敬っていて、自らも彼の死後に数冊の本を出版しています。夫から引き継いだ雑誌に毎回、自身の論説を掲載してもいました。

　そして彼女は、アレンとの馴れ初めと別れを回想する、とても興味深い内容の文章を残してもいます。最後にそれをご紹介申し上げて、訳者あとがきとさせていただきます。

　私（リリー）が初めてアレンに会ったのは、1893年、彼が29歳、私が25歳のときのことです。私はその頃、貧しい人たちのお世話をする仕事に携わっていました。最初の出会いは、どちらにとっても"一目惚れ"以上のものでした。彼も私も、その瞬間、別の時に別の場所でも一緒にいたことがあるということを、確信していました。その頃の私はまだ、輪廻転生のことなどまったく知りませんでした。でもなぜか、別の人生のどこかで、この男を知っていた、愛していた、そして敬っていたということが、分かったのです。

　少しあとになって、彼は言ったものです。「僕はずっと前から、あなたを知っていたよ。地球で送ってきたいくつもの人生のなか

で、あなたは僕の仲間であり、支援者であり、たった1人の愛する妻だったんだ。僕はいつも知っていた。僕にとって、あなたの代わりになれる女性は1人もいないということをね」

　アレンの体調に変化が現れ始めたのは1911年が暮れかかった頃のことでした。彼を診た医師は、その患者が平静を"装っている"こと、すなわち、実は強い痛みを感じていることを知っていました。しかしアレンは、その痛みを私たち家族には隠したまま、仕事を続けました。早朝に丘に登って行き、そこで瞑想（めいそう）というも日課も欠かさず続けていました。でもクリスマスを迎えたあたりで、彼のその我慢にも限界が訪れました。

　彼の体調の明らかな変化を目のあたりにして、私は愕然（がくぜん）としました。どうして今まで気づかなかったの！　どうして！　私は自分を責めました。続いて悲しみが襲ってきました。彼が私を残して行ってしまうなんて、そんなばかな！

　私は以前から、仕事を減らして少し休養するべきだと、夫に言い続けていました。でも彼は、その都度「リリー、書くことをやめたら、僕は次に行くしかなくなってしまうよ。だから、僕の手を止めないで。頼むよ」と言うばかりなのです。

　そして彼は、翌年の1月12日まで仕事を続けました。その間、彼と私、そして娘のノラの3人は、以前にも増して親密に寄り添い、それまでのどのときよりも深い愛を与え合いました。

　1月24日の1時頃のことです。彼は自分の椅子に座っていて、深い思いやりと思慕の情を込めた視線を私に送ってきました。いつもの澄み切った目でした。次の瞬間、彼は両手を私のほうにかざしながら、やや語気を強めて言ってきました。「ああ、終わった。終わった。これ以上、もう行けない。もうやり尽くした」

そしていよいよ最期が迫ってきたとき、アレンは私の頭にそっと手を乗せ、次のように言って、彼の仕事を私に託しました。「僕に頼っている人たちの面倒を見てほしい。もう世話をしなくてもいいと告げられるまで、彼らを助けてあげて欲しいんだ……僕が手伝うから。できれば、君の側<ruby>側<rt>そば</rt></ruby>に来るよ。何度でも来る」

　娘のノラが別れの挨拶をするために近寄ってきたとき、彼のあくまでも穏やかな顔には、うっすらと微笑み<ruby>頬<rt>ほほ</rt></ruby>が浮かんでいました。別れの口づけをしてきた彼女に、彼は優しく囁<ruby>囁<rt>ささや</rt></ruby>きました。「いい子だね。大好きだよ」

　そう言うと彼は、私に顔を向け、こう言ってきました。その声があまりにも小さかったために、私は彼の口元に耳を極限まで近づけなくてはなりませんでした。「やっと……やっと……故郷に戻れる……僕の放浪が終わる」

　私はもう聞いていられませんでした。心が張り裂けそうでした。あなたは確かに、故郷に戻れる。でも私は、どうしたらいいの？

　私のその思いを読んだかのように、アレンは私に両手を差し出し、最期にこう囁いてきました。「もうひとつだけ君に言いたいことがある……愛してる……それから、次に会える日を楽しみにしてる……さよなら」

　1912年1月24日、ジェームズ・アレンは他界しました。遺体は白い亜麻布にくるまれ、その胸に置かれた彼の両手に、私は自分の写真をしっかりと握らせました。

2021年1月18日

那須高原にて

　　　　　　　　　　　　　　　　　　　　　　坂本貢一

[著者プロフィール]

ジェームズ・アレン（James Allen）

1864年、イギリス生まれ。父親の事業の破綻と死から15歳で学校を退学。以後、様々な仕事に就きながら独自に勉強を続け、38歳で執筆活動に専念する。作家としてのキャリアは他界した1912年までの9年間と短いものの、執筆された19冊の著書は世界中で愛読されている。なかでも1902年に書かれた『As a man thinketh』は今なお自己啓発のバイブルとして世界中で読み継がれている。

[訳者プロフィール]

坂本貢一（さかもと・こういち）

1950年生まれ。東京理科大学理学部卒。製薬会社勤務、アメリカ留学、薬局チェーン経営を経て、90年より企業の国際事業部に所属しながら翻訳活動を始める。97年より翻訳家、ライターとして活動。ミリオンセラーシリーズとなった『「原因」と「結果」の法則』全作を訳したほか、数々の名作の翻訳を手がける。

ジェームズ・アレンの
心を新たにする365日の言葉

2021年3月10日　初版印刷
2021年3月20日　初版発行

著　　者　　ジェームズ・アレン
訳　　者　　坂本貢一
発 行 人　　植木宣隆
発 行 所　　株式会社サンマーク出版
　　　　　　〒169-0075 東京都新宿区高田馬場 2-16-11
　　　　　　☎03-5272-3166（代表）

印　　刷　　三松堂印刷株式会社
製　　本　　株式会社村上製本所

定価はカバー、帯に表示してあります。
ISBN978-4-7631-3891-0 C0030
サンマーク出版ホームページ　https://www.sunmark.co.jp

「原因」と「結果」の法則

ジェームズ・アレン【著】／坂本貢一【訳】

67 万部突破

四六判上製／定価＝本体 1200 円＋税

デール・カーネギー、オグ・マンディーノなど、
現代成功哲学の祖たちがもっとも影響を受けた伝説のバイブル。
100 年以上前に刊行されて以来、
人生の指南書として世界中で愛され、
読みつづけられている永遠のロングベストセラー！

* 思いと人格　　＊ 思いと環境

＊ 思いと健康　　＊ 思いと目標

＊ 思いと成功　　＊ ビジョン

＊ 穏やかな心

電子版は Kindle、楽天〈kobo〉、または iPhone アプリ（Apple Books 等）で購読できます。